AF387954

Titelbild links:

Robert Ley,
Reichsorganisationsleiter der NSDAP, Reichsleiter der Deutschen
Arbeitsfront, in dieser Funktion auch zuständig für die wohn-
wirtschaftlichen Verbände des Deutschen Reichs, Gründer der
"Adolf-Hitler-Schulen" und der "Nationalsozialistischen Ordens-
burgen", Reichskommissar für den sozialen Wohnungsbau,
Reichsbeauftragter für die Verbrauchergenossenschaften.
© akg-images

Titelbild rechts:

Walther Darré,
Reichsbauernführer, Reichslandwirtschaftsminister, SS-Ober-
gruppenführer, Präsident des Reichsverbandes der deutschen
landwirtschaftlichen Genossenschaften - Raiffeisen - e.V.
© akg-images

Wilhelm Kaltenborn

Die Überwältigung:

Die deutschen Genossenschaften 1933/34, der Anschlusszwang und die Folgen

Das Führerprinzip ist ein altbewährter genossenschaftlicher Grundsatz.
Johann Lang

1932-1961 mit nachkriegsbedingter Unterbrechung Anwalt (Vorsitzender) des Deutschen Genossenschaftsverbandes

Bibliografische Information der Deutschen Nationalbibliothek:

Die Deutsche Nationalbibliothek verzeichnet diese Publikation in der Deutschen Nationalbibliografie; detaillierte bibliografische Daten sind im Internet über dnb.dnb.de abrufbar.

Herausgeber: Zentralkonsum eG
                 Neue Grünstraße 18
                 10179 Berlin
                 Tel.: 030-27584-0
                 www.zentralkonsum.de

Titelbilder: © akg-images

Herstellung und Verlag: BoD - Books on Demand, Norderstedt 2020

ISBN: 978-3-7504-2772-3

Inhalt

1. Worum es geht

Ausgangspunkt dieser Darstellung ist der Tatbestand der gesetzlich verlangten Zwangsmitgliedschaft für eingetragene Genossenschaften in Prüfungsverbänden. Zwangsmitgliedschaften sind sonst nur bei berufsständischen Selbstverwaltungskörperschaften (Berufsgenossenschaften, Industrie- und Handelskammern, Rechtsanwaltskammern, Deichgenossenschaften), also bei öffentlich-rechtlichen Körperschaften bekannt. Diese Organisationen existieren kraft eines Hoheitsaktes; der Staat ruft sie ins Leben. Nur deshalb kann es den Zwang zur Mitgliedschaft geben.

Und schon stoßen wir auf einen merkwürdigen Widerspruch: Denn die eingetragenen Genossenschaften sind gezwungen, einer privatrechtlichen Organisation beizutreten, die abseits aller Hoheitsakte entstanden ist. Diese Prüfungsverbände „sollen" laut Gesetz als eingetragene Vereine verfasst sein. Sie müssen es aber nicht. Doch Prüfungsverbände in anderer Rechtsform gibt es wohl nicht, aber selbst, wenn das irgendwann einmal der Fall sein sollte, blieben sie privatrechtliche Verbände. Gerichte, bis hin zum Bundesverfassungsgericht, haben es verstanden, diesen Tatbestand als grundgesetzkonform zu betrachten.

Ein weiterer Widerspruch fällt auf: Der Schöpfer der modernen Genossenschaft in Deutschland, Hermann Schulze-Delitzsch, der das Wort geprägt hat „Der Geist der *freien* Genossenschaft ist der Geist der modernen Gesellschaft", betrachtete jeglichen Zwang bei wirtschaftlichen Organisationen als geradezu destruktiv, so zum Beispiel das Zunftwesen. Auf Schulze beruft sich das Genossenschaftswesen in Deutschland eindringlich noch heute.

Also stellt sich die Frage: Wie und wann ist die Zwangsmitgliedschaft eigentlich in das Genossenschaftsgesetz hineingeraten? Womöglich unter Zwang?

Um mit einer persönlichen Erinnerung zu antworten: Es war eine Veranstaltung des Deutschen Genossenschafts- und Raiffeisenverbandes in der zweiten Hälfte der neunziger Jahre, in der ich diesen Zwang zur Verbandsmitgliedschaft zur Kenntnis nahm. Auf meine Frage nach ihrem Ursprung erklärte der damalige Justitiar des Deutschen Genossenschafts- und Raiffeisenverbandes, diese „Pflichtmitgliedschaft" (wie er sagte) sei einst auf Wunsch der Genossenschaftsverbände in das Gesetz gekommen. Die Genossenschaften seien nämlich von der Weltwirtschaftskrise um 1930 besonders hart getroffen worden und viele von ihnen gingen deshalb unter. Das habe besonders für die Genossenschaften gegolten, die keinem Prüfungsverband angehörten. Also sei klar geworden, dass eine „Pflichtmitgliedschaft" in Prüfungsverbänden Genossenschaften vor dem Untergang bewahren könnte.

Als ich dann später weiterhin zur Kenntnis nahm, dass diese Zwangsmitgliedschaft nicht schon vor der nationalsozialistischen Machtübernahme am 30. Januar 1933 in das Genossenschaftsgesetz Eingang fand, sondern erst genau 21 Monate später, am 30. Oktober 1934, war ich denn doch irritiert. Dass die damalige Wirtschaftskrise die verbandslosen Genossenschaften in viel größerer Zahl ruiniert habe, als die eh schon überdurchschnittlich betroffenen Genossenschaften überhaupt, das wurde, wie ich bald feststellte, nicht nur von einem Verbandsjustitiar behauptet, sondern das war die allgemeine Position der großen Verbände. Und was noch gewichtiger war, fast alle Kommentatoren des Genossenschaftsgesetzes hatten ebenfalls die Krisenwirkungen um 1930 als Begründung für den Anschlusszwang genannt. So viel Fach- und Sachverstand brachte meine Skepsis erst einmal zum Schweigen.

Dann begann ich ungefähr um 2010, Material für eine kritische Auseinandersetzung mit dem real existierenden Genossenschaftswesen in Deutschland zu sammeln, eine Auseinandersetzung, die ich aus lauter Sympathie für die Genossenschaftsidee führte. Dabei ergab sich, dass die beiden verbandlichen Kernbehauptungen zum Zustandekommen der Zwangsmitgliedschaft schlicht nicht stimmten. Weder waren auffällig viele Genossenschaften, auch nicht verbandslose, vor 1933 zu Grunde gegangen, noch hatten die Verbände für den Anschlusszwang gesorgt. Ich stellte das dann in einer Veröffentlichung, mit ausreichend Belegen gesichert, so dar. (Vgl. Kaltenborn 2014: 245ff.). Burchard Bösche, als geradezu leidenschaftlicher Freund der Genossenschaftsidee, riet mir, den Teil meiner Veröffentlichung, der sich mit der Zwangsmitgliedschaft befasste, überarbeitet und mit Ergänzungen versehen in einem eigenen Büchlein zusammenzufassen. Bösche, als Vorsitzender der Heinrich-Kaufmann-Stiftung, gab es dann in der kleinen Buchreihe seiner Stiftung heraus. (Vgl. Kaltenborn 2015: passim).

Wenig später wurde der Ernstfall akut. Die Konsumgenossenschaft im thüringischen Altenburg war aus ihrem Verband ausgetreten, ließ sich von einem anderen Verband prüfen, trat dem aber nicht bei. Ihr drohte daraufhin tatsächlich die gerichtlich angeordnete Auflösung. Das war für mich der Anlass, mich erneut der Frage der Zwangsmitgliedschaft zu widmen und zwar unter zwei Aspekten: Zum einen der Frage, wie ist im Detail die Novellierung des Genossenschaftsgesetzes 1933/34 abgelaufen, wer hat also wann aus welchen Gründen für die Implantierung den Anschlusszwanges gesorgt und zum anderen der Frage, was dazu geführt haben mag, dass nach 1945 zwar der nationalsozialistische Ballast auch im genossenschaftlichen Recht wieder beseitigt wurde, aber die Zwangsmitgliedschaft trotzdem erhalten blieb.

Eine solche Untersuchung bedeutete zunächst anhand der überlieferten Akten des Reichsjustizministeriums tiefer zu bohren und dabei auch das historische Umfeld stärker zu beleuchten, also die Frage zu bedenken, ob es unter den gegebenen Zeitumständen 1933/34 überhaupt denkbar gewesen wäre, dass das herrschende Regime sich auf Wünsche und Erwartungen von Verbänden einlassen würde. Die so gewonnenen Erkenntnisse erhalten, wie zu sehen sein wird, recht klare Konturen. Denn die Akten des Reichsjustizministeriums (und einige andere) zur Novellierung des Genossenschaftsgesetzes 1933/34 sind erhalten und einsehbar und die Umstände der nationalsozialistischen Machtergreifung und Machtkonsolidierung in dieser Zeit sind gut erforscht.

Sowohl Quellenlage als auch Forschungsstand zur Beantwortung der zweiten Frage – warum hat die Zwangsmitgliedschaft den Umbruch 1945 und danach unbeschadet überstanden? – sind teils dürftig, teils überhaupt nicht gegeben. Es gibt kaum Untersuchungen zum Verhältnis von Nationalsozialismus und dessen Herrschaftssystem einerseits und Genossenschaften andererseits und überhaupt nichts zu den personellen Verknüpfungen über den Epochenbruch 1945 hinweg. Das letztere ist absolute terra incognita, leere Wüste. Lediglich Jan-Frederik Korf hat bei den Konsumgenossenschaften erste Spuren freigelegt (vgl. Korf o.J.: 257ff.). Hinsichtlich der in dieser Frage interessanteren, weil gewichtiger erscheinenden gewerblichen Genossenschaften, war mehr zu erreichen auch mir nicht möglich. Aber es sind recht deutliche Spuren.

Aus alledem ergibt sich folgender Aufbau dieser Untersuchung: Zunächst wird das genossenschaftliche Verbandswesen bis 1933 vor allem hinsichtlich der Positionen zu Revisionsbestimmungen und den eindeutig abgelehnten Zwangsbefugnissen betrachtet. Dem folgt eine knappe Darstellung der Situation der Landwirtschaft in den östlichen Provinzen Preußens, den daraus entstandenen Problemen der landwirtschaftlichen Genossenschaften, den Zielen der staatlichen Landwirtschaftspolitik (einschließlich des dazugehörigen Stichworts „Osthilfe") bis hin zur Notverordnung, die die Grundlage der 1932 beginnenden Novellierung des Genossenschaftsgesetzes bildete. Weiterhin beschäftigen wir uns mit dem politischen Umfeld, also der Installierung der nationalsozialistischen Reichsregierung, ihrer rapide durchgesetzten Konsolidierung einschließlich des Weges zum Ermächtigungsgesetz und das Gesetz selbst auch in Hinblick auf seine Unvereinbarkeit mit der Weimarer Verfassung. Danach wird ein Blick auf das faktisch und ideologisch bestimmte Bild des Nationalsozialismus zum Genossenschaftswesen geworfen, dem eine Betrachtung von Verlauf und Stellenwert der Gleichschaltung der Genossenschaftsverbände folgt. Damit wären die Grundlagen gelegt, um den recht detailliert geschilderten Verlauf der Novellierung 1933/34 einordnen zu können. Da der Gesetzgebungsprozess eine zwar nicht umgesetzte, aber folgenreiche Fortsetzung sowohl im Reichsjustizministerium als auch anschließend in einer nationalsozialistischen Institution namens „Akademie für Deutsches Recht" gefunden hatte, wird auch dessen Verlauf zu behandeln sein. Aber auch ausgewählte Begründungen zum gesamten Gesetzgebungsverfahren und die entsprechenden Interpretationen (gleichförmig von der Ministerialbürokratie, der Rechtswissenschaft, den Verbänden und nationalsozialistischen Ideologen gegeben) werden uns interessieren. Am Ende wird die Frage stehen, warum hat sich das Genossenschaftswesen, haben sich die Verbände nach 1945 in der wiedergeschenkten Freiheit nicht deutlich von den niemals gewünschten Bestimmungen zur Zwangsmitgliedschaft distanziert. Immerhin waren sie doch die ersten Opfer in der nationalsozialistischen Genossenschaftsgeschichte.

Was die Darstellung dieser skizzierten Teile betrifft, so ist sie notwendigerweise recht disparat, notwendigerweise allein schon wegen der unterschiedlichen Quellenlagen. Manche Fragen sind recht ausführlich abgehandelt, andere eher kursorisch. Viele Tatbestände, Probleme, Fragen sind nur angedeutet. Das kann angesichts des unzureichenden

Forschungsstandes anders gar nicht sein. Die Zeit ist mehr als überreif für eine profunde, vorurteilslose Geschichte der deutschen Genossenschaften und ihrer Verbände in den letzten hundert Jahren.

Die einzelnen Kapitel sind jeweils mit – kursiv geschriebenen – Zusammenfassungen versehen.

2. Genossenschaften und die Verbandsrevision bis 1933

Die Entstehung der modernen Genossenschaften in Deutschland

Genossenschaftliche Organisationsformen sind uralt und in vielen, wenn nicht sogar in allen Kulturen der Welt verbreitet. Die beiden Genossenschaften, die bis heute als die ersten modernen Genossenschaften in Deutschland gelten, gründete Hermann Schulze aus Delitzsch 1849 in seiner damals preußischen Heimatstadt. Es handelte sich um je eine Einkaufsgenossenschaft von Tischlern und Schuhmachern. Ein Jahr später kam ein sogenannter Vorschussverein hinzu. Aus ihm und den Folgegründungen sind die Volksbanken entstanden. Merkmale dieser Genossenschaften Schulzescher Prägung waren Freiwilligkeit, fluktuierende Mitgliedschaft, demokratische Entscheidungsmechanismen, Autonomie, also Unabhängigkeit vom Staat. Zwang lehnte er entschieden ab. Als Schulen der Demokratie sollten die Genossenschaften in der Gesellschaft wirken. Auch staatliche Hilfen lehnte Schulze konsequent ab, es sei denn, eine aktuelle Notlage etwa aufgrund einer Naturkatastrophe sollte gelindert werden. Auch als Politiker – er gehörte mehr als zwanzig Jahre verschiedenen Parlamenten in Preußen, im Deutschen Zollverein, im Norddeutschen Bund und im Deutschen Reich an und war an der Gründung der Deutschen Fortschrittspartei 1859 beteiligt – vertrat er stets demokratische und liberale Positionen. Damit war er ein ebenso entschiedener Gegner Bismarcks. Schulze war schließlich auch maßgeblich in der deutschen Nationalbewegung engagiert.

Er entwickelte zeitgleich mit seinen praktischen genossenschaftlichen Gründungen ein theoretisches Konzept dazu. Genossenschaften waren für ihn ein – kleiner – Teil eines umfassenden gesellschaftspolitischen Reformprogramms, mit dem er nicht weniger erreichen wollte als die Lösung der sozialen Frage, das zu seiner Zeit drängendste gesellschaftliche Problem. Bestandteil seines Konzeptes war auch die Bildung von gewerkschaftlichen Organisationen,an deren Gründung – es waren die sogenannten Gewerkvereine – er in den sechziger Jahren seines Jahrhunderts maßgeblich beteiligt war. (Vgl. Kaltenborn 2012: passim).

Nach 1849 kam es sehr schnell zu zahlreichen genossenschaftlichen Gründungen in ganz Deutschland, einschließlich der Habsburgermonarchie als Teil des noch bestehenden Deutschen Bundes. Es stellte sich jetzt zunehmend die Frage nach einem zufriedenstellenden rechtlichen Status der neuen Gebilde. Die vorhandenen Formen des preußischen Rechtssystems waren unzureichend. Da gab es einmal die Gestalt der privatrechtlichen Vereinigung. Sie genügte Schulze auch in keiner ihrer Unterformen vor allem deshalb nicht, „weil sich der Gesetzgeber dabei alle möglichen Zwecke mit alleinigem Ausschluß des ‚Geschäftsbetriebes' gedacht hat, welcher gerade das charakteristische Merkmal der Genossenschaft ist [...]". Die andere zur Verfügung stehende Rechtsform, die „Societät des Römisch-Deutschen Privatrechts" war ebenfalls unzureichend, weil bei ihr der Wechsel in den beteiligten Personen kaum oder jedenfalls nur unter äußerst umständlichen und belastenden Bedingungen möglich war. Die prinzipiell ständig gegebenen Veränderungen in der personellen Zusammensetzung unter den Mitgliedern waren aber nach Schulzes Verständnis für eine Genossenschaft unabdingbar. Also musste eine spezifische Form geschaffen werden. Seinen ersten dementsprechenden Gesetzesentwurf legte Schulze schon 1859 vor. Der Entwurf bestand aus nur fünf Paragraphen. (Vgl. Schulze-Delitzsch 1870a: 253ff.).

14

Er wurde im Kern aber sehr rasch gegenstandslos, denn 1861 trat auch in Preußen das Allgemeine Deutsche Handelsgesetzbuch in Kraft, das noch von der Deutschen Nationalversammlung 1848/49 in Frankfurt beschlossen worden war und von den deutschen Einzelstaaten nach und nach adaptiert wurde. Jetzt musste geprüft werden, ob und inwieweit die darin enthaltenen kodifizierten Rechtsformen den Genossenschaften ausgereicht hätten. Das taten sie nach Schulzes Überzeugung nicht (vgl. Schulze-Delitzsch 1870b: 260ff.). Ein neuer Gesetzesentwurf musste also konzipiert werden.

Seit 1861 war Schulze dank einer Nachwahl Mitglied des Preußischen Abgeordnetenhauses, der zweiten Kammer des Landtages. Im März 1863 brachte er seinen Gesetzentwurf ein, der von 88 weiteren Abgeordneten (allesamt zur Deutschen Fortschrittspartei gehörend, also der von Schulze mitbegründeten linksliberalen Partei) unterzeichnet war. Er wurde im zuständigen Ausschuss (die Ausschüsse hießen im preußischen Abgeordnetenhaus Kommissionen) und in der ersten Kammer, dem nicht gewählten Herrenhaus, beraten und geändert; es gab einen stark modifizierten Gegenentwurf der preußischen Regierung und daraufhin erneute Beratungen sowohl in der zuständigen Kommission als auch im Herrenhaus und im Plenum des Abgeordnetenhauses. Dann wurde das Gesetz verabschiedet und trat 1867 in Kraft. Es wurde nahezu unverändert nach der Gründung des Deutschen Reiches 1871 Reichsgesetz (vgl. Preußischer Landtag: passim und Preußische Gesetzessammlung: passim).

In die Hinweise auf das Entstehen der modernen Genossenschaften in Deutschland gehört auch der Name Friedrich Wilhelm Raiffeisen. Er suchte mit seinen Gründungen und seinem Konzept die bäuerliche Not – zunächst in seiner Heimatregion, dem Westerwald – zu überwinden. Als Bürgermeister eines Dorfes dort experimentierte er, sozusagen nach dem Prinzip von trial and error, seit 1847 mit verschiedenen Modellen, aus deren erfolgversprechenden Elementen er sein genossenschaftliches Konzept entwickelte. Seine ersten wirklichen Genossenschaften, die Darlehnskassen-Vereine, entstanden dann 1862. (Vgl. Richter 1966: 23ff.). Grundsätzlich war auch Raiffeisen wie Schulze der Selbsthilfe verpflichtet. Sie galt bei ihm aber modifiziert. Denn seine entschieden christliche Grundhaltung und sein konservatives Gesellschaftsbild führten dazu, dass in seinen Vereinen die Wohlhabenderen sich umfangreicher zu engagieren hatten. Für Raiffeisen waren auch keineswegs demokratische Ziele maßgeblich und er vertrat auch deutlich antisemitische Positionen. (Vgl. Kaltenborn 2018: 19ff.).

Die Entwicklung der Genossenschaftsverbände

Rund zehn Jahre nach den ersten genossenschaftlichen Gründungen durch Schulze erschien die Notwendigkeit der Gründung auch eines Verbandes zweckmäßig. Das geschah 1859 in Weimar. Es war Schulze, der zu einer Versammlung der auf seiner Konzeption beruhenden Genossenschaften aufgerufen hatte. Zu dieser Zeit wurde übrigens noch häufig das Wort ‚Verein' gebraucht, wenn von Genossenschaften die Rede war. Denn es existierte noch kein Genossenschaftsgesetz, und so war der Verein die gebotene Rechtsform.

Mitte Juni 1859 gründeten nun 32 dieser Vereine ihren Verband, der den umständlichen Namen „Central-Correspondenz-Bureau der deutschen Vorschuß- und Creditvereine" trug. Es handelte sich zunächst ausschließlich um Vorschussvereine, die Vorläufer der Volksbanken, die diesen Zusammenschluss trugen. Er sollte gegenseitige geschäftliche Beziehungen anbahnen, den Erfahrungsaustausch organisieren und der „Verständigung bei Verfolgung gemeinsamer Interessen" dienen. Es war allein Schulze, der die in diesem Korrespondenzbüro anfallenden Arbeiten erledigte, anfänglich sogar unentgeltlich. Sehr bald aber wurde diese Tätigkeit, die ihn voll und ganz ausfüllte, honoriert.

Wenige Jahre später kam es zu einer Namensänderung. Die Genossenschaftsorganisation hieß jetzt: „Allgemeiner Verband der auf Selbsthülfe beruhenden deutschen Erwerbs- und Wirthschaftsgenossenschaften". Der gewählte Geschäftsführer, also Schulze, trug die Bezeichnung Anwalt der deutschen Genossenschaften; er hatte ein förmliches Büro zur Seite. Es gab auch Landes- und Provinzial-Unterverbände. Deren Direktoren bildeten den engeren Ausschuss, moderner gesagt, den Verwaltungsrat. Das alles regelten ein Statut des Verbandes und die Geschäftsordnung des Vereinstages, wie die jährlich stattfindende Mitgliederversammlung des Verbandes bezeichnet wurde (vgl. Schulze-Delitzsch 1870c: 101ff.). Nach Schulzes Tod 1883 wurde Friedrich Schenck sein Nachfolger als Verbandsanwalt. Schenck war ab diesem Jahr bis 1893 – wie vorher Schulze – Mitglied des Reichstages, ebenfalls für die Deutsche Fortschrittspartei und sogar für den gleichen Wahlkreis, nämlich Wiesbaden-Rheingau-Untertaunus.

Später – 1901 – kam es durch Karl Korthaus zur Gründung des „Hauptverbandes deutscher gewerblicher Genossenschaften". Dessen Klientel waren vor allem Handwerkergenossenschaften, denen beim Allgemeinen Verband die in der Schulzeschen Tradition stehende strikte Ablehnung jeglicher staatlicher Unterstützung nicht passte (vgl. Faust 1977: 279ff.). Wiederum zwei Jahre später trennten sich die meisten Konsumgenossenschaften vom Allgemeinen Verband und gründeten 1903 in Dresden den „Zentralverband deutscher Konsumvereine". Er stand der sozialdemokratisch orientierten Arbeiterbewegung nahe und vereinte bei seiner Gründung rund 600 Konsumgenossenschaften. (Vgl. Hasselmann 1971: 283ff.). Weitere zehn Jahre später bildete sich der „Reichsverband deutscher Konsumvereine", der der katholischen Sozialbewegung zuzurechnen und vor allem im

Rheinland verankert war (vgl. Hasselmann 1971: 333ff.).

Auf der Seite der Raiffeisen-Bewegung standen bei der organisatorischen Zusammenfassung der Genossenschaften andere Ziele und Absichten im Vordergrund als bei den Schulzeschen Genossenschaften. Die Raiffeisenvereine waren von ihrem Initiator stringent auf ihre jeweilige dörfliche Siedlung begrenzt. Innerhalb dieser Gemeinschaft war von jedem Mitglied bekannt, wie seine wirtschaftliche Lage wohl aussehe. Dadurch verminderten sich die Risiken des Darlehnsgeschäfts der örtlichen Kassen. Andererseits aber war kein Ausgleich zwischen den einzelnen Darlehnskassen-Vereinen möglich, von denen manche knapp an Mitteln waren, während andere zur gleichen Zeit über nennenswerte Reserven verfügten. So schritt Raiffeisen – wieder nach einigen tastenden Versuchen – zur Gründung einer Bank, und zwar als Genossenschaft, deren Mitglieder Darlehnskassenvereine waren. Das war die „Rheinische Landwirtschaftliche Genossenschaftsbank eG" mit Sitz in Neuwied. Sie wurde 1872 von 11 Raiffeisen-Genossenschaften gegründet. Bei ihr handelte es sich also um die erste Genossenschaft höheren Grades, um eine Zentralgenossenschaft. In der Folgezeit wurden weitere solcher Institute gegründet. Schließlich schuf Raiffeisen, um den Geldausgleich wiederum zwischen den regionalen Banken zu bewerkstelligen, eine weitere Stufe, die „Deutsche Landwirtschaftliche Generalbank", ebenfalls in der Rechtsform einer Genossenschaft, mit den schon bestehenden Zentralgenossenschaften als Mitglieder (vgl. Faust 1977: 346ff.; vgl. auch Richter 1966: 56f.).

Das Genossenschaftsgesetz dieser Zeit sah die Bildung von Genossenschaften aus Genossenschaften nicht vor. Schulze intervenierte deshalb gegen die Konstruktion Raiffeisens. Dieser musste sein Modell liquidieren. Er gründete aber eine neue zentrale Ausgleichskasse, die „Landwirtschaftliche Central-Darlehnskasse", dieses Mal allerdings in der Rechtsform einer Aktiengesellschaft, wenn auch mit den wichtigsten Merkmalen einer Genossenschaft. Einen eigentlichen Verband für seine Genossenschaften gründete Raiffeisen dann 1877, den „Anwaltschaftsverband ländlicher Genossenschaften". Dessen Organisation war der des Allgemeinen Verbandes vergleichbar und auch die Zielsetzungen ähnelten sich, einschließlich der wirtschaftlichen. Bei der Gründung hatte der Verband 24 Mitglieder, als Raiffeisen 1888 starb – er hatte bis dahin als Anwalt den Verband geleitet –, zählte die Organisation über 400 Mitglieder (vgl. Faust 1977: 351ff.).

Nach einer längeren, komplizierten Vorgeschichte war es schon vorher, 1883, zur Gründung der „Vereinigung der deutschen landwirtschaftlichen Genossenschaften" gekommen, die sich 1903 in „Reichsverband der deutschen landwirtschaftlichen Genossenschaften" umbenannte. Der Verband stand unter der Führung von Wilhelm Haas, der anfänglich bei der Raiffeisen-Bewegung engagiert war und wegen deren Überbetonung ihrer christlichen Grundlagen ausgeschieden war. Haas verfolgte auch dezidiert demokratische Ziele. (Vgl. Faust 1977: 387ff.).

Von Victor Aimé Huber und seinen theoretischen und praktischen Bemühungen ausgehend, gewann seit Ende der vierziger Jahre des 19. Jahrhunderts auch der Gedanke der Wohnungsbaugenossenschaften allmählich an Boden. Huber hatte schon vor Schulze den Gedanken der Selbsthilfe propagiert. Seine entsprechende Veröffentlichung, deren Titel schon von der „Selbsthülfe der arbeitenden Klassen" sprach, erschien 1848. Aber erst nach der Reichsgründung wurden in den siebziger Jahren in nennenswertem Umfang Baugenossenschaften gegründet. Ihren ersten Verband gründeten sie 1896 (vgl. Faust 1977: 515ff.).

Der Allgemeine Verband Schulzescher Prägung und der Korthaus-Verband schlossen sich 1920 unter dem Namen „Deutscher Genossenschaftsverband e. V." (DGV) wieder zusammen. Die beiden großen Verbände der landwirschaftlichen Genossenschaften, von denen der von Wilhelm Haas gegründete Reichsverband rund zwei Drittel aller landwirtschaftlichen Genossenschaften umfasste und der Raiffeisenverband ein knappes Fünftel (vgl. Schürmann 1938: 58) vereinigten sich mit weiteren kleinen Verbänden 1930 zum „Reichsverband der deutschen landwirtschaftlichen Genossenschaften – Raiffeisen – e. V.".

Ende 1932 hatten

der landwirtschaftliche Reichsverband	35.500 Mitglieder,
der DGV	3.200 Mitglieder,
der „Hauptverband der Baugenossenschaften"	2.700 Mitglieder,
der „Zentralverband der Konsumvereine"	1.000 Mitglieder,
der „Reichsverband der Konsumvereine"	250 Mitglieder,

Zahlen gerundet (vgl. St.Jb. 1933: 378).

Daneben bestanden noch eine ganze Reihe kleinerer Genossenschaftsverbände sowie unorganisierte Genossenschaften, „freie", ablehnend auch „wilde" Genossenschaften genannt. Insgesamt hatten knapp 9.000 Genossenschaften außerhalb der oben genannten Verbände gestanden, denn für Ende 1932 wird die Zahl von 51.499 Genossenschaften insgesamt in Deutschland genannt (vgl. St. Jb. 1933: 477).

Die Revision von Genossenschaften bis zum Ende des Ersten Weltkrieges

Der 1859 von Schulze gegründete Genossenschaftsverband schuf sich schon ein Jahr später regionale Unterverbände. Sowohl Dachverband als auch Unterverbände berieten ihre Mitglieder – auch – in betriebswirtschaftlicher Hinsicht. Voraussetzung war, dass sie von den Genossenschaften darum gebeten wurden. Das war der Beginn des genossenschaftlichen Revisionswesens. Rechtliche Anforderungen dazu gab es nicht. Der „Verband der Erwerbs- und Wirtschaftsgenossenschaften am Mittelrhein", der als Unterverband dem Schulzeschen Allgemeinen Verband angehörte, beauftragte 1864 „seinen Verbandsdirektor, dafür zu sorgen, daß er den Verbandsvereinen auf ihr Verlangen jederzeit einen sachverständigen Revisor zur Verfügung stellen könne." Schulze selbst wandte sich noch 1874 auf dem Verbandstag in Bremen gegen „eine allgemeine Beschickung der Vereine durch Revisionsbeamte der Unterverbände" aus. Vier Jahre später führte er aber auf einem Verbandstag in Eisenach einen Beschluss herbei, der den Unterverbänden empfahl, „sachverständige, im kaufmännischen Rechnungswesen erfahrene und mit der genossenschaftlichen Organisation vertraute Männer zum Behufe von Geschäftsrevisionen und Inventuren" zu verpflichten, auf Wunsch der Mitgliedsgenossenschaften Revisionen durchzuführen. (Vgl. Letschert 1927: 18f.). Damit wurde das Revisionswesen offizieller Bestandteil der Verbandsarbeit.

Größere praktische Bedeutung erlangte die Verbandsrevision jedoch erst Anfang der 80er Jahre, als aufgrund eines im Reichstag eingebrachten Antrags die Einführung der kommunalen Aufsicht über die Genossenschaften drohte. Das hätte entschieden den Intentionen der Schulzeschen Genossenschaften widersprochen, den Staat keinesfalls in genossenschaftliche Belange hinein reden zu lassen. Deshalb bezeichnete Schulze auf dem Kasseler Verbandstag von 1881 es als Pflicht der Unterverbände, „für die Einrichtung regelmäßig wiederkehrender R[evisionen] der einzelnen Vereine Sorge zu tragen." In den meisten Unterverbänden wurde nun eine alle drei Jahre wiederkehrende obligatorische Revision eingeführt. Die Revisoren waren Angestellte der Unterverbände. Sie sollten vor allem darauf achten, „ob die Bestimmungen der Gesetze überall beachtet werden, und ob die Geschäftsführung den Vorschriften des

Statuts und den auf den Vereins- und Verbandstagen auf-
gestellten Grundsätzen entspricht." Auf ähnliche Weise ver-
fuhren auch die anderen Verbände, der Raiffeisenverband
(seit 1905 unter dem Namen „Generalverband der Deutschen Raiffeisengenossenschaften") und der von Wilhelm
Haas gegründete und geführte Verband. (Vgl. Letschert
1927: 19f.).

In den 80er Jahren des 19. Jahrhunderts wurde immer
intensiver über eine Neufassung des Genossenschaftsgesetzes gesprochen, auch und gerade im Reichstag, wobei
ein zentrales Thema die Aufnahme von Bestimmungen über
die Revision und die Stellung der Revisionsverbände war. In
einer 1883 erschienenen Veröffentlichung unter dem Titel
„Material zur Revision des Gesetzes" nannte Schulze dann
seine, von ihm gerade noch akzeptierte Vorstellungen zu
den gesetzlichen Vorschriften über die Revision von
Genossenschaften. Eigentlich sollte es seiner Auffassung
nach nur eine Vorschrift geben, wonach alle zwei bis drei
Jahre eine Superrevision durch einen sachverständigen
Revisor durchzuführen wäre. Schulze wollte übrigens auch
verhindern, dass sich Versicherungsgesellschaften als
Genossenschaften bilden dürften. Es hatte bereits entspre-
chende Versuche von Versicherungsgesellschaften auf
Gegenseitigkeit gegeben. Sie unterstanden aber der
Staatsaufsicht und wären deshalb innerhalb des Genossen-
schaftswesens ein Fremdkörper geblieben. (Vgl. Schulze-
Delitzsch 1883: passim). Für Schulze war die größtmögliche
Staatsferne der Genossenschaften von zentraler Bedeu-
tung. Wie sonst hätten sie im immer noch weitgehenden
Obrigkeitsstaat „Schulen der Demokratie" sein können. Die-
ses „Material" gilt als genossenschaftspolitisches Testament
Schulzes. Im März 1883 starb er.

Nach seinem Tod gingen die Diskussionen weiter und führten dann 1889 zu der Verabschiedung eines neuen Genossenschaftsgesetzes durch den Reichstag. Es handelte sich
also formal um mehr als eine bloße Novellierung. Eine

entscheidende Neuerung betraf die Revision. Ihr war jetzt ein eigener Abschnitt mit zwölf Paragraphen eingeräumt, der unter anderem folgende Regelungen vorsah:

- Die Prüfung einer Genossenschaft hatte mindestens alle zwei Jahre durch einen sachverständigen Revisor zu erfolgen (§ 51), der gerichtlich auf Antrag der Genossenschaft zu bestellen war (§ 59).

- Zuvor hatte die „höhere Verwaltungsbehörde" ihr Einverständnis zu erklären (§ 59).

- Gehörte eine Genossenschaft einem Verband an (der bestimmte Kriterien zu erfüllen hatte), hatte dieser den Revisor zu bestellen (§ 52).

- Das Recht zur Bestellung von Revisoren seitens des Verbandes war vom Staat zu genehmigen (§ 55).

- Das Statut des Verbandes war sowohl den Gerichten als auch der höheren Verwaltungsbehörde einzureichen (§ 56).

- Als Zweck des Verbandes musste seine Satzung die Revision der ihm angehörigen Genossenschaften nennen und konnte als weiteren Zweck „die gemeinsame Wahrnehmung ihrer im § 1 bezeichneten Interessen, insbesondere die Unterhaltung gegenseitiger Geschäftsbeziehungen" verfolgen (§ 53).

(Vgl. RGBl. 1889: No. 11).

Damit waren die Revisionsverbände auch rechtlich in das Leben der Genossenschaften eingetreten. Dem Allgemeinen Verband Schulzescher Richtung und seinen angegliederten Revisionsverbänden passte das überhaupt nicht. Ludolf Parisius, Freund Schulzes und 1867 erster Kommentator des – damals noch lediglich preußischen – Genossenschaftsgesetzes schrieb in seinem Kommentar zum Gesetz von 1889: „Mit großer Entschiedenheit haben sich genossenschaftliche Verbände gegen die Vorschläge des Entwurfs ausgesprochen. Der allgemeine Vereinstag zu Erfurt erklärte sich zwar dafür, daß durch das Gesetz die Genossenschaften verpflichtet werden, mindestens in jedem dritten Jahre ihre Einrichtungen und Geschäftsführung durch einen sachverständigen Revisor prüfen zu lassen, erachtete aber die übrigen Vorschläge jenes Entwurfs als unvereinbar mit den Grundsätzen der Selbsthülfe." (Parisius 1889: XXII). Die Formulierung von den „übrigen Vorschlägen" bezog sich auf die Regularien zu den Revisionsverbänden.

Der Nachfolger Schulzes als Anwalt des Allgemeinen Verbandes, Friedrich Schenck, hatte mit Bezug auf die staatliche Aufsicht über die Verbände, einschließlich der Verleihung des Rechtes der Revision, in der Debatte des Reichstages am 13. Dezember 1888 gesagt: „Meine Herren, die Aufrechterhaltung dieser Bestimmungen würde zu schweren Schädigungen der Genossenschaften als freie Privatvereine unerträglich. Diese Bestimmungen, wenn sie Gesetz werden sollten, würden die bei den jetzt bestehenden Genossenschaften geschaffenen Revisionseinrichtungen beeinträchtigen und würden dadurch der genossenschaftlichen Entwickelung schweren Schaden bereiten, und sie würden endlich dem Staate eine Verantwortlichkeit zu wälzen, welche der Staat absolut nicht ertragen kann." Eine „Revisionseinrichtung mit ihren heilsamen Folgen kann nur bestehen und gedeihen auf dem Boden, auf dem sie entstanden ist, auf dem Boden der freien Selbstbestimmung der Genossenschaften. Meine Herren, die Genossenschaft, die sich freiwillig der Revision unterstellt hat, die freiwillig den Mann wählt, dem sie die Revision ihrer Geschäftsführung übertragen will, wird auch dem Revisor, den sie sich selber gewählt hat, gern alle mögliche Auskunft ertheilen, die nothwendig ist, daß er ein richtiges Bild über die Geschäftsgebahrung erlangt und daß er den richtigen Rath der Genossenschaft ertheilen kann; und diese Genossenschaft wird auch bereit sein, den Vorschlägen und Rathschlägen dieses Revisors Folge zu leisten." Und weiter sagte Schenck: „Unsere Genossenschaften sind Gesellschaften, die auf dem Boden des Privatverkehrs stehen, die nur zu dem Zwecke gegründet sind, den Erwerb und die Wirthschaft ihrer Mitglieder zu fördern, und es ist ein Eingriff in Privatrechte, wie er bisher nicht dagewesen ist, daß diese Vereine gezwungen werden sollen, von einer außen ihnen stehenden Person ihre Geschäfte revidieren zu lassen; es würde deshalb eine solche Bestimmung auf die Entwickelung der Genossenschaften von schädlichster Einwirkung sein müssen." (Reichstag 1888: 14. Sitzung). Das war eindeutig.

Viele Genossenschaften verließen denn auch ihre eigene Bewegung und wandelten sich in Aktiengesellschaften um. Friedrich Thorwart, der später in vier Bänden eine Sammlung von Schriften und Reden Schulzes herausgab, schrieb in der Zeitschrift des Allgemeinen Verbandes: „Es kann nicht befremden, daß, geleitet von dem Gefühle des Mißmuths, gleichzeitig hier und dort die Frage aufgeworfen wird, ob man nicht besser daran thue, der Form der Genossenschaft Valet zu sagen und zur Umwandlung in die in ihrer geschäftlichen Thätigkeit viel unbehindertere, der Staatsrevision nicht ausgesetzte Aktiengesellschaft zu schreiten." (Thorwart 1889: 165f.).

Die Raiffeisenbewegung dagegen in ihrer eindeutigen Staatsnähe (vgl. Kaltenborn 2018: 36ff.) akzeptierte die neuen Revisionsvorschriften.

Seltsamerweise wurde das Gesetz von 1889 gute dreißig Jahre später von der gleichen Position aus gänzlich anders gesehen, denn 1920 schrieb Hans Crüger als Anwalt des Deutschen Genossenschaftsverbandes: „Das Endergebnis der eingehenden Beratungen war, daß dem Genossenschaftsgesetze freudige Zustimmung zuteil wurde, so daß man es in den Genossenschaftsverbänden als die geeignete Grundlage für eine gesunde Weiterentwicklung des

Genossenschaftswesens betrachtete." (Crüger 1920: 134). Crüger war zu der Zeit als sein Vorgänger Schenck im Reichstag von der „schädlichsten Einwirkung des Gesetzes" sprach, 1888, bereits ein Jahr Sekretär des gleichen Verbandes (damals noch mit einem umständlicheren Namen) und wurde 1896 sein Nachfolger als Anwalt (Vorsitzender) des Verbandes. Ähnlich weitgehende Erinnerungslücken führender Genossenschafter sind auch, wie wir noch sehen werden, nach 1933, aber auch nach 1945 zu beobachten.

Der Allgemeine Verband behandelte die Fragen der Revision auch auf seinen Genossenschaftstagen 1906 in Kassel und 1913 in Posen. Im Kasseler Beschluss hieß es: „Die durch § 53 und 55 des Genossenschaftsgesetzes vorgeschriebene ‚Verbandsrevision' hat lediglich den Zweck, die Organe der Genossenschaft in der Vervollkommnung der geschäftlichen Einrichtungen und der Beseitigung von Mißständen zu unterstützen. Die Erfüllung der Aufgabe kann nicht gesichert werden durch Einführung von Zwangsmaßregeln in die Organisation, sondern nur durch Hebung des Verständnisses der Organe der Genossenschaft für die Zwecke der Revision." In Posen wurde dieser Beschluss nahezu wörtlich wiederholt. (Vgl. Letschert 1927: 188).

Auch der 1901 von Korthaus gegründete „Hauptverband deutscher gewerblicher Genossenschaften" äußerte sich in jener Zeit zur Frage einer Revision des Genossenschaftsgesetzes. Der Hauptverband organisierte vor allem, wie bereits erwähnt, Handwerkergenossenschaften. Aber schon kurze Zeit nach dem Ersten Weltkrieg schlossen sich Hauptverband und Allgemeiner Verband unter dem Namen Deutscher Genossenschaftsverband zusammen. Doch noch unmittelbar vor dem Krieg formulierte der Hauptverband auf dem Genossenschaftstag von 1914 in Hildesheim seine eigenen Forderungen zur Revision. Sie waren eine Reaktion auf den Antrag einer Gruppe von Reichstagsabgeordneten des Zentrums. Der Initiator des Antrages war Martin Faßbender, eine Zeit lang enger Mitarbeiter Raiffeisens, der sich nach der Trennung aber auch kritisch über Raiffeisen äußerte. Dem Faßbender-Antrag zufolge sollte u. a. auch das Revisionswesen rechtlich neu ausgerichtet werden. Dazu verlangte der Antrag zunächst, dass die Revisionsverbände „keine erwerbswirtschaftlichen Zwecke verfolgen" dürften, vor allem aber sollten „die Zentralbehörden der einzelnen Bundesstaaten" (nach heutigem Sprachgebrauch: die Landesregierungen) für verbandslose Genossenschaften „Zwangsrevisionsverbände" bilden. Die autonom gegründeten Verbände hätten also weiterhin nur auf freiwilliger Mitgliedschaft beruht. (Vgl. Reichstag 1914: 2975f.).

Das Jahrbuch des Hauptverbandes bezeichnete diesen Antrag zwar als „durchaus wohlgemeint" und der Hauptverband unterzog seine eigenen Vorschläge, wie er schrieb, einer „erneuten gründlichen Prüfung". Aber das Ergebnis, beschlossen auf dem Hildesheimer Genossenschaftstag von 1914, betraf in keinem Punkt die Frage von Zwang oder Nichtzwang hinsichtlich der Mitgliedschaft von Genossenschaften in Revisionsverbänden. Lediglich dass die Prüfungen häufiger stattfinden sollten, wurde als sinnvolle Forderung erachtet. Den Revisionsverbänden sollte dazu das Recht zugestanden werden, „an Stelle der zweijährigen [sic!] die einjährige [sic!] zu beschließen mit der Wirkung, daß dann auch jeder jährlichen Revision der Charakter der gesetzlichen Revision innewohnt, und daß alle angeschlossenen Genossenschaften sich dieser Revision zu unterwerfen haben." Diese Bestimmung der jährlich stattzufindenden Revision sollte auch für diejenigen Genossenschaften gelten, die keinem Verband angehörten. Grundsätzlich hieß es, durchaus auch in der Schulzeschen Tradition: „Bei der als notwendig erachteten Reform des Genossenschaftsgesetzes ist davon auszugehen, daß der Charakter der Genossenschaft als eines auf Selbständigkeit und Selbstverantwortung beruhenden wirtschaftlichen Gebildes gewahrt bleibt." (Hauptverband 1915: VI; vgl. auch Allg. Verband 1913: 810f.).

Die Verbandspositionen zur Revision
während der Weimarer Republik

Unmittelbar nach dem Ersten Weltkrieg, 1919, legte der katholisch bestimmte „Reichsverband deutscher Konsumvereine" eine Liste wünschenswerter Änderungen des Genossenschaftsgesetzes vor. Dazu gehörte die „Beseitigung aller Vorschriften, welche die Genossenschaften und deren Revisionsverbände unter eine gewisse staatliche Aufsicht stellen". In dieser Hinsicht, der Ablehnung staatlicher Bevormundung, war man sich mit dem Allgemeinen Verband also einig. So sollte die Bestimmung im Paragraphen 60 (§ 58 in der Fassung von 1889) aufgehoben werden, wonach dem Verband das Recht zur Bestellung des Revisors entzogen werden konnte, „wenn er sich gesetzwidriger Handlungen schuldig macht, durch welche das Gemeinwohl gefährdet wird" oder wenn er „der ihm obliegenden Pflicht der Revision nicht genügt" (vgl. Crüger 1920: 138).

Einen anderen Aspekt berührte Crüger in seinem ausführlichen Aufsatz von 1920. Er stellte die Frage, „ob die Gründung von Genossenschaften weiter so einfach gelassen werden soll, wie sie heute tatsächlich ist", nämlich so: Sieben Personen finden sich zusammen, wählen einen Aufsichtsrat und einen Vorstand; der Vorstand meldet die Genossenschaft zur Eintragung an; das Gericht prüft das Statut und die sonstigen Formalitäten; es folgt die Eintragung in das Register und so das Ergebnis: „Es ist eine eingetragenen Genossenschaft entstanden". Kosten entstünden lediglich durch die Eintragung im Deutschen Reichsanzeiger. Crüger kommentierte dann dieses Verfahren folgendermaßen: „Ohne weiteres muß zugegeben werden, daß diese ungemein einfache Form der Gründung der Genossenschaft manche Schwindelgründung erleichtert hat.

Und doch würde ich aufs allerdringendste davor warnen, hier etwa Erschwernisse einführen zu wollen, denn es wäre die tiefe Durchsetzung des deutschen Volkes mit genossenschaftlicher Arbeit ganz undenkbar gewesen, wenn nicht die Gründung von Genossenschaften sich so einfach und leicht vollzogen hätte. Man muß die Schattenseiten mit in den Kauf nehmen, will man sich der Lichtseiten erfreuen." (Crüger 1920: 141).

Die Zahlen zu den Genossenschaftsgründungen sind in der Tat beeindruckend: 1902 gab es im Deutschen Reich knapp 20.000 eingetragene Genossenschaften, 1920 waren es über 40.000 (im gebietsmäßig verkleinerten Deutschland) und drei Jahre später knapp über 50.000 (vgl. St.Jb. 1904: 56, St.Jb. 1921/22: 417 und St.Jb. 1923: 399).

Zurück zu Crügers Aussagen von 1920: Was das Verhältnis staatlicher Organe zu den Genossenschaften betreffe, so schrieb er, sei schon in der Diskussion zum neuen Genossenschaftsgesetz 1888/89 argumentiert worden, „die Zwecke der Genossenschaft seien rein privatrechtliche, ihre Zahl so beträchtlich [damals gab es laut Crüger insgesamt 6.777 Genossenschaften] und die Gegenstände ihres Geschäftsbetriebs so verschiedenartig, daß eine wirksame Staats- oder Kommunalaufsicht tatsächlich nicht durchführbar sein würde. Diesen Standpunkt, den der Gesetzgeber vor 30 Jahren eingenommen, wird er hoffentlich nicht verlassen. Die Dinge haben sich nicht zugunsten einer staatlichen oder gemeindlichen Kontrolle entwickelt, sondern ergeben vielleicht noch mehr als früher die Unmöglichkeit einer solchen, es sei denn, daß man die Absicht hat, das selbständige genossenschaftliche Leben zu ertöten." (Crüger 1920: 140 u. 155). Das genossenschaftliche Leben erstarb dann tatsächlich, aber erst dreizehn Jahre später, 1933.

In diesem Zusammenhang stellte Crüger dann die rhetorische Frage, „ist es der Zweck der Revision, Zusammenbrüche zu verhindern?", um dann sich selbst die Antwort zu geben: „Das kann unmöglich der Zweck sein, denn eine absolute Verhinderung von Konkursen bei einem geschäftlichen Unternehmen liegt außerhalb der Möglichkeit. Wir werden uns bescheiden müssen. Das Absolute ist nicht zu erreichen, wir müssen uns mit dem Relativen zufrieden geben. Aufgabe der Revision kann es nur sein, auf die Verbesserung der Einrichtungen der revidierten Genossenschaften hinzuwirken." Dann wiederholte er seine deutliche Ablehnung der Forderung nach Zwangsmitgliedschaft der verbandslosen Genossenschaften: „Die Freunde der Zwangsmaßnahmen [...] wollen, daß alle Genossenschaften gezwungen sein sollen, sich einem Revisionsverband anzuschließen. Das ist eine nicht recht ernsthaft zu nehmende Forderung, denn man kann doch unmöglich einem Revisionsverbande zumuten, eine Genossenschaft, die ihm nicht genehm ist, in seine Mitte aufzunehmen. Wenn man aber nicht die Verpflichtung zur Aufnahme anerkennen will, dann bliebe nur der Revisionsverband der Abgewiesenen und Ausgeschlossenen." (Crüger 1920: 155ff.).

In diesem Punkt wird der Kommentar von 1928 zum Genossenschaftsgesetz, an dem Crüger mitgewirkt hat, noch deutlicher: „Ganz bedenklich sind die Vorschläge, die auf eine Beseitigung der gerichtlichen Revision gerichtet sind, indem die Bildung von Zwangsrevisionsverbänden gefordert wird. Jede Genossenschaft, die einem solchen Verbande angehört, würde schon wegen ihrer Minderwertigkeit gezeichnet sein. Andererseits aber kann keinem Revisionsverbande zur Pflicht gemacht werden, jede Genossenschaft, die sich meldet, aufzunehmen." (Crüger 1928: 30).

Schon vorher hatte Reinhold Letschert, der aus seinen genossenschaftlichen Funktionen sowohl als Genossenschaftsvorstand als auch als Prüfer beide Seiten des Prüfungswesens kannte, festgestellt: „Der Allgemeine Verband wehrt sich entschieden gegen die Einführung gesetzlicher

Zwangsbefugnisse des Revisionsverbandes, die natürlich für den Verband zugleich Pflichten sind. Sie würden den Revisionsverband mit einer Verantwortung beladen, die er nicht tragen kann, sie müßten auch zu einer behördlichen Beaufsichtigung führen. Aus diesen Befürchtungen heraus hat sich der Allgemeine Verband bisher stets gegen einen gesetzlichen Ausbau der Revision ausgesprochen, der seit langem bald mehr, bald weniger von einflußreichen Kreisen betrieben worden ist. Ebenso verwirft er jede behördliche oder kommunale Aufsicht. [...] Selbsthilfe, Selbstverwaltung, Selbstverantwortung, das sind die drei Grundpfeiler, auf denen die Schulze-Delitzschen Genossenschaften aufgebaut sind, und die der Allgemeine Verband als die Voraussetzung jeder genossenschaftlichen Betätigung ansieht und verficht. Die Genossenschaft soll in ihren Entschließungen frei sei. Die Selbstverwaltung und Selbstverantwortung müßten untergraben werden, sobald dem Revisionsverband gesetzliche Zwangsbefugnisse gegenüber seinen Genossenschaften übertragen würden." (Letschert 1921: 48f.).

Letschert betont abseits von allem Beitrittszwang auch die positiven Wirkungen der Verbandsrevision: „Die günstige Entwicklung der deutschen G. ist ganz gewiß zu keinem geringen Teil der Verbandsrevision zu verdanken, die im Gegensatz zur gerichtlichen R. ihre Aufgabe auch darin sieht, anregend und belehrend auf die G. einzuwirken. [...] Wenn gegenüber solch greifbaren Vorzügen der Verbandsrevision und der Verbandsorganisationen noch zahlreiche G. keinem R.verband angehören, weil sie die Verbandsbeiträge scheuen, so kann man diesen Standpunkt nur kurzsichtig nennen." Aber: „Die Bildung von Zwangsverbänden muß abgelehnt werden. Es wäre mit der Selbstverwaltung der G. wie auch der Selbständigkeit der R.verbände schlechthin unvereinbar, wenn die letzteren gezwungen sein sollten, jede G. aufzunehmen, auch dann, wenn Bedenken gegen die Aufnahme bestehen, oder wenn die G. genötigt wäre, gegen ihren Willen einem Verband anzugehören." (Letschert 1921: 23ff.). Letschert wiederholte dann seine eben zitierten Feststellungen von 1921 (mit wenigen stilistischen Änderungen) sechs Jahre später. (Vgl. Letschert 1927: 101f.).

Auf dem 66. Genossenschaftstag des DGV im September 1929 in Stuttgart findet sich lediglich im Bericht des DGV-Anwalts Philip Stein ein Absatz zur praktischen Revisionstätigkeit des Verbandes. Er enthielt keine Forderungen und keine Erwartungen. Der stellvertretende Anwalt Johann Lang begann seinen Bericht ausdrücklich mit den DGV-Erwartungen an den Gesetzgeber. Er sagte aber nichts über Bestimmungen zur Revision oder gar zum Anschlusszwang. (Vgl. DGV-GenTag 1929: 48ff.).

Auch der Direktor der Genossenschafts-Abteilung der Dresdner Bank, Heinrich Bredenbreuker, veröffentlichte 1930 ein Buch über die „Revision der Kreditgenossenschaften". In seinem Schlusskapitel „Zusammenfassung und Vorschläge" ging er zunächst auf „die Stellung der Genossenschaft zur Revision" ein. Dazu stellte er grundsätzlich fest: „Die Genossenschaft ist ein freies, selbständiges wirtschaftliches Unternehmen. Ihr Wille geht von der Generalversammlung aus, die die Organe der Genossenschaft, den Aufsichtsrat und den Vorstand, letzteren z. T. direkt, z. T. durch den Aufsichtsrat, wählt. Die Leitung der Genossenschaft geht vom Vorstand aus, dessen Tätigkeit vom Aufsichtsrat überwacht wird. Die Genossenschaft ist nur sich selbst verantwortlich [...]." (Bredenbreuker 1930a: 215). Konsequenterweise thematisierte er die Frage der verbandslosen Genossenschaften nicht. Zu der zuweilen erhobenen Forderung nach Zwangsmitgliedschaft bezog er sich auf frühere Äußerungen: „Der alte Ruf nach dem Gesetzgeber! Darauf hat der D. G. V. schon zweimal durch Beschlüsse der Allgemeinen Genossenschaftstage in Kassel 1906 und Posen 1913 deutlich geantwortet. Er muß wieder so antworten, weil nicht Zwangsmaßnahmen, sondern die Erziehung des Menschen zu verantwortungsfreudigen Persönlichkeiten die unumgängliche Voraussetzung für eine gedeihliche Entwicklung des Genossenschaftswesens ist. Solche Persönlichkeiten lassen sich nicht heranbilden, wenn man hinter jeden Leiter einer Genossenschaft einen Schutzmann stellt oder für die Gesamtheit ein Aufsichtsamt einrichtet […]. Die Genossenschaften sind durch Selbsthilfe ins Leben getreten, sie müssen sich auch selbst helfen." (Bredenbreuker 1930a: 228).

Im gleichen Jahr, in dem sein Buch erschien, hielt Bredenbreuker auf dem 67. Deutschen Genossenschaftstag des DGV in Hamburg bei den gesonderten „Verhandlungen der Kreditgenossenschaften" das Hauptreferat zum Thema seines Buches. Inhaltlich unterschieden sich die Ausführungen Breudenbreukers in seinem Referat nicht von dem, was er in seinem Buch geschrieben hatte. Aus seinem Referat leitete er so genannte „Leitsätze" ab, die vom Genossenschaftstag ausdrücklich „gut geheißen" wurden. Sehr prononciert wiederholt er noch einmal: „Aus allen genossenschaftlichen Lagern wird immer wieder betont und aus den Aeußerungen innerhalb des DGV. ist klar zu erkennen, daß die Ausstattung der Revisionsverbände mit Zwangsbefugnissen zur Beseitigung der durch die Revision entdeckten Mißstände auch heute noch auf das strikteste abgelehnt wird." (Bredenbreuker 1930b: 182f.). Eine Anpassung gibt Bredenbreuker allerdings zu bedenken: Man könnte daran denken, „die Zugehörigkeit zu einem Verbande und den Austritt bzw. Ausschluß ins Genossenschaftsregister einzutragen und diese Tatsache zu veröffentlichen." Er sagt ausdrücklich, dass dieser Vorschlag „nur zur Diskussion und der deshalb auch nicht in die Leitsätze aufgenommen worden ist". (Bredenbreuker 1930b: 183f.).

Denn die Leitsätze bezogen sich lediglich auf die interne Regelung der Revision in den zum Deutschen Genossenschaftsverband gehörenden, insgesamt 32 Revisionsverbänden. Sie regelten die Qualifikation und bestimmte Modalitäten der Anstellung von Verbandsrevisoren. Danach waren sie – die Revisoren – Angestellte des Revisionsverbandes und mussten „durch praktische genossenschaftliche und bankmäßige Tätigkeit vorgebildet" sein sowie „in den Wirtschaftswissenschaften, insbesondere dem Genossenschaftswesen und im Genossenschaftsrecht gute Kenntnisse" besitzen. Besondere Bildungsgänge und dergleichen waren nicht vorgeschrieben. (Vgl. DGV-GenTag 1930: 11ff.).

Schon vor dem Referat Bredenbreukers und der Diskussion dazu hatte Johannes Lang in dem Rechenschaftsbericht der Anwaltschaft die gleiche Position wie Bredenbreuker und Letschert bezogen. Zur Verdeutlichung wählte er ein ausländisches Beispiel: „Es liegt uns fern, unser Genossenschaftsgesetz in einer Weise ändern zu wollen, wie es z. B. Rumänien kürzlich getan hat. Sie wissen, daß Rumänien sein Genossenschaftswesen zwar nach dem Vorbild des deutschen Genossenschaftsgesetzes, aber in strafferer Weise geregelt hat, und zwar darf dort keine Genossenschaft ohne Zustimmung des Revisionsverbandes gegründet werden. Der Revisionsverband hat viel weitergehende Rechte und Pflichten gegenüber der Genossenschaft, falls Verfehlungen festgestellt worden sind. Er kann die Verwaltung sofort durch eine andere ersetzen. Meine Damen und Herren, eine ähnliche Aenderung unseres Genossenschaftsgesetzes ist natürlich ganz ausgeschlossen. Das widerspräche der Entwicklung unseres deutschen Genossenschaftswesens, das auf eine 70jährige Vergangenheit zurückblicke kann und da auf den altbewährten Grundsätzen der Selbsthilfe, der Selbstverwaltung und Selbstverantwortung aufgebaut ist." (DGV-GenTag 1930: 43).

Auf dem 68. DGV-Genossenschaftstag, im August 1932 in Dortmund abgehalten, wurde das Thema der Prüfung oder Verbandsmitgliedschaft von verbandslosen Genossenschaften von niemandem angesprochen. (Vgl. DGV-GenTag 1932: passim).

Hinsichtlich der landwirtschaftlichen Genossenschaften ist

es sinnvoll, angesichts des 1930 erfolgten Zusammenschlusses verschiedener Verbände zum „Reichsverband der deutschen landwirtschaftlichen Genossenschaften" sich auf die darauffolgenden Jahre zu beschränken, um relevante Aussagen zur Revision und Mitgliedschaft von verbandslosen Genossenschaften zu finden. Der Platz, an dem solche Aussagen zu finden wären, wäre die Verbandszeitschrift des Reichsverbandes, und zwar die Jahrgänge seit dem Zusammenschluss. Für das zweite Halbjahr 1930 kämen drei Beiträge in Frage:

- Die Berichterstattung über den Genossenschaftstag des Reichsverbandes im Juli 1930 in Stuttgart (vgl. Genossenschaftsblatt 1930: 43ff.);

- Ein anonymer Artikel mit dem Titel „Die gesetzliche Revision der Aktiengesellschaften", in dem der Autor ja durchaus auch auf die genossenschaftliche Revision hätte eingehen können (vgl. Genossenschaftsblatt 1930: 164);

- Die Besprechung von Bredenbreukers Veröffentlichung zur Revision der Kreditgenossenschaften im DGV (vgl. Genossenschaftsblatt 1930: 298).

Im 2. Jahrgang von 1931 käme lediglich die Berichterstattung in Frage, die über den Genossenschaftstag im Juni 1931 in Swinemünde gegeben wurde, auf dem immerhin ein Verbandsdirektor aus Ostpreußen, Huguenin, ein vom Titel her relevantes Referat gehalten hatte: „Die Bedeutung der Revision und der Betriebskontrolle in heutiger Zeit". (Vgl. Genossenschaftsblatt 1931: 297ff.).

In keinem dieser Beiträge findet sich irgendeine relevante Äußerung.

Auch im folgenden Jahrgang der Zeitschrift ist nichts zu finden. Weder enthält er einen Artikel dazu, noch findet sich in der Berichterstattung über den Genossenschaftstag dieses Jahres (im Juni 1932 in Dresden abgehalten) eine spezifische Bemerkung. Der Generalanwalt des Reichsverbandes, Gennes, stellt in seinem Jahresbericht in der Passage über „Ausbau und Vertiefung des genossenschaftlichen Revisionswesens" sogar ausdrücklich fest: „Nachdem in der letzten Sitzung der Gesamtausschuß des Reichsverbands eine einheitliche Anleitung für Verbandsrevisoren verabschiedet worden ist, hat man nunmehr die Revisionsfragen zu einem gewissen Abschluß gebracht." (Genossenschaftsblatt 1932: 299ff.).

Auch die ersten sechs Ausgaben der Zeitschrift bis zur Gleichschaltung des Reichsverbandes im April 1933 schwiegen sich über sämtliche Revisionsfragen aus. (Vgl. Genossenschaftsblatt 1933: Nr. 1-6 passim).

Die deutschen Genossenschaftsverbände zeigten also bis zum Beginn der nationalsozialistischen Herrschaft keinerlei Tendenzen, die gesetzlichen Regelungen zum Revisionswesen zu verändern. Der Reichsverband der deutschen landwirtschaftlichen Genossenschaften beschäftigte sich mit diesem Thema überhaupt nicht, und der DGV lehnte ausdrücklich und strikt alle Zwangsbefugnisse von Prüfungsverbänden gegenüber den Genossenschaften ab. Die genossenschaftliche Unabhängigkeit galt nach wie vor als hohes Gut. Der Staat hatte sie zu respektieren.

Zusammenfassung:

Die moderne Genossenschaftsbewegung, initiiert durch Hermann Schulze-Delitzsch, entstand in Deutschland Mitte des 19. Jahrhunderts. Zu ihren Prinzipien gehörten unter anderem die Selbstverantwortung und die demokratische Verfassung der Genossenschaften. Sie galten auch für die Abspaltungen und anderen Zweige im Genossenschaftswesen. Dabei war die Verpflichtung zur genossenschaftlichen Demokratie am schwächsten bei den Raiffeisen-

Genossenschaften, die aber – 1930 – auch nur weniger als ein Fünftel aller landwirtschaftlichen Genossenschaften ausmachten. Die seit 1859 entstehenden Verbände waren bald auch bereit, sich der Revision, heute Prüfung genannt, ihrer Mitglieder anzunehmen. Das seit 1867 in Preußen und seit 1871 in Deutschland geltende Genossenschaftsgesetz wurde 1889 um einen Abschnitt zur Revision ergänzt. Dadurch fanden auch die Verbände Eingang in das Genossenschaftsrecht, vor allem durch das ihnen verliehene Recht, ihre Mitglieder zu prüfen. Für Genossenschaften, die keinem Verband angehörten, hatte das Gericht den Revisor zu bestimmen. Bis in die letzte Zeit der Weimarer Republik sprachen sich die Verbände deutlich gegen jegliche ihnen zugewiesene Zwangsbefugnisse aus. Für sie galt ungebrochen immer noch das Prinzip der Selbstverantwortung.

3. Die Notverordnung vom Oktober 1932 zu den Revisionsbestimmungen

Landwirtschaftskrise und „Osthilfe"

Die Novellierung des Genossenschaftsgesetzes von 1934 beruhte anfänglich auf einer Notverordnung des Reichspräsidenten vom 21. Oktober 1932. Diese Notverordnung war mit den Verhältnissen in der Landwirtschaft der Weimarer Republik und den landwirtschaftlichen Genossenschaften verknüpft. Die Situation der deutschen Landwirtschaft lässt sich mindestens für die Zeit seit 1926 mit einem Wort kennzeichnen: Agrarkrise. Ihre Heftigkeit wird durch nur wenige Zahlen belegt: Der Preisindex für alle landwirtschaftlichen Erzeugnisse sank in den sieben Jahren von 1926 bis 1933 um 42,5 Prozent. Dementsprechend verminderten sich auch die Verkaufserlöse und damit die landwirtschaftlichen Einkommen (einschließlich des Anteils aus Vermögen) vom Höchststand im Jahr 1927 bis zum Jahr 1932 um 38 Prozent. Zugleich stieg die Verschuldung rapide an und mit ihr die Zinslast, die auf den stetig sinkenden Erlösen lag. So „ballte sich in der ländlichen Gesellschaft ein hochexplosiver sozialer Sprengstoff zusammen." (Wehler 2003: 282).

Die Krise traf die Großagrarier ebenso wie die kleinbäuerlichen Betriebe. Großagrarisch strukturiert waren besonders die östlichen Gebiete Preußens und damit Deutschlands, also vor allem Ostpreußen, Schlesien, Pommern. In Ostpreußen hatten knapp 40 Prozent der Betriebe eine Größe von 100 und mehr Hektar. Aber nicht nur die Betriebsgröße hatte im Osten überdurchschnittliche Dimensionen. „Der östliche Grundbesitz dominierte aber auch in einer anderen

Hinsicht, nämlich in der Verschuldungshöhe, die im statistischen Durchschnitt beträchtlich über der der mittleren und kleinen Betriebe lag [...]". Es waren vor allem die kurzfristigen Schulden, die beim Großgrundbesitz einen wesentlich höheren Anteil ausmachten als bei den kleineren Betrieben. Das führte zu stärkerer Zinsbelastung bei sinkender Rentabilität. (Vgl. Schulze 1977: 673; vgl. auch Roidl 1994: 15 u. 19ff.). In einem Wort gesagt, die Großgrundbesitzer in den östlichen Provinzen Preußens wirtschafteten schlecht und wurden deshalb von der Krise stärker betroffen.

Der Vorsitzende der ostpreußischen Landwirtschaftskammer Ernst Brandes hatte bereits 1926 darauf aufmerksam gemacht, dass alarmierende „neunzig Prozent der Neuverschuldung nicht mehr zu Investitionszwecken verwendet wurden, sondern zum Ausgleich der Betriebsdefizite und zur Bezahlung von Steuern und Schuldzinsen." (Schulze 1977: 672). Der Reichstag setzte 1927 einen Untersuchungsausschuss ein (der damals Enqueteausschuss hieß), um die Situation in der Landwirtschaft untersuchen zu lassen. Das Untersuchungsergebnis bestätigte, „daß die Betriebe im Osten Deutschlands und die größeren Betriebe weit mehr verschuldet waren als die kleineren im Westen Deutschlands liegenden Betriebe." Dabei kamen auch die landwirtschaftlichen Genossenschaften ins Spiel. Denn der Ausschuss stellte eine Überbeleihung zahlreicher Betriebe gerade durch die landwirtschaftlichen Kreditgenossenschaften fest und sah darin „eine Gefahr für die gesamte Landwirtschaft". Denn es war leicht möglich, dass über die genossenschaftliche Solidarhaftung auch gesunde Betriebe in wirtschaftliche Schwierigkeiten kommen konnten. (Vgl. Zinke 1999: 108f.).

Staatliche Gelder sollten helfen. Schon im September 1926 hatte die Reichsregierung ein Hilfsprogramm aufgestellt. Es handelte sich um eine Regierung der Mitte unter dem Zentrumspolitiker Wilhelm Marx, von der Deutschen Volkspartei (DVP) bis zur Deutschen Demokratischen Partei (DDP) reichend. Aus dem Hilfsprogramm flossen „umfangreiche Geldmengen an den östlichen Grundbesitz", und zwar in Form billiger Kredite, Subventionierung der Zinszahlungen, Beihilfen für den Schuldenlastenausgleich und Steuererleichterungen. (Vgl. Schulze 1977: 674). Auch die nachfolgende Reichsregierung unter Hermann Müller (SPD) und dann die vom Reichspräsidenten Paul von Hindenburg ohne parlamentarische Bestätigung eingesetzten Präsidialkabinette unter Heinrich Brüning und Franz von Papen setzten die öffentliche Förderung der vor allem östlichen Landwirtschaft fort. Ende des Jahres 1931 erreichte die direkte finanzielle Begünstigung insbesondere der Großgrundbesitzer „die erkleckliche Summe von zwei Milliarden Mark." (Wehler 2003: 282f.).

Von diesen umfangreichen Hilfen wurde der Großgrundbesitz in der Tat außerordentlich begünstigt. So gingen von der Ostpreußenhilfe des Jahres 1928 vom Anteil für Kredithilfen drei Viertel „an ein Drittel der Großbetriebe (1.000 von 3.340), während von den bäuerlichen Kleinbetrieben nur jeder 43. (2.400 von 104.000) bedacht wurde." (Wehler 2003: 283; vgl. auch Schulze 1977: 678).

Die Konflikte zwischen Reichsregierung und Preußen

In der Frage der „Osthilfe" gab es eine deutliche Konfliktlinie zwischen der preußischen Mitte-Links-Regierung von SPD, Zentrum und DDP unter Otto Braun als Ministerpräsident und den rechtskonservativen bis reaktionären Präsidialkabinetten im Reich andererseits. Es ist hier nicht notwendig, all die feinen Verästelungen in dieser Frage aufzudröseln. Nur so viel sei gesagt: Der Druck des Reichspräsidenten Hindenburg, der wiederum von seinen reaktionär-konservativen bis nationalistischen Ratgebern beeinflusst wurde, veranlasste Reichskanzler Brüning (März 1930 bis Mai 1932), sich der preußischen Osthilfe-Politik entgegenzustellen, die auf effizientere Kontrollen drängte. Der für die Osthilfe bei der Reichsregierung zuständige Minister Gottfried Reinhold Treviranus bezichtigte „insbesondere die kontrollfreudige Preußenkasse, rundweg der Sabotage, denn sie behinderte die schnelle Abwicklung der Osthilfe durch scharfe Überwachung der Kreditwürdigkeit überschuldeter Betriebe und durch ‚grundsätzlich verschiedene Betrachtung‘." (Schulze 1977: 686).

Die „kontrollfreudige Preußenkasse" (mit ihrem vollen Namen „Preußische Zentralgenossenschaftskasse") war 1895 auf Initiative des preußischen Finanzministers Johannes von Miquel als staatliche Kreditanstalt gegründet worden. Ihr „nächstliegender Zweck" bestand im Geldausgleich zwischen den genossenschaftlichen Organisationen. Sie sollte die Verbindung des Genossenschaftswesens zum allgemeinen Geldmarkt herstellen. Schließlich wurde „die Preußenkasse die Zentralbank für das gesamte deutsche Genossenschaftswesen aller Richtungen". (Krebs 1928: 707ff.).

Zwischen dem preußischen Finanzminister Hermann Höpker-Aschoff und Treviranus kam es im September 1931 zu einem offenen Streit. Höpker-Aschoff hatte „die laxe Handhabung bei den Taxverfahren zur Einleitung von Entschuldungen kritisiert und verstärkte Kontrollen durch die Kommissare der Preußenkasse angekündigt." (Schulze 1977: 687). Mitte Oktober 1931 trat Höpker-Aschoff zurück. Am 7. November 1931 erschien eine Notverordnung des Reichspräsidenten zur „Sicherung der Osthilfe", aufgrund derer Preußen aus seinem Teil der Verantwortung für die Osthilfe ausschied. (Vgl. Schulze 1977: 687).

Hans-Ulrich Wehler kommt in seiner Darstellung dieses Teils der Geschichte der Weimarer Republik zu dem Ergebnis: „Der Streit um diese ‚Osthilfe‘ für ein ‚Faß ohne Boden‘ gehört zur Analyse der Zerfallsphase der Weimarer Republik." (Wehler 2003: 283).

Landwirtschaftspolitik und Genossenschaften

Das landwirtschaftliche Notprogramm von 1928, Reichslandwirtschaftsminister war zu der Zeit Martin Schiele (noch bei der rechtskonservativ-nationalistischen Deutschnationalen Volkspartei, DNVP, später wechselte Schiele die Partei), hatte „in der Hauptsache die Verbesserung der Markt- und Absatzverhältnisse der landwirtschaftlichen Erzeugnisse und die Einleitung einer Konsolidierung der drückenden schwebenden Schulden der Landwirtschaft" zum Ziel. Es umfasste, sehr kleinteilig aufgelegt, Förderungsmaßnahmen im Meliorationswesen, in den verschiedenen landwirtschaftlichen Marktsegmenten, in der Binnenfischerei usw. Dabei spielen auch genossenschaftliche Einrichtungen eine spezifische Rolle, wenn etwa zur Förderung „des direkten Absatzes von Schlachtvieh und Fleisch zwischen Erzeuger- und Verbrauchergenossenschaften" vom Staat Garantien übernommen werden konnten. Das Programm sah auch die Absatzförderung von Geflügelzucht- und Eierverwertungseinrichtungen vor, und zwar durch Verbilligung von Kreditzinsen. Dafür kamen aber nur größere Unternehmen in Frage, zu denen dann lapidar festgestellt wurde: „Die unterstützten Mustergeflügelhaltungen werden sich den Einrichtungen der genossenschaftlichen Eierverwertung anzuschließen haben." Ähnliches galt für die Kartoffelverwertung oder die Viehverwertung. Soweit die „Denkschrift über das landwirtschaftliche Notprogramm und seine Ausgestaltung" des Reichsministers Schiele. (Vgl. Reichstag 1928). Allein dieses Beispiel zeigt, dass die Verknüpfung von Staat, Landwirtschaft und ländlichem Genossenschaftswesen außerordentlich eng und vielseitig war.

Oder in den Worten des Notprogramms selbst: „Die vorstehenden Ausführungen lassen erkennen, in welch großem Umfange die Durchführung des Notprogramms von einer tätigen Mitwirkung der landwirtschaftlichen Genossenschaften in ihrem Ausbau abhängig ist. Da das Genossenschaftswesen in seiner derzeitigen Zersplitterung [...] dieser Aufgabe nicht in vollem Umfange gerecht werden kann, ist im Reichshaushalt für 1928 ein Betrag von 25 Millionen Reichsmark zur Rationalisierung des landwirtschaftlichen Genossenschaftswesens zur Verfügung gestellt worden." Die Richtlinien dazu „stellen dabei als Ziel in den Vordergrund die Herbeiführung einer größeren Wirtschaftlichkeit der Genossenschaften, ihrer Verbände und ihrer Geld- und Warenanstalten durch Vereinheitlichung und Vereinfachung ihrer Organisationen. Die auf dieser Grundlage eingeleiteten Verhandlungen mit den großen Genossenschaftsverbänden haben ergeben, daß dieses Ziel von den genossenschaftlichen Organisationen begrüßt wird und daß sie bereit sind, an seiner Verwirklichung nach Kräften mitzuarbeiten." Die Richtlinien bestimmen darüber hinaus als Ziel den „Zusammenschluß der zentralen Verbände der landwirtschaftlichen Genossenschaften zu einem einzigen Spitzenverbande [...]." Ferner sollten bei den Einrichtungen und Anstalten der Primärgenossenschaften „das gegenwärtige Nebeneinanderarbeiten und die bestehenden Überschneidungen beseitigt werden." (Reichstag 1928: Anlage 218). Die Zusammenfassung der landwirtschaftlichen Genossenschaften konnte – wie bereits berichtet – dann 1930 stattfinden. Der neue Einheitsverband, „Reichsverband der deutschen landwirtschaftlichen Genossenschaften – Raiffeisen – e. V.", umfasste fast 40.000 Mitglieder.

Bei dieser Sichtweise des Reichslandwirtschaftsministers auf die Genossenschaften als unterstützende Instrumente der offiziellen Landwirtschaftpolitik ist es nicht überraschend, dass Schiele zwei Jahre später, 1930, die landwirtschaftlichen Genossenschaften aufforderte, „wegen der zunehmenden Internationalisierung des Agrarmarktes auf Standardisierung der Agrarproduktion zu drängen, großhandelsfähige Spezialgenossenschaften zu bilden und sich weiter vertikal zusammenzuschließen." (Zinke 1999: 111).

Andererseits wurden aber genossenschaftliche Ineffizienzen, nicht ausreichende Wirtschaftlichkeit und dergleichen Probleme von den Spitzen der Politik aufmerksam wahrgenommen. Im Winter 1930/31 stattete Reichskanzler Brüning der preußischen Provinz „Grenzmark Posen-Westpreußen" (südlich von Pommern) einen Besuch ab. Zuvor hatte er den Wunsch geäußert, über „die ungünstigen Erfahrungen im [landwirtschaftlichen] Genossenschaftswesen der Provinz" unterrichtet zu werden. Also schrieb der Oberpräsident als oberster Verwaltungschef der Provinz einen längeren Brief, in dem es hieß: „Es muß angestrebt werden, daß in jedem landrätlichen Kreise nur eine einzige Warengenossenschaft besteht (Ein- und Verkaufsverein), die erforderlichenfalls einige Filialen im Kreise unterhalten kann und sich auf ihr ureigenes landwirtschaftliches Gebiet – den Verkauf der Produkte, den Ankauf der Bedarfsgegenstände der Landwirtschaft (nicht etwa auch Textilien, Haushaltsgegenstände p.p.) – beschränkt. Von dem Kreditgeschäft – soweit es nicht untrennbar mit dem Warengeschäft verbunden ist – sollte diese Zentrale nebst ihren Filialen sich fernhalten. [...] Keinesfalls dürfen sich die Bezirke von Warengenossenschaften überschneiden. Es führt sonst sofort zu einer schädlichen, oft die Händler-Unsitten noch überbietenden Konkurrenz. [...] Als warnendes Beispiel kann der Kreis Schlochau dienen", in dem die drei existierenden Warengenossenschaften zusammengebrochen seien. Kreis, Provinz und das Land seien „mit großen Beihilfen eingesprungen". „Auch sonst haben an verschiedenen Stellen meiner Provinz genossenschaftliche Zusammenbrüche oder Verluste großen Schaden getan, der sich infolge der genossenschaftlichen Verstrickung zumeist sehr weit auswirkte." (Bundesarchiv R 43 I/1297 Bl. 82). Das ist eine heftige Kritik an den landwirtschaftlichen Genossenschaften und das sind weitreichende Erwartungen eines preußischen Provinzchefs an die Politik der Reichsregierung, unbekümmert um die Autonomie des ländlichen Genossenschaftswesens.

Diese Kritik, die nicht isoliert da stand, wurde in einer sehr umfangreichen Notverordnung im Juni 1931 aufgegriffen. In deren 5. Kapitel des 7. Teil wurde nämlich in Artikel 1 die Reichsregierung unter der Überschrift „öffentlich-rechtliche und genossenschaftliche Kreditorganisationen" ermächtigt, Anordnungen zu erlassen, die der Kostenreduzierung derjenigen Genossenschaften dienen sollten, die das Depot- und Depositengeschäft betrieben und im Osthilfegebiet „beheimatet" waren. Das konnte bis zur generellen Untersagung solcher Geschäfte gehen. Der Artikel 2 dieses Kapitels lautete: „§ 64 des Gesetzes über die Erwerbs- und Wirtschaftsgenossenschaften ist in folgender Fassung anzuwenden: Die Reichsregierung ist ermächtigt, allgemeine Anordnungen über den Inhalt der Revisionsberichte und über die an die Revisoren zu stellenden Anforderungen zu erlassen." (RGBl. 1931: 313). Zinke weist darauf hin, dass eine ähnliche Ermächtigung schon durch eine Verordnung vom Dezember 1923 gegeben worden war. (Vgl. Zinke 1999: 175). Allerdings war die 1923er Verordnung nach Anhörung der Ausschüsse von Reichstag und Reichsrat erlassen worden und die Reichsregierung konnte künftige Bestimmungen zur Revision von Genossenschaften nur mit Zustimmung des Reichsrats erlassen. (Vgl. RGBl. 1923: 1252). Die Bestimmung in der Notverordnung hinsichtlich des Paragraphen 64 dehnte ihn insofern aus, als er auch die zu stellenden Anforderungen an die Revisoren miteinschloss. Denn er lautete – noch in der Fassung von 1889, als § 62: „Der Reichskanzler ist ermächtigt, allgemeine Anweisungen zu erlassen, nach welchen die Revisionsberichte anzufertigen sind." (RGBl. 1889: 70).

Die Notverordnung vom Juni 1931 war mit dem Freien Ausschuss nicht abgestimmt, kam also ohne Beteiligung der Genossenschaften zustande. Der Freie Ausschuss der Genossenschaftsverbände (ein loses, bei Bedarf tätig werdendes Bündnis) protestierte, auch im Namen des Reichsverbandes deutscher Konsumvereine (also der katholischen Richtung). Die Genossenschaften seien durch diese Vorschriften diskriminiert. „Da das Genossenschaftswesen auf den Grundpfeilern Selbstverwaltung und Selbstverantwortung ruhe, sei die Notverordnung mit ihren dirigistischen Regelungen geeignet, zu einer großen Beunruhigung des Genossenschaftswesens zu führen." (Vgl. Zinke 1999: 178).

Auch die Geduld des Reichsverbandes der landwirtschaftlichen Genossenschaften war erschöpft. Eine Notverordnung vom 17. November 1931 zur „Sicherung der Ernte und der landwirtschaftlichen Entschuldung im Osthilfegebiet" sah ein besonderes „Sicherungsverfahren" für den Fall vor, dass ein Betrieb außerstande war, „ohne wesentliche Beeinträchtigung der Vorbereitung und Einbringung der nächsten Ernte seinen Zahlungsverpflichtungen nachzukommen" (§ 2). Dadurch wurden Zwangsvollstreckungen und Verwertung von verpfändeten oder als Sicherheit dienenden Gegenständen verhindert (§ 8). Insgesamt wurden gesicherte, also Hypothekarkredite gegenüber den ungesicherten oder schwächer gesicherten Personalkrediten bevorzugt (vor allem § 15). (RGBl. I 1931: 675ff.). Dies „ließ die Genossenschaften um den Bestand ihrer Organisationen im Osten fürchten, da der Personalkredit eine Domäne der Genossenschaften war." Der Reichsverband lehnte diese Bestimmung ausdrücklich ab. (Vgl. Zinke 1999: 113).

Auch eine weitere Notverordnung des Reichspräsidenten – vom 6. Februar 1932 – bot dem Reichsverband Anlass zur Kritik. Dabei ging es um die Entschuldung im Osthilfegebiet. Die Verordnung setzte fest, dass die Gläubiger von Betrieben (also auch die Genossenschaftsbanken), deren Forderungen abgelöst wurden, mit Schuldverschreibungen bedient wurden, die zu viereinhalb Prozent verzinst wurden. (Vgl. RGBl. 1932: 59f.). „Hierin erblickte der Reichsverband erneut eine Benachteiligung des landwirtschaftlichen Genossenschaftswesens, da sich die Genossenschaften zur Kreditvergabe oftmals zu höheren Zinssätzen selbst verschuldet hatten." (Zinke 1999: 114).

Insgesamt wehrten sich also die Genossenschaftsverbände

einschließlich des Reichsverbandes gegen die Politik der Reichsregierung, wenn sie ihnen kontraproduktiv erschien. Noch waren sie dazu in der Lage.

Die landwirtschaftlichen Genossenschaften in der Krisenzeit

Es sei an dieser Stelle – denn sie betrifft schon die Jahre der großen Krise – noch auf eine andere Frage hingewiesen, inwieweit nämlich die Genossenschaften, vor allem die landwirtschaftlichen Genossenschaften, von dieser Krise im Vergleich zu Unternehmen anderer Rechtsformen betroffen waren. Die These, der Anschlusszwang von Genossenschaften an Prüfungsverbände sei durch die Gesetzesnovellierung vom Oktober 1934 auf Wunsch der Genossenschaftsverbände eingeführt worden, weil Genossenschaften besonders stark von der Krise betroffen wären, habe ich schon früher widerlegt. Die entsprechenden Zahlen sprechen eine deutliche Sprache: In den vier Jahren von 1929 bis 1932 ging die Zahl der Aktiengesellschaften in Deutschland bei einem Ausgangsbestand von 11.842 Unternehmen um 18,6 Prozent zurück, die der Gesellschaften mit beschränkter Haftung bei einem Ausgangsbestand von 46.090 Unternehmen um 8,5 Prozent und die der Genossenschaften bei einem Ausgangsbestand von 52.153 Unternehmen um lediglich 1,25 Prozent. Die Krisenzeit hat also gerade bei den Genossenschaften die größere Resistenz gezeigt. „Nun mögen einige andere Gründe als die unmittelbar aus der Wirtschaftskrise resultierenden Konsequenzen zu dieser Entwicklung bei Aktiengesellschaften und GmbH geführt haben, vermehrte Fusionen zum Beispiel oder Verlagrungen ins Ausland." Auch steuerliche Diskriminierungen kämen in Betracht. „Aber solche Gründe könnten allenfalls nur einen kleinen Teil der Abnahmen erklären." (Vgl. Kaltenborn 2015: 26ff.).

Jens Zinke nun, dessen Untersuchung der landwirtschaftlichen Genossenschaften in der Zeit der Weimarer Republik „unter besonderer Berücksichtigung der Änderungen des Genossenschaftsgesetzes" hier schon einige Male zitiert wurde, stellt – ohne weitere Analyse – fest: „Die Krise der Landwirtschaft schlug auch auf die landwirtschaftlichen Genossenschaften durch, so daß im Jahre 1930 wiederum (nach 1926) mehr Genossenschaften aufgelöst als gegründet wurden." (Zinke 1999: 112). Und: „Auch im Jahre 1932 ging der Bestand der landwirtschaftlichen Genossenschaften weiter zurück", und zwar um 227 auf 40.225. (Zinke 1999: 116). Zinke bezieht sich hinsichtlich der Zahlen des Jahres 1932 auf das „Deutsche landwirtschaftliche Genossenschaftsblatt", die Zeitschrift des Reichsverbandes; hinsichtlich des Jahres 1930 gibt er keinen Beleg an. An dieser Stelle sei Wort zu den Quellen der Bestandszahlen eingeflochten: Schon allein der Vergleichbarkeit wegen benutze ich die entsprechenden Angaben in den vom Reichsamt für Statistik herausgegebenen Jahrbüchern für Statistik. Sie arbeiten mit einheitlichen Stichtagen, sind nicht interessengeleitet und dürften – jedenfalls hinsichtlich des genossenschaftlichen Bereiches – auch nach 1933 zuverlässig sein.

Zurück zu den landwirtschaftlichen Genossenschaften: Ein Blick auf die Zahlen zeigt in der Tat bei den landwirtschaftlichen Genossenschaften sowohl für 1930 als auch für 1932 einen Rückgang, aber auch für 1931, bei einem Anstieg lediglich im Jahr 1929. Aussagekräftig ist aber erst das differenzierte Bild nach den einzelnen Genossenschaftsarten. Dann wird nämlich eine unterschiedliche, sogar gegenläufige Entwicklung bei den Kreditgenossenschaften und bei den übrigen Genossenschaften sichtbar.

Diese detaillierte Übersicht sieht folgendermaßen aus:

Genossenschaftsarten	Bestand jeweils 1. Januar					
	1929	1930	1931	1932	1933	Veränderung 1929/1932
Landwirtschaftliche Rohstoffgenossenschaften	4.316	4.276	4.144	4.010	3.849	- 10,8%
Landwirtschaftliche Werkgenossenschaften	7.426	7.423	7.366	7.287	7.172	- 3,4%
Magazin-Genossenschaften	914	1.191	1.311	1.387	1.398	+ 53%
Rohstoff- und Magazin-Genossenschaften	44	44	44	44	44	--
Produktiv-Genossenschaften	4.826	5.141	5.357	5.587	5.875	+ 21,7%
Zuchtvieh- u. Weide-Genossenschaften	952	972	999	1.005	1.015	+ 6,6%
Summe	**18.478**	**19.047**	**19.221**	**19.320**	**19.353**	**+ 4,7%**
Darlehnskassenvereine (Kreditgenossenschaften)	20.037	19.901	19.689	19.416	19.076	- 4,8%
Landwirtschaftliche Genossenschaften insgesamt	**38.515**	**38.948**	**38.910**	**38.736**	**38.429**	**- 0,2%**

(Vgl. St.Jb. 1930: 389 und St.Jb. 1933: 377).

Nicht aufgenommen sind in dieser Übersicht die Genossenschaften zur Beschaffung von Maschinen und Geräten und die sonstigen Genossenschaften, da in diesen Rubriken die amtliche Statistik keine Aufteilung nach gewerblichen und landwirtschaftlichen Genossenschaften (wie in allen anderen Sparten) vorgenommen hatte. Die absolute Zahlen beider Sparten zusammengenommen lagen zwischen 1.012 (1929) und 898 (1932). Rechnet man die Hälfte dieser Genossenschaften den landwirtschaftlichen Genossenschaften zu, dann verminderte sich deren Anzahl insgesamt von 1929 bis 1932 um 0,4 Prozent und die Anzahl der Nichtkreditgenossenschaften stieg um nur noch 4,3 Prozent. (Vgl. St.Jb. 1930: 389 und St.Jb. 1933: 377). Die landwirtschaftlichen Genossenschaften sind im Vergleich zu den Genossenschaften insgesamt also wesentlich weniger durch die Krisenjahre beeinträchtigt worden, wobei die landwirtschaftlichen Kreditgenossenschaften erheblich stärkergetroffen wurden und die übrigen landwirtschaftlichen Genossenschaften sogar einen Zuwachs erfuhren.

Die verschiedenen Urteile außerhalb des genossenschaftlichen Bereiches darüber, wie gut oder schlecht die – landwirtschaftlichen – Genossenschaften die Krisenjahre um 1930 überstanden haben, sind, wenn man etwa die ministerielle Denkschrift vom Sommer 1932 mit ihren düsteren Einschätzungen vor Augen hat, erstaunlich positiv. Zinke schreibt in seiner Darstellung zu den landwirtschaftlichen Genossenschaften in der Weimarer Republik: „Von Interesse ist, daß weder die Inflation noch die Weltwirtschaftskrise zu spektakulären Zusammenbrüchen von Genossenschaften geführt haben. Selbst wo durch die Ausdehnung der Geschäftstätigkeit über den eigentlichen Genossenschaftsbereich hinaus ökonomisch schwierige Situationen entstanden, konnten diese durch die genossenschaftliche Solidarität aufgefangen werden. Die geleistete staatliche Unterstützung diente daher überwiegend nicht zum Auffangen von operativen Verlusten, sondern zur Durchführung der Rationalisierung durch Einigung des landwirtschaftlichen

50

Genossenschaftswesens." (Zinke 1999: 213f.).

Der damalige Präsident der Reichsbank (und spätere Reichswirtschaftsminister) Hjalmar Schacht erklärte am 7. April 1933: „Den Genossenschaften gebührt, wie ich glaube, Anerkennung dafür, daß es ihnen, abgesehen von den durch die besonderen Verhältnisse der Osthilfe bedingten generellen Sanierungsmaßnahmen für die landwirtschaftlichen Genossenschaften im Osten, gelungen ist, die Erschütterungen des deutschen Kreditsystems im wesentlichen aus eigener Kraft zu überstehen. Das Reich mußte zwar auch hier und da Mittel zur Verfügung stellen, im großen und ganzen aber haben diese Institute eine bemerkenswerte Widerstandskraft gezeigt. Sie konnten die starken Abzüge, denen auch sie ausgesetzt waren, zum großen Teil aus eigener Kraft finanzieren. Der im Genossenschaftswesen verwirklichte Gedanke einer wechselseitigen Hilfsbereitschaft hat sich somit gerade während der großen wirtschaftlichen Schwierigkeiten der letzten Jahre als im Kern durchaus gesund erwiesen." (Zit. nach Faust 1977: 50).

Schon vorher hatte das Reichslandwirtschaftsministerium in seiner – noch ausführlicher zu behandelnden Denkschrift vom Juni 1932 – festgestellt: „Der genossenschaftliche Kreditapparat hat die Auswirkungen der Bankenkrise vom Juli 1931 überraschend gut ohne öffentliche Hilfe überstanden, trotzdem an sich der geringe Umfang der örtlichen Kreditinstitute und die mißliche Lage der landwirtschaftlichen und gewerblichen Kreise den gleichen oder einen noch größeren Grund zu einer Beunruhigung der Sparerkreise geboten hätte, als dies bei den öffentlichen Sparkassen der Fall war. Grund für diese ruhige Entwicklung war, daß keine Auslandsgelder im genossenschaftlichen Kredit arbeiteten, daß die starken örtlichen Bindungen der Einlegerkreise einer übermäßigen Abhebung von Einlegern entgegenwirkten und daß der Zug der Einlegerabhebungen durch den Gegenzug der Rückflüsse auf die landwirtschaftlichen Außenstände aus der Ernte saisonmäßig zu einem großen Teil ausgeglichen wurde." (Bundesarchiv R 43-II/221 Bl. 219f.). Die drohenden „schweren Gefahren" waren in der Denkschrift wahrscheinlich deshalb so eindringlich beschrieben, um den Eigentümerwechsel bei der Preußenkasse und die weitreichende Ermächtigung der Reichsregierung hinsichtlich Revision und Revisoren möglichst ohne Widerstand zu bewerkstelligen.

Die Notverordnung vom 21. Oktober 1932

Trotz dieser angesichts der allgemeinen wirtschaftlichen Lage eher tröstenden Situation erwarteten die landwirtschaftlichen Genossenschaften – weitere – Staatshilfe. Im Juni 1932 sicherte Landwirtschaftsminister Magnus von Braun (von 1925 bis zur Fusion 1930 Präsident des Raiffeisenverbandes) die Unterstützung der Genossenschaften zu. (Vgl. Zinke 1999: 114f.). Für den 20. Juni 1932 lud daraufhin das Reichslandwirtschaftsministerium zu einer „Chefbesprechung [...] betreffend Liquiderhaltung und Sanierung der genossenschaftlichen Kreditinstitute" in der Landwirtschaft ein. Zur Vorbereitung der Besprechung wurde zwei Tage vorher eine umfangreiche, nämlich 16-seitige, Denkschrift versandt, die das Datum vom 17. Juni 1932 trägt. (Bundesarchiv R 43-II/221 Bl. 218).

In der Denkschrift, die offenbar mit heißer Nadel gestrickt wurde, wie einige Schreibfehler vermuten lassen, hieß es eingangs: „Die Kreditversorgung durch die Kreditorganisationen der landwirtschaftlichen Genossenschaften hat eine Entwicklung genommen, die schwere Gefahren für die beteiligten Wirtschaftskreise mit sich bringt, die nur durch Hilfsmaßnahmen von zentraler Stelle verhütet werden können. Die von der Preußischen Zentralgenossenschaftskasse als Spitzeninstitut der genossenschaftlichen Kreditorganisationen bislang eingenommene Stellung läßt eine Hilfe in dem erforderlichen Maße nicht erwarten, so daß es geboten ist, durch schleunige Einwirkung auf Preußen die Voraussetzungen für eine Stützung und für ein wirtschaftliches Funktionieren des genossenschaftlichen Kreditsystems mit Hilfe der öffentlichen Hand alsbald zu schaffen. [...] Der gesamte von der öffentlichen Hand aufzubringende Sanierungsbedarf wird von den [sic!] Reichsverband der deutschen landwirtschaftlichen Genossenschaften auf 150 bis 200 Millionen RM angegeben [...]." Es wurden weiterhin einige Maßnahmen empfohlen, zu denen die wesentlichen Leistungen vom Reich zu erbringen wären. „Angesichts dieser dem Reich zufallenden Leistungen müßte ein entsprechender Einfluß des Reichs auf das Spitzeninstitut sichergestellt werden. Detailierte [sic!] Vorschläge werden in der Chefbesprechung am 20. d. M. vorgelegt werden." (Bundesarchiv R 43-II/221, Bl. 219-234).

Das Ergebnis der „Chefberatung" am 20. Juni 1932 war dann die Not-„Verordnung des Reichspräsidenten über die Deutsche Zentralgenossenschaftskasse und das genossenschaftliche Revisionswesen" vom 21. Oktober 1932. Paragraph 1 von Kapitel I der Verordnung lautete: „Die Preußische Zentralgenossenschaftskasse [...] wird eine Anstalt des Reichs mit der Bezeichnung ‚Deutsche Zentralgenossenschaftskasse' und mit dem Sitz in Berlin. Die DZGK – unter der Aufsicht des Reichsfinanzministers – hatte nach wie vor „die Aufgabe, den genossenschaftlichen Personalkredit zu fördern." (RGBl. 1932: 508). Damit hatte das Reich die Zuständigkeiten für die Hilfen an die preußischen Ostprovinzen vollständig an sich gezogen. Das galt auch für die Einflussnahmen auf die landwirtschaftlichen Genossenschaften dort.

Die Notverordnung vom 21. Oktober 1932 enthielt vor allem aber einen umfangreichen Katalog an „Bestimmungen über Revision, Bilanzen und Musterstatut der Genossenschaften". „Im Interesse der Gesunderhaltung des Genossenschaftswesens" wurde darin die Reichsregierung ermächtigt: „Vorschriften über Zeitfolge, Gegenstände und Art der Revision zu erlassen", „zu bestimmen, daß die Revisionsverbände Träger der Revision der ihnen angeschlossenen Genossenschaften sind", „Bestimmungen über die Verleihung und Entziehung des Revisionsrechts der Revisionsverbände, den Pflichtinhalt ihrer Satzungen und über die Nachprüfung ihrer Tätigkeit zu erlassen", „die Befähigung zur Ausübung der Revisionstätigkeit von besonderen Voraussetzungen abhängig zu machen", „den Revisionsverbänden und den Revisoren zwecks Auswertung des Revisionsergebnisses selbständige Befugnisse gegenüber der Genossenschaft und ihren Organen einzuräumen", „Vorschriften über die Bilanz und die Gewinn- und Verlustrechnung sowie über den Geschäftsbericht der Genossenschaft zu treffen". (RGBl. 1932: 508).

Das waren weitreichende Vollmachten. Denn durch sie konnten die Bestimmungen im Gesetz zu manchen Punkten erheblich ausgedehnt werden. Wenn wir damals geltendes Recht (einschließlich vorangegangener Verordnungen) und Notverordnung miteinander vergleichen, stellen wir fest,

1. „Vorschriften über Zeitfolge, Gegenstände und Art der Revision" (Notverordnung vom Oktober 1932), das besagte kaum mehr als „Anordnungen über den Inhalt der Revisionsberichte und über die an die Revisoren zu stellenden Anforderungen" (Notverordnung vom Juni 1931), war also nichts Neues;

2. Revisionsverbände als „Träger der Revision" (Notverordnung vom Oktober 1932) besagte substantiell kaum mehr als das Gesetz, demgemäß der Verband den Revisor zu bestellen hatte (GenG § 54);

3. „Bestimmungen über die Verleihung [...] des Revisionsrechts" an die Verbände (Notverordnung vom Oktober 1932) waren zwar im Gesetz bereits enthalten, beschränkten sich aber auf Formalien (GenG § 56);

4. „Bestimmungen über die [...] Entziehung des Revisionsrechts" der Verbände (Notverordnung vom Oktober 1932) waren im Gesetz ebenfalls enthalten, aber sehr allgemein gefasst (bei Nichterfüllung der Revisionspflicht – GenG § 60);

5. Bestimmungen über die Nachprüfung der Tätigkeit der Revisionsverbände (Notverordnung vom Oktober 1932) wären ein völliges Novum gewesen;

6. Ebenso neu wären Bestimmungen gewesen, „die Befähigung zur Ausübung der Revisiontätigkeit von besonderen Voraussetzungen abhängig zu machen",

7. sowie „den Revisionsverbänden und den Revisoren zwecks Auswertung des Revisionsergebnisses selbstständige Befugnisse gegenüber der Genossenschaft und ihren Organen einzuräumen".

Der letzte Punkt ging, was die Autonomie der Genossenschaften betrifft, am weitesten. Die Reichsregierung vom Herbst 1932 (die allerdings nur noch bis zum 3. Dezember amtierte) bewilligte sich diese Vollmachten, weil sie nach den Erfahrungen der bisherigen, tatsächlich dem östlichen Großgrundbesitz zugutekommenden Stützungsmaßnahmen ihrer Vorgänger u. a. das Ziel hatte, für „ein wirtschaftliches Funktionieren des genossenschaftlichen Kreditsystems" zu sorgen. Das war aus der Sicht des Landwirtschaftsministeriums der eigentliche Zweck der Notverordnung vom Oktober 1932. Tatsächlich wurde sie der rechtliche und tatsächliche Ausgangspunkt für die Novellierung des Genossenschaftsgesetzes zwei Jahre später. Von nichtverbandsangehörigen Genossenschaften war dabei an keiner Stelle die Rede.

Zusammenfassung:

Die Landwirtschaft wurde nach dem Ersten Weltkrieg immer stärker von einer Krise betroffen, die zu deutlichen Einkommensverlusten und höherer Verschuldung der Agrarbetriebe führte. Das galt besonders für die großagrarisch strukturierten Provinzen im Osten Preußens, in Ostpreußen, Pommern, Schlesien, wobei die großen Güter einen höheren Verschuldungsgrad aufwiesen als die kleineren Betriebe. Dadurch wurden auch die ländlichen Kreditgenossenschaften in Mitleidenschaft gezogen. Die Reichsregierung legte Hilfsprogramme auf, die sehr bald immer stärker auf den Osten fokussiert waren („Osthilfe"). Am stärksten, auch relativ, profitierten der Großgrundbesitz davon. Anfänglich arbeiteten das Land Preußen und das Reich in dieser Frage zusammen, aber allmählich zogen die Reichsregierungen immer stärker die Osthilfepolitik an sich. Die ländlichen Warengenossenschaften wurden von dieser Politik erheblich gefördert, weniger durch direkte Mittel als vielmehr durch die Übertragung von Aufgaben. Auch die Reform der Strukturen im ländlichen Genossenschaftswesen (Schaffung eines Einheitsverbandes) wurde mit staatlicher finanzieller Unterstützung vorangetrieben. Die Sicherheit der ländlichen Kreditgenossenschaften sollte durch Vorschriften hinsichtlich des Geschäftsumfangs und der Revision erhöht werden. Durch eine Notverordnung wurde dann im Oktober 1932 die Reichsregierung ermächtigt, Vorschriften über Zeitfolge, Gegenstände und Art der Revision und Bestimmungen hinsichtlich der Prüfungsverbände und der Anforderungen an die Revision zu erlassen. Diese Notverordnung, die kein Wort zu verbandslosen Genossenschaften enthielt, bildete den Ausgangspunkt der zwei Jahre später vollendeten Novellierung des Genossenschaftsgesetzes.

4. Nationalsozialistische Machteroberung und Machtbefestigung 1933/34

Das Thema

Im folgenden Teil wird der Versuch unternommen, das politische Umfeld der genossenschaftlichen Welt Anfang der 30er Jahre bis zur Novellierung des Genossenschaftsgesetzes im Oktober 1934 zu beleuchten. Wie gelangten die Nationalsozialisten im Januar 1933 an die Macht und wie nutzten sie danach diese Macht zur umfassenden Stabilisierung ihrer Herrschaft – das wäre also darzustellen, um die Frage zu klären: Welchen Raum hatten gesellschaftliche Organisationen im nationalsozialistischen Herrschaftssystem für eigene Initiativen? Die Beantwortung kann notwendigerweise nur äußerst rudimentär geschehen. Herangezogen für die Zeit des Untergangs der Weimarer Republik sind vor allem „Die Geschichte der ersten deutschen Demokratie" von Heinrich August Winkler und Hans Mommsens Darstellung dieser Jahre. Für die Entwicklung nach der nationalsozialistischen Machtübernahme ist auf das Werk von Richard J. Evans „Das Dritte Reich" und die entsprechenden Teile aus der fünfbändigen „Deutschen Gesellschaftsgeschichte" von Hans Ulrich Wehler, vor allem aber die Studien von Karl Dietrich Bracher „Auflösung der Weimarer Republik" und „Stufen der Machtergreifung" zurückgegriffen. Ergänzungen lieferten weitere Autoren.

Der Untergang der Republik

Am 30. Januar 1933 wurde Adolf Hitler vom Reichspräsidenten Paul von Hindenburg zum Reichskanzler ernannt und leistete noch am gleichen Tag den Eid auf die Verfassung. Die letzte parlamentarisch getragene Regierung war knapp drei Jahre vorher gescheitert und danach begann „die Auflösungsphase der ersten deutschen Demokratie". (Winkler 1994: 372). Diese Vorgeschichte der nationalsozialistischen Machtübernahme wurde geprägt durch die Präsidialkabinette, also von Regierungen, die im Einverständnis von Reichspräsident und Kanzler ausdrücklich nicht an Parteien gebunden waren. Sie wurden immer stärker von den Intentionen Hindenburgs und denen seiner außerhalb jeder Verantwortung stehenden Ratgeber abhängig. Die erste dieser Regierungen (von März 1930 bis Mai 1932) war die des bisherigen Fraktionsvorsitzenden des Zentrums Heinrich Brüning. (Vgl. Mommsen 2004: 354). Durch die Wirtschaftskrise jener Jahre waren die Staatsfinanzen in außerordentliche Unordnung geraten. Die Regierung legte zu ihrer Stabilisierung ein so genanntes Deckungsprogramm vor. Dafür gab es im Reichstag keine Mehrheit. Nur Teile des Programms wurden gebilligt.

Hindenburg gab nun bekannt, er habe dem Reichskanzler die Vollmacht erteilt, das volle Deckungsprogramm auf der Grundlage des Artikels 48 der Verfassung auch ohne parlamentarische Verabschiedung in Kraft zu setzen. Dieser Artikel gab dem Reichspräsidenten die Möglichkeit an die Hand, „wenn im Deutschen Reich die öffentliche Sicherheit und Ordnung erheblich gestört oder gefährdet wird, die zur Wiederherstellung der öffentlichen Sicherheit und Ordnung nötigen Maßnahmen [zu] treffen." Unverzüglich stellte die SPD den Antrag, der Reichstag möge die Notverordnung aufheben. Eine solche Entscheidung war in Artikel 48 ausdrücklich vorgesehen. In der Debatte darüber stellte der SPD-Abgeordnete Otto Landsberg (1918/19 einer der aus der Novemberrevolution von 1918 hervorgegangenen Volksbeauftragten) fest, dass die Regierung durch die Verordnung die Verfassung verletzt habe. Denn öffentliche Sicherheit und Ordnung in Deutschland seien keinesfalls erheblich gefährdet. (Vgl. Winkler 1994: 379f.). Mommsen

58

bezeichnet die Argumentation Landsbergs als „sachlich zutreffend" und „gesinnungsethisch geprägt". Was allerdings die Rechtslage betrifft, so stellt Mommsen fest, dass diese Notverordnungspraxis „die einhellige Zustimmung der Rechtsprechung und der Staatsrechtslehre" jener Zeit fand (vgl. Mommsen 2004: 361).

Der Antrag auf Aufhebung wurde angenommen. Damit war die Notverordnung hinfällig geworden. In einem solchen Fall hatte der Reichspräsident das verfassungsmäßige Recht, den Reichstag aufzulösen. Hindenburg machte davon Gebrauch. Die Neuwahlen wurden für den 14. September 1930 festgelegt. In der Zwischenzeit erließ der Reichspräsident erneut eine Notverordnung. Der Reichstag konnte deren Aufhebung nicht verlangen, da er aufgelöst war. (Vgl. Winkler 1994: 381).

Der Wahlkampf wurde von den extremen Parteien sowohl rechts als auch links äußerst aggressiv, zum Teil sogar brutal geführt. Es gab Tote und Verletzte auf beiden Seiten. (Vgl. Winkler 1994: 386). Die NSDAP führte den intensivsten Wahlkampf. Goebbels als Reichspropagandaleiter „machte den Wahlkampf vom Sommer 1930 zu einem Musterbeispiel faschistischer Mobilisierungsstrategien". (Vgl. Mommsen 2004: 408f.). Die Wahl selbst brachte einen Erdrutschsieg für die NSDAP. Sie erhöhte die Zahl ihrer Mandate auf das Neunfache, von 12 auf 107. Die KPD verbesserte sich von 54 auf 77 Sitze im Reichstag. Die SPD blieb stärkste Partei mit 143 Abgeordneten. (Vgl. Bracher u.a. 1998: 630f.).

Diese Situation veränderte „die Natur des politischen Ablaufs im Reichstag. [...] Die Macht entglitt dem Reichstag mit beängstigender Geschwindigkeit, da fast jede Sitzung in einem Aufruhr endete und ihn einzuberufen immer sinnloser erschien." Entscheidungen fielen nicht mehr im Reichstag. Es war der Kreis um Hindenburg, „der Notverordnungen erlassen und Regierungen bestellen konnte". (Evans 2004:

376f.). Die Nöte wurden indes nicht geringer. Die Zahl der Arbeitslosen wuchs bis Februar 1931 auf fast 5 Millionen und erreichte ein Jahr später mit über 6 Millionen ihren Höhepunkt. Anfang Juni 1931 wurde die „Zweite Notverordnung zur Sicherung von Wirtschaft und Finanzen" erlassen. „Die sozialen Härten der Notverordnung übertrafen in der Tat die schlimmsten Erwartungen." Die Renten der Invaliden und Kriegsversehrten wurden gekürzt, ebenso die Unterstützung durch die Arbeitslosenversicherung. Die Notverordnung stieß von SPD über DDP (der eher linksliberalen Deutschen Demokratischen Partei), DNVP bis zur NSDAP auf heftige Proteste. Die Reichsregierung rechnete sogar mit der Gefahr sozialer Unruhen. (Vgl. Winkler 1994: 408ff.).

Die Krise verschärfte sich. Am 13. Juli 1931 brach die zweitgrößte deutsche Privatbank, die „Darmstädter und Nationalbank" (Danatbank) zusammen. Die Regierung verordnete für einige Tage die Schließung der Bankschalter und auch für die Tage danach blieb der Zahlungsverkehr noch eingeschränkt, um die aufkommende Panik zu bändigen. Diese Bankenkrise „versetzte dem Vertrauen in das kapitalistische Wirtschaftssystem einen schwereren Schlag als die jahrzehntelange Agitation von Marxisten unterschiedlichster Couleur. [...] Der Schock, den die Bankenkrise auslöste, war tief und folgenschwer." (Winkler 1994: 418). Am 13. März 1932 fand dann die Wahl des Reichspräsidenten statt; Hindenburgs erste Amtsperiode war beendet. Er gewann, auch mit Unterstützung der SPD, die Wahl im zweiten Durchgang mit 53 Prozent der Stimmen gegen Hitler (knapp 37 Prozent) und Ernst Thälmann (KPD, 10 Prozent). Ende April 1932 folgten dann Landtagswahlen in Preußen, Bayern, Württemberg, Hamburg und Anhalt. Bis auf Bayern wurde die NSDAP überall stärkste Partei. In Anhalt wurde ein Nationalsozialist Ministerpräsident. In Preußen kam es zu einer negativen Mehrheit von NSDAP, DNVP und KPD. (Vgl. Winkler 1994: 448ff.).

Hindenburg war entschlossen, „zum frühestmöglichen Zeitpunkt eine Regierung der Rechten zu bilden". Er verlangte von Brüning den Rücktritt des Kabinetts. „Der Sturz Brünings war ein tiefer historischer Einschnitt. Am 30. Mai 1932 endete die gemäßigte Phase der Präsidialkabinette. [...] Auf der Tagesordnung der Kreise um Hindenburg stand nun der weitere Abbau der Demokratie" (vgl. Winkler 1994: 475). Franz von Papen wurde am 1. Juni 1932 Reichskanzler. Er war „einer der am weitesten rechtsstehenden Hinterbänkler der Zentrumsfraktion im preußischen Landtag" und noch vor seinem Amtsantritt trat er aus dem Zentrum aus. Der starke Mann des Kabinetts war der Reichswehrgeneral Kurt von Schleicher, ein enger Vertrauter Hindenburgs. (Vgl. Winkler 1994: 479). An dem Tag, dem 4. Juni 1932, an dem Papen seine Regierungserklärung abgab, löste Hindenburg den Reichstag auf. Er tat das mit der Begründung, dass der Reichstag „nach dem Ergebnis der In den letzten Monaten stattgehabten Wahlen zu den Landtagen der deutschen Länder dem politischen Willen des deutschen Volkes nicht mehr entspricht." (Vgl. Winkler 1994: 480). In all diesen Wahlen hatte die NSDAP starke Gewinne erzielt. Schon die erste Notverordnung Papens – vom 14. Juni 1932 – brachte abermals erhebliche Kürzungen sozialer Leistungen. Die elende Situation der Millionen Arbeitslosen, die als Drohung ständig auch über den noch in Brot und Lohn stehenden Arbeitern stand, führte zur Entsolidarisierung. (Winkler 1994: 484). Die Gesellschaft brach immer stärker auseinander.

Am 20. Juli 1932 setzte die Papen-Regierung die noch amtierende preußische Regierung der „Weimarer Koalition" von SPD, Zentrum und DDP ab, die seit den Wahlen vom 24. April 1932 in Preußen nicht mehr über die Mehrheit verfügte. Papen machte sich mit diesem „Preußenschlag" zum Reichskommissar von Preußen. (Vgl. Winkler 1994: 491ff.). Hindenburg hatte ihm die dafür erforderliche Notverordnung an die Hand gegeben (vgl. RGBl. I 1932: 377). Papens „Staatsstreich versetzte der Weimarer Republik den Todesstoß" (Evans 2004: 389). Die „große Säuberung" Preußens begann. „Staatssekretäre und Ministerialdirektoren, Ober-,

Regierungs- und Polizeipräsidenten, die den bisherigen Koalitionsparteien angehörten, wurden in den einstweiligen Ruhestand versetzt und durch konservative Beamte, häufig Deutschnationale, ersetzt." (Vgl. Winkler 1994: 503).

Die Reichstagswahl am 31. Juli 1932 brachte der NSDAP noch einmal mehr als eine Verdoppelung von Stimmen und Mandaten. Allerdings gegenüber der Reichspräsidentenwahl und den Landtagswahlen vom April 1932 hatten sie kaum noch zugelegt. Von den 608 Reichstagsabgeordneten gehörten 230 der NSDAP an, 89 der KPD. Die heftigsten Feinde der Republik verfügten jetzt zusammen über 52,5% der Mandate. (Vgl. Winkler 1994: 505f.) Es gab eine Reihe von Gesprächen mit wechselnden Teilnehmern, an denen Papen, einige Reichsminister, darunter vor allem Schleicher, die führenden Nationalsozialisten und Hindenburg beteiligt waren. Nach einigem Hin und Her wurde der Reichstag erneut aufgelöst und abermals Neuwahlen auf den 6. November 1932 festgesetzt. Inzwischen hatte die Entwicklung der Weltwirtschaft einige positive Zeichen gezeigt. Konjunkturforscher beurteilten sie mittlerweile optimistischer. (Vgl. Winkler 1994: 515f.). Auch die Reichstagswahl zeigte einige positive Aspekte: Die NSDAP sackte von 37,3% auf 33,1% ab. NSDAP und KPD hatten zusammen immer noch eine, wenn auch nur noch knappe Mehrheit der Sitze im Reichstag. (Vgl. Winkler 1994: 537 und Bracher u.a. 1998: 631). Eine Mehrheit für irgendeine Regierung war immer noch nicht in Sicht. Nur elf Tage nach der Wahl trat das Kabinett Papen zurück, blieb jedoch geschäftsführend im Amt.

Hindenburg wollte Papen erneut mit der Regierungsbildung beauftragen. In einer Ministerbesprechung am 2. Dezember sprachen sich aber – mit einer Ausnahme – alle Minister gegen Papen aus. Im Hintergrund stand zu dieser Zeit das Gespenst eines Bürgerkrieges. Den wollte Hindenburg vermeiden und bestellte Schleicher zum Reichskanzler. (Vgl. Winkler 1994: 555f.). Anfang Januar 1933 kam es zu einer gewissen Verständigung zwischen Hitler und Papen, der noch immer das Vertrauen Hindenburgs hatte (vgl. Winkler 1994: 568). Danach gab es ein Treffen führender National-sozialisten (Hitler, Göring, Frick, der 1930/31 in Thüringen erster nationalsozialistischer Landesminister war) mit Papen, dem Staatssekretär Meissner vom Präsidialamt und dem Hindenburgsohn Oskar. Oskar von Hindenburg war von Hitler beeindruckt. Und: Die Diskussionen um den Ost-hilfe-Skandal im Haushaltsausschuss des Reichstags beeinträchtigten immer stärker Hindenburg. Schleicher schützte ihn nicht. (Vgl. Winkler 580f.)

Am 27. Januar beschloss der Ältestenrat des Reichstages, es bei der vorgesehenen Einberufung des Reichstages für den 31. Januar zu belassen. KPD und SPD hatten Miss-trauensanträge gegen die Regierung und die NSDAP Ihre Zustimmung zu den Anträgen angekündigt. Schleicher woll-te angesichts dessen nur weiter machen, wenn ihm Hinden-burg eine erneute Auflösungsorder zusagte. Ohne jedes Machtmittel wollte er dem Reichstag nicht entgegentreten. Hindenburg lehnte die Zusage ab. Schleicher trat zurück. (Vgl. Winkler 1994: 584f.). Papen erhielt von Hindenburg den Auftrag, die Möglichkeiten einer Regierungsbildung zu sondieren. Im Ergebnis teilte Papen dem Reichspräsidenten mit, „bewährte konservative Politiker würden in einem Kabi-nett Hitler mitmachen". Hindenburg war beeindruckt. „Erst-mals zeigte er sich bereit, seine Bedenken gegen einen Reichskanzler Hitler fallenzulassen." (Winkler 1994: 589). Zentraler Punkt für Hitler waren Neuwahlen, denn, wie er Papen gegenüber erklärte, er wolle ein Ermächtigungs-gesetz beschließen lassen, „das dem Kabinett die volle gesetzgebende Gewalt übertragen würde, ohne daß der Reichstag oder der Reichspräsident zustimmen mußte." (Evans 2004: 412). So wurde er am 30. Januar 1933 zum Reichskanzler bestellt. Dem war also ein deprimierender schleichender Prozess der Selbstauflösung der Weimarer Republik vorausgegangen, der allerdings bis zum Schluss kein unumkehrbarer Prozess gewesen war.

Bracher stellt für die Untergangsphase der Weimarer Republik zusammenfassend fest, „daß die parlamentarische Alternative zum Präsidialexperiment seit Ende 1929 gar nicht mehr ernsthaft geprüft worden ist. Die Kabinette wurden von jetzt an ohne Parteienverhandlungen und mit verblüffender Schnelligkeit bewußt als überparlamentarische Hindenburg-Regierungen ins Leben gerufen. Parlament und Parteien waren dadurch ohne weiteres jener Verpflichtung zur konstruktiven Zusammenarbeit, jenes Zwangs zum Kompromiß und zur Gruppierung arbeitsfähiger Mehrheit enthoben, die doch das Fundament ihrer Existenz in der Demokratie ist. Der bequeme Weg des Präsidialregimes hat ihre Aktivität abgelenkt und ihr Verantwortungsbewußtsein gelähmt. Er hat zugleich jener antidemokratischen Reform- und Diktaturpropaganda, die jetzt unter Berufung auf Wirtschafts- und Parlamentskrise den autoritären Umbau des Staates zur Forderung der Stunde erheben konnte, die sichtbarsten Ansatzpunkte verschafft. Und er hat schließlich den willkommenen Vorwand geliefert für die nationalsozialistische Taktik, den totalitären Umsturz auf pseudolegalem Wege zu erreichen." (Bracher 1962a: 36).

Die Anfänge nationalsozialistischer Herrschaft

„Das neue Kabinett [...] trug nach seiner Zusammensetzung durchaus den Charakter einer zwar rechtsgerichteten, doch keineswegs eindeutig nationalsozialistischen Regierung. Viel eher stand es in der Kontinuität der vorangegangenen Präsidialkabinette [...]." (Bracher 1962a: 45). Von seinen elf Mitgliedern waren lediglich drei Nationalsozialisten, neben Hitler Wilhelm Frick als Innenminister und Hermann Göring als Reichsminister ohne Geschäftsbereich (er war außerdem kommissarischer preußischer Innenminister). Im Reichstag hatte diese Regierung keine Mehrheit. Hitler wollte deshalb unbedingt die Auflösung des Reichstages und Neuwahlen. Schon in der zweiten Sitzung des Kabinetts am 31. Januar fand Hitler bei seinen Ministern dafür ausreichend Zustimmung. Er und Göring hatten vorher den nichtnationalsozialistischen Ministern zugesichert, dass auch nach den Neuwahlen die Zusammensetzung des Kabinetts nicht verändert werde. (Vgl. Bracher 1962: 49). So verfügte Hindenburg bereits am 1. Februar die Reichstagsauflösung. Hitlers Begründung, nach der Regierungsbildung vom 30. Januar seien Neuwahlen notwendig, zeichnet nach Bracher den „Übergang zur plebiszitären Diktatur" vor. Denn eigentlich sei eine Regierungsbildung Folge von Parlamentswahlen und nicht deren Ursache. (Vgl. Bracher 1962a: 50).

In einer Hitler gewidmeten rechtswissenschaftlichen Dissertation aus dem Jahr 1934 wurde festgestellt, dass hier „dem Volk die Entscheidung in einer Frage übertragen wurde, die verfassungsmäßig dem Parlament obliegt". Damit waren laut Bracher, der diese Aussage zitiert, „Buchstabe und Sinn der Verfassung verletzt und schon vor Ermächtigungsgesetz und Besiegelung des Einparteienstaats der Weg zum antiparlamentarischen, plebiszitären Akklamationsregime beschritten. Schon dieser erste Herrschaftsakt hat die legalen Formen nur noch in einem ganz äußerlichen Sinne gewahrt: Er war in seinem Kern staatsstreichförmig [...]." (Bracher 1962a: 50f.).

Der Weg zur Diktatur wurde sofort und mit wirklich unaufhaltsamer Konsequenz beschritten. An dieser Stelle soll keine umfassende Darstellung der politischen und gesellschaftlichen Entwicklung mit all den Unterdrückungsmaßnahmen des Regimes folgen. Sinnvoll dürfte es aber sein, die stetige Konsolidierung der nationalsozialistischen Herrschaft anhand seiner gesetzgeberischen Akte in chronologischer Reihe zu verfolgen, und zwar versehen – wenn es erforderlich scheint – mit den Interpretationen der Historiker, die auch bisher herangezogen wurden. Am Ende wäre die Frage zu beantworten, ob und inwieweit es vorstellbar erscheint, dass im Oktober 1934, also nach zwanzig

Monaten nationalsozialistischer Herrschaft überhaupt noch
eine nicht-nationalsozialistisch beherrschte Einrichtung in
Deutschland existiert haben könnte, die ihre besonderen
Wünsche an die Gesetzgebung richten und auch noch
Erfüllung finden konnte – ob also ein unabhängiger Genossenschaftsverband in der Lage gewesen wäre, den Wunsch
an die nationalsozialistische Reichsregierung zu richten, sie
– die Regierung – möge den Anschlusszwang von verbandsfreien Genossenschaften an einen Prüfungsverband
gesetzlich vorschreiben.

4. Februar 1933: Den Reigen der nationalsozialistischen
Rechtsetzung eröffnet am 4. Februar, also noch nicht einmal
eine Woche nach Regierungsantritt, die „Verordnung des
Reichspräsidenten zum Schutze des deutschen Volkes"
(RGBl. 1933: 35ff.). Danach konnten u. a. „öffentliche politische Versammlungen sowie alle Versammlungen und Auf-
züge unter freiem Himmel" verboten werden, „wenn nach
den Umständen eine unmittelbare Gefahr für die öffentliche
Sicherheit zu besorgen ist" (§ 1). Sie konnten aufgelöst werden, wenn in ihnen zum Ungehorsam gegen Gesetze, Verordnungen oder „Anordnungen" der Behörden aufgereizt
wurde oder wenn Organe und leitende Beamte des Staates
beschimpft wurden (§ 2). Der Reichsinnenminister (der ja
Nationalsozialist war) konnte sogar allgemein für das ganze
Reichsgebiet oder für seine einzelnen Teile solche Versammlungen verbieten (§ 5).

„Druckschriften, deren Inhalt geeignet ist, die öffentliche
Sicherheit oder Ordnung zu gefährden" konnten beschlag-
nahmt werden (§ 7). Periodische Druckschriften konnten
verboten werden, und zwar Tageszeitungen für vier Wochen
und andere Blätter für sechs Monate sofern einer von acht
Tatbeständen vorlag. Dazu gehörten auch unrichtige Nach-
richten oder Beiträge, die „lebenswichtige Interessen des
Staates" gefährden konnten (§ 9). Alle diese Handlungen
waren mit Strafandrohungen versehen, bis hin zu Gefäng-
nisstrafen in unbestimmter Höhe (§ 14ff.).

Allein schon diese eine Verordnung bedeutete, in den Worten Brachers, „einer Minderheitsregierung […] die Vollmacht zur Ausschaltung der konkurrierenden Gruppen und Politiker, zur Gleichschaltung der öffentlichen Meinungsbeeinflussung, zur Institutionalisierung der auf Ausnahmerecht gegründeten Herrschaft" an die Hand zu geben. Damit legte diese Verordnung „schon lange vor dem Ermächtigungsgesetz und auch vor den Reichstagsbrandverordnungen […] die Grundlage für jenen Prozeß pseudolegaler Machtbefestigung, dessen erstes Ziel dann mit der Manipulierung des Ermächtigungsgesetzes durch Drohung und Zwang erreicht war." (Bracher 1962a: 55f.).

Auch Wehlers Einschätzung geht in diese Richtung: „Bereits mit der Notverordnung ‚zum Schutz des deutschen Volkes‘ vom 4. Februar begann der Weg in die Ausnahmegesetzgebung, mit deren Hilfe ein blitzschnell vollzogener Umbau des konstitutionellen und staatsrechtlichen Rahmens einsetzte […]. Damit waren aber auch die Weichen gestellt, längst ehe das ominöse Ermächtigungsgesetz vom 22. März eine breitere Interventionsbasis bot. (Wehler 2003: 603f.).

Die Verordnung wurde rigoros eingesetzt, wobei es vor allem die KPD, ihre Zeitungen und ihre Veranstaltungen traf. Aber auch die anderen Parteien, einschließlich des Zentrums blieben nicht verschont.

6. Februar 1933: Die knappe „Verordnung des Reichspräsidenten zur Herstellung geordneter Regierungsverhältnisse in Preußen" (RGBl. 1933: 43) enthielt nur einen, aber inhaltlich bedeutsamen Paragraphen: „Durch das Verhalten des Landes Preußen gegenüber dem Urteil des Staatsgerichtshofes für das Deutsche Reich vom 25. Oktober 1932 ist eine Verwirrung im Staatsleben eingetreten, die das Staatswohl gefährdet. Ich übertrage deshalb bis auf weiteres dem Reichskommissar für das Land Preußen und seinen Beauftragten die Befugnisse, die nach dem erwähnten Urteil dem Preußischen Staatsministerium und seinen

Mitgliedern zustehen."

Der Hintergrund war folgender: Der oben erwähnte so genannte „Preußenschlag" des Reichskanzlers Papen vom 20. Juli 1932 setzt die legitime preußische Regierung ab und setzte Papen zum Reichskommissar für Preußen ein. Die abgesetzte Regierung (unter dem Sozialdemokraten Otto Braun) reichte Klage beim Staatsgerichtshof ein. Laut dessen Entscheidung im Oktober 1932 waren die Maßnahmen des Reichskommissars (also Papens) zwar teilweise rechtens, aber die Regierung Braun behalte ihre staatsrechtliche Stellung gegenüber Landtag, Reichstag, Reichsrat (der Länderkammer) und Reichsregierung. (Vgl. Bracher 1984: 510ff.). Dem setzte nun die Verordnung vom 6. Februar 1933 ein Ende.

Zwei Tage vorher hatte der preußische Landtag einen Antrag der NSDAP-Fraktion auf Selbstauflösung abgelehnt. Ein Dreimännerkollegium, bestehend aus dem legalen Ministerpräsidenten Braun, dem nationalsozialistischen Landtagspräsidenten Hanns Kerrl (die NSDAP war stärkste Partei in Preußen) und dem Präsidenten des Staatsrates (der zweiten preußischen Kammer) Konrad Adenauer hatte am gleichen Tag die Auflösung verweigert. Nun war also der Rest der Befugnisse, die das Urteil des Staatsgerichtshofes der Regierung Braun belassen hatte, ebenfalls in der Hand Papens, der jetzt im Dreimännerkollegium an die Stelle Brauns trat. Unter Protest Adenauers wurde die Auflösung des preußischen Landtages beschlossen und die Neuwahl ebenfalls auf den 5. März, den Tag der Reichstagswahlen festgelegt. (Vgl. Bracher 1962a: 56f.).

Die Inhaber der Macht, nunmehr auch in Preußen, konnten nicht mehr gebremst werden. Am 22. Februar 1933 ernannte Göring als preußischer Innenminister sogar 50.000 Angehörige der SA und der SS zu Hilfspolizisten. (Vgl. Wehler 2003: 604).

28. Februar 1933: Dann kam es am Abend des 27. Februar 1933 zum Brand im Reichstagsgebäude. Unabhängig von allen unterschiedlichen Hinweisen auf den oder die Urheber, ist er „von den neuen Machthabern bewußt zur legalen Rechtfertigung verschärfter Terror- und Gleichschaltungsmaßnahmen benutzt worden." (Bracher 1962a: 75). Dazu dienten zwei Notverordnungen vom 28. Februar, dem Tag nach dem Reichstagsbrand.

Die erste, kürzere trägt die Überschrift „Verordnung des Reichspräsidenten zum Schutz von Volk und Staat" (RGBl. 1933: 83f.). Sie enthält ihre Essenz im ersten Satz ihres Paragraphen 1: "Die Artikel 114, 115, 117, 118, 123, 124 und 153 der Verfassung des Deutschen Reichs werden bis auf weiteres außer Kraft gesetzt." Diese Paragraphen schützten die persönliche Freiheit, die Unverletzlichkeit der Wohnung, das Briefgeheimnis, die Freiheit der Meinungsäußerung, die Versammlungsfreiheit, die Freiheit zu Vereinsgründungen – also alle bürgerlichen Grundrechte. Auch die verfassungsmäßige Garantie des Eigentums war damit aufgehoben. Im Paragraphen 5 der Notverordnung wurde die Todesstrafe in den Fällen vorgeschrieben, die bislang bei Hochverrat, Giftbeibringung, Brandstiftung, Explosion, Überschwemmung, Beschädigung von Eisenbahnanlagen und gemeingefährliche Vergiftung mit lebenslangem Zuchthaus bedroht waren. In Paragraph 2 der Verordnung hieß es weiterhin: „Werden in einem Lande die zur Wiederherstellung der öffentlichen Sicherheit und Ordnung nötigen Maßnahmen nicht getroffen, so kann die Reichsregierung insoweit die Befugnisse der obersten Landesbehörde vorübergehend wahrnehmen." Damit waren auch die Rechte der Länder aufs Äußerste bedroht, zumal da es dem nationalsozialistischen Reichsinnenminister vorbehalten war, zu entscheiden, ob ein Land die „notwendigen Maßnahmen" getroffen hatte.

Diese Verordnung „verhängte über Deutschland den permanenten Ausnahmezustand. Sie stellte die dritte grundlegende Notverordnung dar, die die nationalsozialistische Machtausweitung auf einem vergleichsweise hohen Niveau zu einem vorläufigen Abschluß führte" (Steinbach 2002: 90), und das bereits vier Wochen nach der Machtübertragung vom 30. Januar. Die Verordnung wurde niemals aufgehoben und „stieg zu einem der Grundgesetze des ‚Dritten Reiches' auf." (Wehler 2003: 604).

Die zweite Verordnung vom 28. Februar, überschrieben „gegen Verrat am Deutschen Volke und hochverräterische Umtriebe" (RGBl. 1933: 85) enthielt in den Worten Brachers „eine allgemeine Verschärfung der Vorschriften gegen Landesverrat und Verrat militärischer Geheimnisse und bot durch die überaus weitgefaßten Strafbestimmungen noch zusätzliche Handhaben zur pseudolegalen Rechtfertigung der kommenden Massenverhaftungen […]." Auf der Grundlage dieser Verordnungen gelang es Hitler nun ungehindert, „seine Gegner auszuschalten, die Partner zu überspielen und die totale Alleinherrschaft zu besiegeln […]. Denn sie erlaubten der Polizei ohne richterliche Kontrolle jeden Eingriff, und diese Polizei war in den Händen Fricks und Görings, also Hitlers." (Bracher 1962a: 87).

5. März 1933: Der Wahlkampf für die am 5. März stattfindenden Reichstagswahlen wurde von der NSDAP und ihren paramilitärischen Einheiten, SA und SS, mit deren unzähligen terroristischen Akten in einer beispiellosen Härte geführt. In ihm führte „der Straßenterror der ‚braunen' Bataillone zu 69 Toten". In erster Linie traf es Kommunisten, aber auch Sozialdemokraten und das Zentrum. (Vgl. Wehler 2003: 604f.). Aber „um so erstaunlicher war das Ergebnis der Wahlen vom 5. März 1933. Allem Terror und selbst einzelnen greifbaren Wahlfälschungen zum Trotz gelang es der NSDAP auch dieses Mal bei weitem nicht, eine Mehrheit unter der aufgepeitschten und zu höchster Wahlbeteiligung mobilisierten Bevölkerung zu erringen." Freie und ungestörte Wahlen waren es jedenfalls nicht. (Vgl. Bracher 1962a: 93; Wehler 2003: 604f.). Die NSDAP erreichte 43,9 Prozent der Stimmen und damit 288 der insgesamt 647 Mandate. Die mit ihr verbündete DNVP erhielt 8 Prozent der Stimmen und entsandte 52 Abgeordnete. Für die SPD als stärkste Oppositionspartei lauten die Zahlen 18,3 Prozent und 120 Mandate, für das Zentrum einschließlich seiner bayerischen Sonderpartei BVP (Bayerische Volkpartei) 13,9 Prozent und 92 Mandate und für die KPD 12,3 Prozent und 81 Mandate. Von den kleineren Parteien waren noch 5 mit zusammen 14 Abgeordneten im Reichstag vertreten. (Vgl. Bracher u. a. 1998: 631). Die beiden Regierungsparteien hatten also zusammen 51,9 Prozent der Stimmen und 340 Abgeordnete (52,6 Prozent). Das war eine eher knappe Mehrheit, jedenfalls weit entfernt von der Zweidrittelmehrheit, die für ein verfassungsänderndes Ermächtigungsgesetz notwendig war.

9. März 1933: Trotz aller vorangegangenen Zusagen Hitlers und anderer führender Nationalsozialisten, auch Hindenburgs, die bayerische Autonomie nicht anzutasten, wurde am Abend des 9. März Ritter von Epp, NSDAP-Mitglied seit 1928, zum Reichskommissar für Bayern ernannt. Damit war auch Bayern nach einigem hinhaltenden Widerstand gleichgeschaltet. Mit den kleineren Ländern war das schon vorher, bereits Anfang Februar beginnend, geschehen. (Bracher 1962a: 136ff.). Die formale Grundlage dieser Gleichschaltung der Länder war in der ersten Reichstagsbrandverordnung vom 28. Februar gelegt worden.

12. März 1933: Trotz der anfänglichen Zusage Hitlers an den Koalitionspartner, an der Zusammensetzung der Regierung nichts zu ändern, wurde am 12. März das Reichsministerium für Volksaufklärung und Propaganda geschaffen und durch Joseph Goebbels besetzt (vgl. Bracher 1962a: 146).

23. März 1933: Am 21. März fand die Eröffnungssitzung des Reichstages in der Potsdamer Garnisonskirche statt. Das war der so genannte „Tag von Potsdam", mit großem Pomp aufgezogen – bei demonstrativer Abwesenheit der sozial-demokratischen Abgeordneten und erzwungener Abwesenheit der kommunistischen Abgeordneten, die entweder verhaftet oder ins Ausland gegangen oder in die Illegalität abgetaucht waren. Zwei Tage später kam es am 23. März zur ersten Arbeitssitzung. Auf der Tagesordnung stand die Behandlung des Gesetzes, das als „Ermächtigungsgesetz" berüchtigt wurde. Wie es zustande kam und welche Bedeutung es für die weitere Geschichte hatte, wird uns noch gesondert beschäftigen. Hier nur so viel: Das „Gesetz zur Behebung der Not von Volk und Reich" (RGBl. 1933: 141) besagte in Artikel 1, dass Reichsgesetze „außer in dem in der Reichsverfassung vorgesehenen Verfahren auch durch die Reichsregierung beschlossen werden. Das galt ausdrücklich auch für die Haushaltsgesetzgebung. Laut Artikel 2 konnten die von der Regierung beschlossenen Gesetze von der Verfassung abweichen, durften aber „nicht die Einrichtung des Reichstags und des Reichsrats als solche zum Gegenstand haben". Die Rechte des Reichspräsidenten hatten unberührt zu bleiben. Gemäß Artikel 3 brauchte die Regierung bei ihrer Gesetzgebung die formalen Vorschriften der Verfassung über das Zustandekommen von Gesetzen nicht zu beachten. Artikel 5 regelte die Dauer der Gültigkeit des Gesetzes. Danach sollte es mit dem 1. April 1937 oder „wenn die gegenwärtige Reichsregierung durch eine andere abgelöst wird" außer Kraft treten.

„Der umfassende Gleichschaltungsprozeß, dem die Verabschiedung des Ermächtigungsgesetzes den Weg geebnet hat, war seit Ende März 1933 ganz dem konsequenten Ausbau des nationalsozialistischen Regimes zum totalitären Herrschaftssystem gewidmet. Er richtete sich jetzt, im Sinne gesetzlicher Zusammenfassung und Konsolidierung der vielfältigen, bislang nur notdürftig legalisierten Machtergreifungsakte, fast gleichzeitig auf Länder und Verwaltung, Verbände und Parteien, Justiz und Kultur." (Bracher 1962a: 169).

Die weitere Konsolidierung der Macht

29. März 1933: Die Regierung erließ auf der Grundlage des Ermächtigungsgesetzes ein „Gesetz über Verhängung und Vollzug der Todesstrafe" (RGBl. 1933: 151). Die Reichs- oder eine Landesregierung konnte anordnen, dass bei Todesurteilen wegen eines „gegen die öffentliche Sicherheit gerichteten Verbrechens" die „Vollstreckung durch Erhängen erfolgt". Unabhängig von der demonstrativen Brutalität des Gesetzes, war es ebenfalls ein deutlicher Schritt der Gleichschaltung auch der Justiz: Nicht das urteilende Gericht bestimmte die Art des Vollzugs, sondern die Exekutive. Die Gewaltenteilung verschwand.

31. März 1933: Das „Vorläufige Gesetz zur Gleichschaltung der Länder mit dem Reich" (RGBl. 1933: 153) ermächtigte nun auch die Landesregierungen ihrerseits Landesgesetze zu beschließen (§ 19); auch diese Gesetze konnten von den Landesverfassungen abweichen (§ 2); die Volksvertretungen wurden aufgelöst (mit Ausnahme Preußens, dessen Landtag am 5. März gewählt worden war), sie wurden entsprechend den Ergebnissen zur Reichstagswahl neu gebildet, aber ohne die KPD zu berücksichtigen (§ 4) und galten als auf vier Jahre gewählt; sie konnten aufgelöst werden (§ 8). Auch die gemeindlichen Selbstverwaltungskörper wurden aufgelöst und entsprechend den Wahlergebnissen vom 5. März neu gebildet. Die Ausführung des Gesetzes oblag dem Reichsinnenminister (§ 18).

4. April 1933: Mit dem „Gesetz über Betriebsvertretungen und wirtschaftliche Vereinigungen" (RGBl. 1933: 161) wurde das Betriebsrätegesetz ausgehebelt, ohne es aufzuheben. Der jeweiligen obersten Landesbehörde war es nun gestattet, Mitglieder von Betriebsvertretungen ihres Amtes zu entheben, wenn sie „in staats- oder wirtschaftsfeindlichem

Sinne eingestellt sind." Das betroffene Mitglied eines Betriebsrates brauchte also noch nicht einmal etwas getan zu haben. Es reichte, wenn es eine unpassende Meinung hatte.

7. April 1933: Das „Zweite Gesetz zur Gleichschaltung der Länder mit dem Reich" (RGBl. 1933: 173) vollendete die Gleichschaltung, also Unterwerfung der Länder. Der Reichspräsident ernannte nun auf Vorschlag des Reichskanzlers für die einzelnen Länder (mit Ausnahme Preußens) Reichsstatthalter. Sie wiederum hatten den „Vorsitzenden der Landesregierung" und auf dessen Vorschlag die übrigen Mitglieder der Landesregierung zu ernennen (und zu entlassen); sie lösten den Landtag auf, fertigten die Landesgesetze aus und ernannten und entließen „unmittelbare Staatsbeamte und Richter"; ferner konnten sie den Vorsitz der Sitzungen der Landesregierung übernehmen (§ 1). In Preußen übte der Reichskanzler die Befugnisse des Reichsstatthalters aus (§ 5). Der uralte deutsche Föderalismus war vollständig zerstört. (Vgl. auch Bracher 1962a: 169ff.). Damit verschwanden auch die in der Weimarer Republik mit ihm verbundenen demokratischen Rechte und Institutionen.

7. April 1933: Das „Gesetz zur Wiederherstellung des Berufsbeamtentums" (RGBl. 1933: 175ff.) war ein wesentliches Instrument der nationalsozialistischen Machtbefestigung. Die schärfste seiner Bestimmungen enthält der § 4: „Beamte, die nach ihrer bisherigen politischen Betätigung nicht die Gewähr dafür bieten, daß sie jederzeit rückhaltlos für den nationalen Staat eintreten, können aus dem Dienst entlassen werden." Ferner sollten alle Beamten „nicht arischer Abstammung" – mit bestimmten Ausnahmen – pensioniert werden. Bracher bezeichnet das als „Kollektiveinschüchterung der Beamtenschaft, die auf die nationalsozialistische Beherrschung und Manipulierung aller Zweige der Verwaltung, auf die Gleichschaltung des Staatsapparates bis in seine kleinsten Verästelungen abzielte". Beim

Gros der Beamtenschaft würde es genügen, „durch Einschüchterungspolitik oder Appell an den Opportunismus ihre Mitarbeit zu sichern und von einigen entscheidenden Positionen aus, in die Nationalsozialisten einrückten, die ganze Bürokratie in die neue Richtung zu dirigieren". Oder in noch anderen Worten: „Politische Säuberung, Antisemitismus, Drohung und Rache waren hier verbunden zum Prinzip erhoben und verbürgten die äußerste Manipulierbarkeit der ganzen Bürokratie im Sinne der neuen Machthaber." (Bracher 1962: 171ff.). Das galt konsequenterweise auch für die Beamten im Reichsjustizministerium und den anderen involvierten Behörden bei der Novellierung des Genossenschaftsgesetzes 1933/34.

10. April 1933: „Das Gesetz über die Einführung eines Feiertages der nationalen Arbeit" (RGBl. 1933: 191) erklärte den 1. Mai, bis dahin Demonstrationstag – und zwar internationaler Tag – der Gewerkschaften, zum Feiertag. Das machte auf die Arbeiterschaft großen Eindruck. Gleichzeitig wurde die Zerstörung der Gewerkschaften in Angriff genommen. „Die Wochen bis Anfang Mai 1933 standen zunächst vor allem im Zeichen der Zerschlagung der Gewerkschaften und der Errichtung einer nationalsozialistisch geführten und staatlich reglementierten ‚Deutschen Arbeitsfront', die [...] Arbeitgeber und Arbeitnehmer in einer riesigen Zwangsorganisation zusammensperrte." Die Angestelltenverbände fielen zuerst. Aber auch die anderen Organisationen blieben nicht verschont, „meist nach dem Schema, daß eine nationalsozialistische Minderheit terroristisch den Rücktritt des Vorstands erzwang oder kurzerhand den Anschluß an nationalsozialistische Auffangorganisationen erklärte". (Bracher 1962a: 175ff.).

2. Mai 1933: Am 2. Mai 1933 wurden dann die Gewerkschaftshäuser und Redaktionsbüros von SA und SS besetzt, „NSBO-Funktionäre rückten als kommissarische Beauftragte an die Stelle der alten Gewerkschaftsführer, die verhaftet, mißhandelt [...] und in die ständig anwachsenden Konzentrationslager gebracht wurden [...]." (Bracher 1962a: 184). „Als kompensatorische Organisation wurde am 10. Mai die ‚Deutsche Arbeitsfront' (DAF) unter Führung des Reichsorganisationsleiters Robert Ley gegründet. Sie erfaßte binnen kurzem alle Arbeiter, aber auch die Unternehmer und Angestellten durch ihre Zwangsmitgliedschaft [...]." (Wehler 2003: 610).

19. Mai 1933: Das „Gesetz über Treuhänder der Arbeit" (RGBl. 1933: 285) beendete offiziell die Tarifhoheit der Organisationen, die sich die Tarifpartner geschaffen hatten. Nach diesem Gesetz ernannte der Reichskanzler „für größere Wirtschaftsgebiete Treuhänder der Arbeit". Sie regelten „rechtsverbindlich für die beteiligten Personen die Bedingungen für den Abschluß von Arbeitsverträgen" und waren an „Richtlinien und Weisungen der Reichsregierung gebunden".

Mai/Juni 1933: Durch die verschiedensten Maßnahmen vom individuellen und flächendeckenden Terror über Vermögenseinziehungen, Zeitungsverbote, Beschlagnahme aller Parteihäuser, Verbot der Wahrnehmung von Abgeordnetenmandaten bis hin zu erzwungenen Selbstauflösungen wurden alle politischen Parteien vernichtet.

27. bis 29. Juni 1933: Alfred Hugenberg, bis zu ihrer Selbstauflösung am 28. Juni 1933 Vorsitzender der DNVP und bis zu seinem erzwungenen Rücktritt am Tag zuvor Reichswirtschaftsminister und Reichslandwirtschaftsminister, erhielt als Nachfolger in diesen Ämtern den bisherigen Generaldirektor der Allianzversicherung Kurt Schmitt (Wirtschaft) und R. Walter Darré (Landwirtschaft und Ernährung). Darré werden wir noch genauer kennen lernen. Gleichzeitig erhielt Rudolf Heß, Hitlers Stellvertreter in der NSDAP, Ministerrang. Damit gehören ab Ende Juni 1933 dem Kabinett sechs Nationalsozialisten als Minister an, gegenüber ursprünglich zwei (Göring und Frick).

6. Juli 1933: Hitler erklärte öffentlich: „Wir stehen in der langsamen Vollendung des totalen Staates." (Vgl. Wehler 2003: 611).

14. Juli 1933: Das „Gesetz gegen die Neubildung von Parteien" (RGBl. 1933: 479) bestimmte in seinem Paragraphen 1 in aller Deutlichkeit: „In Deutschland besteht als einzige politische Partei die Nationalsozialistische Deutsche Arbeiterpartei." Der Versuch der Neugründung einer Partei wurde mit Gefängnis oder Zuchthaus geahndet.

1. September 1933: „In seiner feierlich verlesenen Proklamation zur Eröffnung des 5. Nürnberger Reichsparteitages [...] hat Hitler schließlich die Partei zur ‚einzigen Trägerin der Staatsgewalt' erklärt und verkündet, dass nach der Zerschlagung des parlamentarisch-demokratischen Prinzips künftig an die Stelle des ‚Rechts auf freie Kritik' die intensive ‚politische Erziehungsarbeit am deutschen Volke' trete." (Bracher 1962a: 217).

Die weitere Vollendung der nationalsozialistischen Herrschaft

4. Oktober 1933: Das „Schriftleitergesetz" (RGBl. 1933: 713ff.) bestimmte, dass die „Mitwirkung an der Gestaltung des geistigen Inhalts der im Reichsgebiet herausgegebenen Zeitungen und politischen Zeitschriften" eine öffentliche Aufgabe sei. Schriftleiter mussten „arischer Abstammung" sein und waren verpflichtet, „aus den Zeitungen alles fernzuhalten [...] was geeignet ist, die Kraft des Deutschen Reiches nach außen oder im Innern, den Gemeinschaftswillen des deutschen Volkes, die deutsche Wehrhaftigkeit, Kultur oder Wirtschaft zu schwächen [und] was gegen die Ehre und Würde eines Deutschen verstößt [...]". Die öffentliche Meinung war jetzt auch legal vollständig monopolisiert.

2. Dezember 1933: Mit dem „Gesetz zur Sicherung der Einheit von Partei und Staat" (RGBl. 1933: 1016) wurde die Rolle der NSDAP noch einmal verstärkt. Absatz 1 von Paragraph 1 lautete nämlich: „Nach dem Sieg der nationalsozialistischen Revolution ist die Nationalsozialistische Deutsche Arbeiterpartei die Trägerin des deutschen Staatsgedankens und mit dem Staat unlöslich verbunden." Im zweiten Absatz wurde gesagt, dass sie eine Körperschaft des öffentlichen Rechts sei und ihre Satzung vom „Führer" bestimmt wurde.

20. Januar 1934: Das „Gesetz zur Ordnung der nationalen Arbeit" (RGBl. 1934: 45ff.) setzte das Betriebsrätegesetz außer Kraft und führte das Führerprinzip auch in den Betrieben ein.

30. Januar 1934: Mit Bedacht genau am ersten Jahrestag der Machtübernahme wurde das „Gesetz über den Neuaufbau des Reiches" verabschiedet (RGBl. 1934: 75ff.). Dazu wurde sogar das Ermächtigungsgesetz beiseite gelassen und eigens der Reichstag (dem inzwischen nur noch Nationalsozialisten angehörten) zur Akklamation bemüht. Durch das Gesetz wurden die Volksvertretungen der Länder „aufgehoben" (Artikel 1); die Hoheitsrechte der Länder wurden dem Reich übertragen (Artikel 2); die Landesregierungen wurden der Reichsregierung (Artikel 2) und die Reichsstatthalter der Dienstaufsicht des Reichsministers des Innern (Artikel 3) unterstellt. Artikel 4 bestimmte dann lapidar: „Die Reichsregierung kann neues Verfassungsrecht setzen."

14. Februar 1934: Mit dem „Gesetz über die Aufhebung des Reichsrats" (RGBl. 1934: 89) wurde auch formal zu Ende geführt, was längst praktische Politik war: Die vollständige Abschaffung des Föderalismus.

30. Juni 1934: Zwischen Hitler und dem „Stabschef der SA" Ernst Röhm seit Dezember 1933 auch Reichsminister ohne

Geschäftsbereich, bestanden erhebliche Differenzen über den militärischen Charakter der SA. Röhm sah in seiner Truppe ein Milizheer und damit den eigentlichen „Waffenträger der Nation". Zudem bestanden in der SA große Teile der Führung auf einer Fortführung der „nationalen Revolution". Für Hitler war die Loyalität der Reichswehr unverzichtbar. Und die Reichswehr wollte aber keinesfalls eine Konkurrenz neben sich dulden. Der Konflikt mündete schließlich am 30. Juni 1934 in Gewaltaktionen der SS und der Gestapo (wofür die Reichswehr logistische Hilfe leistete) gegen die Führung der SA. Ihre missliebigen Führer wurden ermordet, aber nicht nur diese, sondern auch konservative Kritiker wie der Vorgänger Hitlers als Reichskanzle, Kurt von Schleicher – und sogar dessen Frau. Von den Opfern sind knapp hundert namentlich bekannt. Offiziell wurden die Maßnahmen als Vereitelung eines von Röhm und seiner SA geplanten Putsches bezeichnet. (Vgl. Evans 2006: 27-53).

3. Juli 1934: Das „Gesetz über Maßnahmen der Staatsnotwehr" bezeichnet die Festnahmen und Morde vom 30. Juni sowie 1. und 2. Juli als „rechtens". (RGBl. 1934: 529).

1. und 2. August 1934: Am 2. August starb Hindenburg, dessen Tod am gleichen Tag sogar im Reichsgesetzblatt (Nr. 88) bekannt gemacht wurde (RGBl. I 1934: 745). Ebenfalls am 2. August erschien dessen folgende Nummer 89 und „verkündete" das „Gesetz über das Staatsoberhaupt des Deutschen Reichs", das allerdings schon am Tag vorher (den Hindenburg noch überlebt hatte) beschlossen worden war. Das Amt des Reichspräsidenten war jetzt mit dem des Reichskanzlers vereinigt, dessen Titel nunmehr „Führer und Reichskanzler" lautete. (RGBl. 1934: 747).

20. August 1934: Durch das „Gesetz über die Vereidigung der Beamten und der Soldaten der Wehrmacht" (RGBl. 1934: 785) wurden Beamte zu einem Treueid verpflichtet, der folgendermaßen begann: „Ich schwöre: Ich werde dem Führer des Deutschen Reiches und Volkes Adolf Hitler treu und gehorsam sein […]." Und der Diensteid der Soldaten lautete: „Ich schwöre bei Gott diesen heiligen Eid, daß ich dem Führer des Deutschen Reiches und Volkes Adolf Hitler, dem Oberbefehlshaber der Wehrmacht, unbedingten Gehorsam leisten und als tapferer Soldat bereit sein will, jederzeit für diesen Eid mein Leben einzusetzen."

Bilanz nach anderthalb Jahren

Für eine Bilanz, die den Zustand des nationalsozialistischen Systems nach anderthalb Jahren Herrschaft beschreibt, seien zwei längere Zitate der schon für die Beschreibung dieser Zeit herangezogenen Autoren Wehler und Tyrell gebracht:

„Die zentralistische Regierungsdiktatur Hitlers war an die Stelle der parlamentarischen Republik getreten. Ein schier omnipotenter charismatischer ‚Führer' […] bündelte alle Herrschaftsfunktionen und -mittel in einer einzigen, in seiner Hand, so daß der Führerabsolutismus bereits zum eigentlichen Gravitationszentrum der Macht geworden war. […] Der Reichstag war, völlig entmachtet, zur Akklamationsmaschine degradiert worden. […] Alle Parteien waren verboten worden oder hatten sich in tiefer Ohnmacht selber aufgelöst; die meisten Verbände, wie etwa die Gewerkschaften, waren zerschlagen oder unterworfen worden. […] Reichsrechtlich war der Einparteienstaat zugunsten der NSDAP legalisiert, der totale Lenkungsanspruch ihrer Führungsspitze befestigt worden. […] An Stelle des traditionsreichen Föderalismus war ein rigoroser Zentralismus durchgesetzt worden […]. Der Rechtsstaat lag zertrümmert da. Die Bürger waren der Willkür der Polizei, der SS, der Sondergerichtsbarkeit hilflos preisgegeben. […] Die Verfolgung, die Vertreibung und Ermordung politischer Gegner und jüdischer Deutscher hatte auf breiter Front eingesetzt." (Wehler 2003: 617f.).

Und: „Mit dem 2. August 1934 war der Nationalsozialismus in der Person des ‚Führers und Reichskanzlers' Hitler grundsätzlich [...] als der maßgebliche politische Wille in Deutschland etabliert. In der Praxis bedeutete das, daß – ähnlich wie vor 1933 in der NSDAP – Hitler auf allen Gebieten Autorität zuteilen und legitimieren konnte, auf denen er das für zweckmäßig hielt. [...] Bei der Benutzung des politischen, bürokratischen und militärischen Instrumentariums war Hitler nicht an rechtliche Normen gebunden. Entscheidungen konnten sich in Form von Gesetzen und Verordnungen niederschlagen, aber auch in persönlichen Aufträgen, im ‚Führerbefehl'. Dem gegenüber konstituierte die Machtergreifungsphase auf den Ebenen unterhalb Hitlers keine eindeutige Ordnung und keine systematische Aufgabenverteilung zwischen den staatlichen Instanzen und den verschiedenen Funktionsträgern der NSDAP. Ein vielschichtiges Zuständigkeitsgemisch blieb bestehen und entwickelte sich weiter." (Tyrell 1993: 31).

Zu dieser Zeit war die Novellierung des Genossenschaftsgesetzes noch im Gange, inwieweit unter Beteiligung von Genossenschaftsverbänden in welcher Unabhängigkeit wird noch zu untersuchen sein.

Exkurs: Das Ermächtigungsgesetz

Die verfassungsgemäßen Notverordnungen

An dieser Stelle seien noch einmal im Zusammenhang das Zustandekommen und die Bedeutung des Ermächtigungsgesetzes vom 23. März 1933 dargestellt. Dazu muss zunächst auf die Notverordnungen und ihre Praxis am Ende der Weimarer Republik zurückgekommen werden. Diese Verordnungen verwiesen auf den Paragraphen 48 der Weimarer Reichsverfassung. Dieser Artikel lautet:

„Wenn ein Land die ihm nach der Reichsverfassung oder den Reichsgesetzen obliegenden Pflichten nicht erfüllt, kann der Reichspräsident es dazu mit Hilfe der bewaffneten Macht anhalten.

Der Reichspräsident kann, wenn im Deutschen Reiche die öffentliche Sicherheit oder Ordnung erheblich gestört oder gefährdet wird, die zur Wiederherstellung der öffentlichen Sicherheit und Ordnung nötigen Maßnahmen treffen, erforderlichenfalls mit Hilfe der bewaffneten Macht einschreiten. Zu diesem Zwecke darf er vorübergehend die in den Artikeln 114, 115, 117, 118, 123, 124 und 153 festgesetzten Grundrechte ganz oder zum Teil außer Kraft setzen.

Von allen gemäß Abs. 1 oder Abs. 2 dieses Artikels getroffenen Maßnahmen hat der Reichspräsident unverzüglich dem Reichstag Kenntnis zu geben. Die Maßnahmen sind auf Verlangen des Reichstags außer Kraft zu setzen.

Bei Gefahr im Verzuge kann die Landesregierung für ihr

Gebiet einstweilige Maßnahmen der in Abs. 2 bezeichneten Art treffen. Die Maßnahmen sind auf Verlangen
des Reichspräsidenten oder des Reichstags außer Kraft
zu setzen.

Das Nähere bestimmt ein Reichsgesetz."

(Zit. nach Dreier/Waldhoff 2018: Anhang).

Das Gesetz zur näheren Bestimmung hat es nie gegeben.
Es hat lediglich die praktischen Anwendungen gegeben und
eine entsprechende Wertung durch Rechtsprechung und
Rechtslehre. Darauf ist schon hingewiesen worden. Notverordnungen auf der Grundlage des Artikels 48 hatte bereits in
den Anfängen der Republik Friedrich Ebert als Reichspräsident erlassen. Vor allem das Jahr 1923, mit der Ruhr-
besetzung durch die Alliierten, dem so genannten passiven
Widerstand dagegen, dem massivsten Währungsverfall, den
Aufstandsversuchen von links, den Diktaturplänen von
rechts bis hin zum Hitlerputsch vom 9. November, war mit
einer solchen Fülle von äußerst bedrohlichen Situationen für
den Bestand einer demokratischen Republik gekennzeich-
net, dass Ebert einige Male den Artikel 48 anwandte. In den
Worten Mommsens gewährte Ebert der Regierung Cuno
(der Reichskanzler von November 1922 bis August 1923
war) „den Gebrauch des Artikels 48 zur Regelung der mit
der Inflation und der Marktstützung verknüpften Fragen in
reichem Ausmaß". (Mommsen 2004: 179). Laut Bracher
wurde in den ersten Jahren der Republik in über 250 Fällen
auf ihn – den Artikel 48 – Bezug genommen. (Vgl. Bracher
1984: 47).

Dass auch Maßnahmen zur Marktstützung und zur
Inflationsbekämpfung der Wiederherstellung der öffentlichen
Sicherheit und Ordnung dienten, wozu Artikel 48 gedacht
war, kann durchaus bezweifelt werden. Denn der Artikel
„knüpfte an Traditionen der Belagerungs- und Kriegs-
zustandsgesetzgebung an", jedenfalls nicht der Wirtschafts-

und Finanzpolitik. Er war auch nicht als Mittel zur Umwandlung der Verfassung und der Zerstörung der auf ihr gegründeten staatlichen Ordnung gedacht, „sondern vielmehr zur ungeschmälerten Erhaltung der Verfassung und zur Bewahrung oder Wiederherstellung der verfassungsmäßigen Ordnung in Krisentagen". (Bracher 1984: 47f.).

Die verfassungsverletzenden Notverordnungen

Mit den Notverordnungen der Regierung Hitler entstand eine völlig neue Situation, beginnend, noch nicht einmal eine Woche nach der Machtübernahme, am 4. Februar 1933 und noch einmal massiv gesteigert am 28. Februar mit den Reichstagsbrandverordnungen. Sie „waren für die Konsolidierung nationalsozialistischer Herrschaft wahrscheinlich wesentlich bedeutsamer als das Ermächtigungsgesetz und die zahlreichen Gleichschaltungsgesetze, die in den folgenden Monaten erlassen wurden." (Steinbach 2002: 91).

Ernst Fraenkel, Jurist und Politikwissenschaftler, veröffentlichte 1941 in der Emigration in den USA seine Analyse des nationalsozialistischen Systems, „The Dual State", nach 1945 auch auf Deutsch erschienen. Darin stellte er fest: „Die Verfassung des Dritten Reiches ist der Belagerungszustand. Seine Verfassungsurkunde ist die Notverordnung zum Schutz von Volk und Staat vom 28. Februar 1933. Die Handhabung dieser Notverordnung mußte dazu herhalten, den politischen Sektor des deutschen öffentlichen Lebens der Herrschaft des Rechts zu entziehen." (Fraenkel 1984: 26).

Bracher schließt sich in seinen Analysen dieser Aussage an: Die Reichstagsbrandverordnungen „bedeuten das grundlegende Ausnahmegesetz, auf das sich die nationalsozialistische Diktatur bis zu ihrem Zusammenbruch in erster Linie stützte. Ihnen muß die erste Beachtung zuteil werden, nicht dem berühmten Ermächtigungsgesetz drei Wochen später, das so gerne zitiert wird, wenn man den Parteien der Mitte die Hauptlast der Verantwortung zuschieben will, und das doch ganz wesentlich Folge und Ausdruck der am 28. Februar unter Mitwirkung Hindenburgs und seiner konservativen Berater verfügten Verfassungsdurchbrechung war." (Bracher: 1962a: 82).

Bracher untersucht anschließend das Problem der Legalität dieser formal nach Setzung von Recht aussehenden Reichstagsbrandverordnung. Die Behauptung, die Legalität sei gewahrt, habe in der Argumentation ihrer Urheber, also der herrschenden Nationalsozialisten, zwei Stützen. „Den einen Pfeiler bildete ihre Begründung mit ‚kommunistischen staatsgefährdenden Gewaltakten'." Dazu zeige nun die historische Analyse, dass dieses Argument lediglich vorgeschoben war, denn es gab keinen kommunistischen Widerstand. Auch das Reichsgericht habe dazu nichts feststellen können. In dem Prozess zum Reichstagsbrand wurde neben drei bulgarischen Kommunisten auch der Vorsitzende der KPD-Reichstagsfraktion Ernst Torgler angeklagt. Die Entscheidung des Gerichts, das die Angeklagten mangels Beweisen freisprach, habe „allen Manipulationen zum Trotz ergeben, daß ein Zusammenhang zwischen der Brandstiftung und angeblichen kommunistischen Aufstandsaktionen nicht nachweisbar ist." Außerdem sei mit der Reichstagsbrandverordnung, so Bracher weiter, „die äußere Kontinuität des Präsidialregimes [...] zerbrochen". Es ließe sich „weder eine rechtsstaatliche Kontinuität noch die Legalität der nationalsozialistischen Ausnahmeherrschaft ableiten." Selbst die Juristen des Regimes hätten erklärt, die Verordnung sei „aus stärkstem revolutionären Geiste geboten", stünde also nicht in rechtsstaatlicher Tradition. (Vgl. Bracher 1962a: 85f.).

Im Übrigen: Die Reichstagsbrandverordnung setzte auch Artikel 153 der Reichsverfassung „bis auf weiteres außer Kraft" (RGBl. 1933: 83). Dieser Artikel lautete: „Das Eigentum wird von der Verfassung gewährleistet." Das bedeutet, dass das Eigentum von Bürgern und Institutionen von diesem Zeitpunkt an in Deutschland jederzeit mit Beschlag belegt werden konnte. Mit dieser Notverordnung waren also auch die Beschlagnahmen jüdischen Eigentums und des Eigentums von politischen Gegnern und Emigranten formal rechtens.

Der Weg zum Ermächtigungsgesetz

Die Auflösung des Reichstages wurde schon zwei Tage nach der Ernennung Hitlers zum Reichskanzler verkündet und die Neuwahlen für den 5. März 1933 festgelegt. Sofort begann auch seitens der NSDAP die „terroristische Forcierung des Wahlkampfes", die „gewaltsame Sicherung der Machtergreifung durch Einschüchterung, Verbot, Verfolgung und Verhaftung". (Bracher 1956: 12). Die Nationalsozialisten „entfesselten eine Orgie der Gewalt, die alles bisher Erlebte in den Schatten stellte". SPD-Versammlungen wurden gesprengt, aber auch die des Zentrums und die Teilnehmer zum Teil schwer verletzt, Sozialdemokraten von SA und SS sogar ermordet. (Vgl. Evans 2004: 425). Das Ergebnis der Wahl war für die Nationalsozialisten trotzdem eine Enttäuschung, denn die erstrebte absolute Mehrheit hatte sie verfehlt:

Partei	Stimmen	Abgeordnete
NSDAP	43,9%	288
DNVP	8,0%	52
5 Parteien der Mitte	3,5%	14
Zentrum/BayerischeVolkspartei	13,9%	92
SPD	18,3%	120
KPD	12,3%	81
Insgesamt (mit Rundungsdifferenz)	100%	647

(Vgl. Bracher u. a. 1998: 631).

In dieser Zusammensetzung war der Reichstag jedenfalls kein „bedingungslos brauchbares Werkzeug der nationalsozialistischen Führung." Ihr boten sich zwei Möglichkeiten: Entweder die Linksparteien verbieten und alle oppositionellen Abgeordnete einschüchtern oder ausschalten, den Reichstag also auf offen brutale Weise willfährig machen – oder aber „durch ein verfassungsänderndes Gesetz das Übergewicht der nationalsozialistisch kontrollierten Exekutive über die Mehrparteien-Legislative auch formal zu bestätigen [...]." Wichtig war die Zustimmung der Zentrums-Abgeordneten. „Auch hier gewann deshalb der erste Weg, der Weg der Gewalt und des Verbots, entscheidende Bedeutung, wenngleich letztlich dann nur als Drohmittel, das die Zentrumsabgeordneten schließlich zur Kapitulation bewog." Und auch dabei spielte die Reichstagsbrandverordnung die entscheidende Rolle. Denn die Regierung hatte dadurch die Möglichkeit, beliebig viele Abgeordnete verhaften zu lassen und sich so eine Zweidrittelmehrheit zu schaffen. (Bracher 1962a: 145).

Nachdem am 21. März die Eröffnungssitzung des Reichstages, eindrucksvoll inszeniert, stattgefunden hatte (der berüchtigte „Tag von Potsdam"), kam es am 23. März zur ersten Arbeitssitzung, auf deren Tagesordnung die Verabschiedung des Ermächtigungsgesetzes stand. Die 81 Abgeordneten der KPD waren in Haft, auf der Flucht oder im Untergrund. In das amtliche Register waren sie aufgenommen worden. Vor dem Verbot der KPD insgesamt oder einem förmlichen Ausschluss der gewählten kommunistischen Abgeordneten schreckte die Regierung – noch – zurück. Deshalb waren von Regierungsseite zur Herstellung der notwendigen Zweidrittelmehrheit einige geschäftsordnungsmäßige, verfassungsrechtlich höchst fragwürdige Verrenkungen notwendig. Denn Artikel 76 der Weimarer Verfassung verlangte zu verfassungsändernden Gesetzen die Anwesenheit von mindestens zwei Dritteln der Abgeordneten und die Zustimmung von mindesten zwei Dritteln der anwesenden Abgeordneten. Der gerade gewählte Reichstag umfasste 647 Abgeordnete. Also mussten 432 von ihnen anwesend sein. Da die 81 KPD-Abgeordneten von vornherein nicht anwesend waren (und auch nicht sein konnten), brauchten bei einem denkbaren Boykott der Sitzung durch die SPD, auf den Göring als Reichstagspräsident vorbereitet sein wollte, bei dann verbleibenden maximal 446 Abgeordneten nur wenige ebenfalls der Sitzung fernbleiben, um die Zahl der notwendig Anwesenden zu verfehlen. Die Regierung ließ deshalb unter intensiver Beteiligung von Frick und Göring zunächst die Geschäftsordnung des Reichstages ändern. Jetzt bestand Anwesenheitszwang für alle Abgeordneten, aber unentschuldigte Abwesende konnten trotzdem als anwesend gelten. Der Reichstagspräsident (also Göring) konnte unwidersprochen entscheiden, ob ein real nicht anwesendes Mitglied des Reichstages dennoch als anwesend galt. Der zuständige Ausschuss und danach das Plenum des Reichstages billigten die Änderung der Geschäftsordnung. (Vgl. Bracher 1962a: 161f.).

Die Verabschiedung des Gesetzes

Die Sitzung selbst war schon vor ihrem eigentlichen Beginn durch massive Bedrohungsszenarien und blanken Terror vor allem gegen die SPD-Abgeordneten geprägt. Schon in den Tagen vorher waren von den gewählten Sozialdemokraten 26 verhaftet worden. Und „noch auf dem Wege zum Sitzungsgebäude, der für die sozialdemokratischen Abgeordneten einem Spießrutenlaufen durch eine enge von der SA gebildete Gasse glich, wurden zwei Fraktionsmitglieder festgenommen [...]“. Im Sitzungsgebäude ging der Terror weiter: „[...] kaum hatten die Sozialdemokraten ihre Plätze eingenommen, waren sie auch schon von patrouillierenden SS-Männern mit umgeschnallten Revolvern umgeben.“ Das Sitzungsgebäude (die Kroll-Oper) war durch SA hermetisch abgesperrt. (Matthias 1979: 166).

Der Zentrumsabgeordnete Franz Wiedemeyer sagte 14 Jahre später, 1947, vor einem Untersuchungsausschuss des württembergisch-badischen Landtags: „Ich stand bei dieser Abstimmung im wesentlichen noch unter dem Eindruck, [...] daß, wenn diese Leute losgelassen wären, an dem Abend ein großes Blutvergießen eingesetzt hätte [...]." (Morsay 2010: 120). Morsay beschreibt die Situation an anderer Stelle folgendermaßen: „Die um 14:05 eröffnete Plenarsitzung stand unter Ausnahmerecht. Das Fehlen der verhafteten Abgeordneten, die Besetzung der Krolloper durch bewaffnete SA- und SS-Trupps, die ihrer Stimmung in drohenden Sprechchören Ausdruck gaben: das alles erzeugte einen lähmenden Druck, unter dem kein Abgeordneter der bürgerlichen Parteien auch nur einen Zwischenruf wagte [...]." (Morsay 1979: 363). Bracher zitiert aus einem Brief von Paul Löbe, dem langjährigen sozialdemokratischen Präsidenten des Reichstages, der noch eine weitere Facette der nationalsozialistischen Missachtung parlamentarischer verfassungsmäßiger Rechte schildert: „Wegen sehr kurzfristig einberufener Sitzung war eine größere Zahl der nationalsozialistischen Abgeordneten noch nicht anwesend. Darauf verkündete der Präsident Hermann Göring, er ermächtige die im Saal anwesenden Amtsträger der NSDAP, die Plätze der Abgeordneten einzunehmen und sich an den etwaigen Abstimmungen zu beteiligen, was im Lauf der Sitzung auch geschah ...". (Vgl. Bracher 1962a: 163).

Trotz allem Terror lehnte die SPD – als einzige Partei – das Ermächtigungsgesetz ab. Die Begründung dafür gab ihr Vorsitzender Otto Wels in seiner berühmt gewordenen Rede, die in den Worten gipfelte: „Freiheit und Leben kann man uns nehmen, die Ehre nicht." (Matthias 1979: 166). Dem zentgegnete Hitler, die Nationalsozialisten appellierten an den Reichstag um etwas, „was wir auch ohnedem hätten nehmen können". Dazu bemerkt Bracher: „Auch dieser Satz aus dem Mund des verantwortlichen, vereidigten Reichskanzlers gab einen Blick hinter die formalen Erwägungen und auf den wahren Gehalt der nationalsozialistischen Legalitätstaktik frei." (Bracher 1962a: 166; vgl. auch Bracher 1956: passim). Der SPD-Abgeordnete Josef Felder hat in seinen Erinnerungen eine eindringliche Darstellung dieser Reichstagssitzung niedergeschrieben (vgl. Felder 2000: 114ff.). Die Abstimmung ergab dann die Zustimmung von 441 Abgeordneten gegen die 94 Stimmen der anwesenden SPD-Abgeordneten. Die Zahl von 441 Ja-Stimmen nannte Göring in seiner Bekanntgabe der Abstimmung, eine spätere Nachzählung ergab 444 Zustimmungen. Im Übrigen machte Göring in seinen Berechnungen zur notwendigen verfassungsändernden Mehrheit einige falsche Angaben, die aber nichts daran änderten, dass die notwendige Stimmenzahl erreicht worden war. (Vgl. Schneider 1955: 15f.).

Nach der Verabschiedung im Reichstag hatte noch die Länderkammer, der Reichsrat dem Gesetz zuzustimmen. Auch im Reichsrat war bei verfassungsändernden Gesetzen eine Zweidrittelmehrheit der abgegebenen Stimmen erforderlich. So verlangte es Artikel 76 der Verfassung. Der Reichsrat trat noch am Abend des 23. März zusammen und beschloss einstimmig, vom Entwurf des Ermächtigungsgesetzes Kenntnis zu nehmen, ohne Einspruch zu erheben. Damit war es formell verabschiedet. Aber: „Nach der staatsstreichartigen Gleichschaltung der Länder" war der Reichsrat „zweifellos nicht mehr korrekt zusammengesetzt". (Bracher 1962b: 164). Denn „in den Tagen nach dem 5. März [also den Reichstagswahlen] nahmen die Nationalsozialisten nämlich ihre Stimmengewinne zum Anlaß, in den Ländern und Kommunen die Regierungs- und Verwaltungsgebäude gewaltsam zu besetzen und den Regierungen und Stadtverwaltungen nationalsozialistische Kommissare zu oktroyieren." Deren Weisungen hatten dann die Vertreter der Länder im Reichsrat zu befolgen. Dieser Schritt der Gleichschaltung der Länder war „nicht mehr mit einer juristischen Begründung versehen und nicht mehr in gesetzliche Form gekleidet". (Krausnick 1962: 184). Die preußischen Vertreter im Reichsrat waren von Göring als preußischem

Ministerpräsidenten ernannt, obwohl diesem Verfahren ein
Urteil des preußischen Staatsgerichtshofes entgegenstand.
(Vgl. Bracher 1962a: 162).

Der Text des Gesetzes

Das Gesetz hatte folgenden Wortlaut: „Der Reichstag hat
das folgende Gesetz beschlossen, das mit Zustimmung des
Reichsrats hiermit verkündet wird, nachdem festgestellt ist,
daß die Erfordernisse verfassungsändernder Gesetzgebung
erfüllt sind:

Art. 1. Reichsgesetze können außer in dem in der
Reichsverfassung vorgesehenen Verfahren auch durch
die Reichsregierung beschlossen werden. Dies gilt auch
für die in den Artikeln 85 Abs. 2 und 87 der Reichsverfassung bezeichneten Gesetze [Haushaltsgesetz-
gebung und Gesetze zur Kreditaufnahme].

Art. 2. Die von der Reichsregierung beschlossenen
Reichsgesetze können von der Reichsverfassung abweichen, soweit sie nicht die Einrichtung des Reichstags
und des Reichsrats als solche zum Gegenstand haben.
Die Rechte des Reichspräsidenten bleiben unberührt.

Art. 3. Die von der Reichsregierung beschlossenen
Gesetze werden vom Reichskanzler ausgefertigt und im
Reichsgesetzblatt verkündet. Sie treten, soweit sie nicht
anderes bestimmen, mit dem auf die Verkündung folgenden Tages in Kraft. [...]

Art. 4. Verträge des Reichs mit fremden Staaten, die sich
auf Gegenstände der Reichsgesetzgebung beziehen,
bedürfen nicht der Zustimmung der an der Gesetzgebung beteiligten Körperschaften. Die Reichsregierung
erläßt die zur Durchführung dieser Verträge erforderlichen Vorschriften.

Art. 5. Dieses Gesetz tritt mit dem Tage seiner Verkündung in Kraft. Es tritt mit dem 1. April 1937 außer Kraft; es tritt ferner außer Kraft, wenn die gegenwärtige Reichsregierung durch eine andere abgelöst wird." (RGBl. 1933: 141).

Reichstag, Reichsrat und Reichspräsident waren also in Artikel 2 als Institution ausdrücklich garantiert. Tatsächlich wurde der Reichsrat im Februar 1934 per Gesetz „aufgehoben" (vgl. RGBl. 1934: 89) und das Amt des Reichspräsidenten ebenfalls per Gesetz schon am Tag vor Hindenburgs Tod abgeschafft (vgl. RGBl. 1934: 747).

Ermächtigungsgesetz und Weimars Verfassung

Zweifellos war das Gesetz verfassungswidrig zustande gekommen. Dazu seien einige Argumente genannt.

Artikel 21 der Verfassung lautete: „Die Abgeordneten sind Vertreter des ganzen Volkes. Sie sind nur ihrem Gewissen unterworfen und an Aufträge nicht gebunden." Nun waren unter den terroristischen Bedingungen der Sitzung die Abgeordneten an einer unabhängigen, souveränen Abgabe ihres Votums gehindert. Sie konnten, sofern sie die Gesetzesvorlage ablehnen wollten, ihrem Gewissen nur bei Inkaufnahme der erkennbaren Gefährdung für Leib und Leben folgen. Der Artikel 21 war also obsolet geworden.

Artikel 37 der Verfassung lautete: „Kein Mitglied des Reichstags oder eines Landtags kann ohne Genehmigung des Hauses, dem der Abgeordnete angehört, während der Sitzungsperiode wegen einer mit Strafe bedrohten Handlung zur Untersuchung gezogen oder verhaftet werden, es sei denn, daß das Mitglied bei Ausübung der Tat oder spätestens im Laufe des folgenden Tages festgenommen ist." Also stellten zumindest auch die Verhaftungen von gewählten Abgeordneten sogar noch auf dem Weg zur Sitzung eine

Verletzung der Verfassung dar, die in Hinblick auf das Ermächtigungsgesetz dessen Annahme sicherer machte, da auf diese Weise die Neinstimmen dezimiert wurden.

Artikel 76 hatte folgenden Wortlaut: „Die Verfassung kann im Wege der Gesetzgebung verändert werden. Jedoch kommen Beschlüsse des Reichstags auf Abänderung der Verfassung nur zustande, wenn zwei Drittel der gesetzlichen Mitgliederzahl anwesend sind und wenigstens zwei Drittel der Anwesenden zustimmen." Die Manipulation der Geschäftsordnung um die Zahl der Anwesenden nach Belieben des Reichstagspräsidenten zu gestalten, war also auch verfassungswidrig. Göring hätte sogar die in den Konzentrationslagern sitzenden kommunistischen Abgeordneten als anwesend deklarieren können. Denn entschuldigt hatten sie sich sicher nicht. Schon durch die Annahme dieser Änderung seiner Geschäftsordnung hatte der Reichstag „den Boden der Verfassung von Weimar verlassen". (Vgl. Schneider 1955: 13).

Schließlich war der Reichsrat nicht rechtmäßig besetzt.

Bracher stellt fest, „nach rechtsstaatlichen Begriffen" war das Gesetz nicht verbindlich. Das zeige „auch die rechtswidrige Kassierung der Stimmen aller verhafteten und gewaltsam verhinderten Abgeordneten und die darauf aufgebauten falschen Verlautbarungen, die Göring bei der Schlußzählung machte. [...] In dieser Form aber war die ganze Abstimmung rechtswidrig. Auch der nationalsozialistische Vorsitzende des zuständigen Reichstagsausschusses (‚zur Wahrung der Rechte der Volksvertretung') hat nachträglich zugegeben, daß es sich hier um ‚einen absolut verfassungswidrigen, also einen rein revolutionären Akt' gehandelt habe." (Bracher 1962a: 167).

Die „Vossische Zeitung", eines der großen demokratischen Blätter der Weimarer Republik, die sich zu dieser Zeit noch gegen den Terror einigermaßen behaupten konnte, veröffentlichte in der Ausgabe vom 21. März 1933 einen bewundernswert klarsichtigen Kommentar zur bevorstehenden Verabschiedung des Gesetzes: „Die Ermächtigung, die die Reichsregierung durch den heute morgen veröffentlichten Entwurf vom Reichstag fordert, übertrifft an Tragweite alle Ermächtigungen, die der Deutsche Reichstag jemals einer Regierung bewilligt hat. Wesentlich ist, daß die sachlichen Befugnisse der Reichsregierung fast völlig schrankenlos sind. In jedem Falle bleibt die Gesetzgebung, die die Reichsregierung allein und ohne jede parlamentarische Kontrolle ausüben kann, ein geradezu unübersehbares Feld, auf dem ihrem Willen keine rechtliche Schranke gezogen sein würde. Der Satz, daß die von ihr beschlossenen Gesetze auch von der Reichsverfassung abweichen können, bedeutet die Beseitigung jeder rechtsstaatlichen Garantie. Es verschwindet alles, was man Rechtsstaat nennt. [...] Mit dem Ermächtigungsgesetz bliebe es nicht nur bei der Suspension der sieben im Artikel 48 aufgeführten Grundrechte, die bereits die Verordnung vom 28. Februar außer Kraft gesetzt hat. Darüber hinaus wäre eine solche neue Gesetzgebung weder an den Satz gebunden, daß alle Deutschen vor dem Gesetz gleich sind (Art. 109), noch daß die Richter unabhängig und nur dem Gesetz unterworfen sind (Art. 102), daß sie unabsetzbar und unversetzbar sind (Art. 104), daß keine Strafe verhängt werden kann, die nicht vor der Tat gesetzlich bestimmt war (Art. 116), daß alle Bewohner des Reiches volle Glaubens- und Gesinnungsfreiheit genießen, daß die Kunst, die Wissenschaft und ihre Lehre frei sind (Art. 142). Die Bedeutung des Ermächtigungsgesetzes nicht nur für das gesamte Staatsleben, sondern auch für das Leben und Gedeihen jedes einzelnen Bürgers kann nicht hoch genug veranschlagt werden. Um so größer ist die Verantwortung des Reichstags, wenn er über diesen Entwurf beschließt." (Zit. nach Felder 2000: 115 u. 118).

Das Bundesverfassungsgericht hat dann 1957 festgestellt, dass das Ermächtigungsgesetz ungültig gewesen sei. Diese

Erkenntnis ist im Urteil zum so genannten Konkordatsstreit ausgesprochen. Gegenstand dieses Streits waren die Bestimmungen zur Schule in dem zwischen dem Deutschen Reich und dem Heiligen Stuhl im Juli 1933 abgeschlossenen Konkordat. Daraus ergab sich nach 1949 ein Konflikt zwischen der Bundesrepublik Deutschland und einigen ihrer Länder, darunter Hessen. Die Frage, um die es im Wesentlichen ging, lautete: Sind die Länder angesichts des föderativen Aufbaus der Bundesrepublik Deutschland verpflichtet, die Schulbestimmungen des Konkordats zu beachten, da es doch vom zentralistisch aufgebauten Deutschen Reich ohne Länderbeteiligung abgeschlossen worden war. Im Verfahren spielte auch die Frage eine Rolle, in wieweit das Ermächtigungsgesetz – soweit die Rechtsverbindlichkeit des Konkordats auf diesem Gesetz beruhen könnte – verfassungsgemäß zustande gekommen ist.

Dazu besagte die Randziffer 106 der Urteilsbegründung: „Gemessen an den Vorschriften der Weimarer Reichsverfassung war das sogenannte Ermächtigungsgesetz ungültig. [...] Das Ermächtigungsgesetz muß als eine Stufe der revolutionären Begründung der nationalsozialistischen Gewaltherrschaft angesehen werden. Es schuf anstelle der bisherigen eine neue Kompetenzordnung. Diese neue Kompetenzordnung hatte sich jedenfalls zur Zeit der Ratifikation des Konkordats (September 1933) tatsächlich durchgesetzt, und zwar nach innen und nach außen. [...] Die neue Kompetenzordnung war also international anerkannt. Sie funktionierte auch nach innen." In der Randziffer 107 heißt es dann: „Man kann nicht die Existenz einer revolutionär gesetzten Kompetenzordnung bejahen, aber den unter dieser Kompetenzordnung gesetzten Staatsakten und Normen die Geltung versagen. [...] Mit der Anerkennung der neuen Kompetenzordnung ist noch nichts darüber ausgesagt, ob die auf ihrer Grundlage erlassenen Gesetze und Verordnungen als gültiges Recht anerkannt werden können. Dafür kommt es auch auf ihren Inhalt an. Sie können dann nicht als gültiges Recht anerkannt werden, wenn sie gegen

das Wesen und den möglichen Inhalt des Rechts ver-
stoßen." (BVerfG 1957: Rz. 106f.).

Seit dieser Begründung sind zwei Drittel eines Jahrhunderts
vergangen, mit all den Weiterentwicklungen sowohl des
Rechtsverständnisses als auch der historischen Kenntnisse.
Könnte dadurch eine rechtlich veränderte Sichtweise auf
das Ermächtigungsgesetz und die darauf sich stützende
Gesetzgebung des nationalsozialistischen Herrschaftssystems Platz greifen? Denn wenn auch die nationalsozialistische Diktatur schon durch die Reichstagsbrandverordnungen installiert worden war, so bildete für die parlaments-
lose Verabschiedung der Novelle zum Genossenschaftsgesetz im Oktober 1934 das Ermächtigungsgesetz formal
die legale Grundlage.

Zusammenfassung:

*Nach einer längeren Erosion der demokratischen und parla-
mentarischen Verhaltensformen kam es am 30. Januar
1933 zur – keinesfalls unumgänglichen – nationalsozialistischen Machteroberung. Die zwar nicht zahlenmäßig, aber
politisch nationalsozialistisch beherrschte Reichsregierung
ging sofort daran, systematisch und äußerst zügig alle rele-
vanten Machtpositionen unter ihre Kontrolle zu bringen, alle
Gegner zum Teil durch brutale Vernichtung auszuschalten,
die demokratischen Rechte im Gesamtstaat und in den
Ländern zu eliminieren, alle bürgerlichen Grundrechte,
sogar die Garantie des Eigentums außer Kraft zu setzen,
den deutschen Föderalismus zu vernichten, die Parteien zur
Auflösung zu bringen, blanken Rassismus in vielerlei Hinsicht rechtlich zu installieren und in allen Teilen von Staat
und Gesellschaft jegliche Institution gleichzuschalten, das
heißt in nationalsozialistische Formen umzugießen und ihrer
Autonomie zu berauben. So konnte Hitler schon ein halbes
Jahr nach der Machteroberung öffentlich erklären, der totale
Staat vollende sich. Von besonderer staatsrechtlicher
Bedeutung war dabei das verfassungswidrig zustande*

gekommene „Ermächtigungsgesetz" vom 23. März 1933. Der Reichstag wurde dadurch hinsichtlich der Gesetzgebung ausgeschaltet. Die Regierung war nun oberster Gesetzgeber. Der Prozess der Machtkonsolidierung setzte sich auch danach unaufhaltsam fort. Die Vorstellung, dass sich unter diesen Bedingungen irgendeine gesellschaftliche, wenigstens noch halbwegs autonome Organisation, mit ihren eigenen Wünschen zur Gesetzgebung an die Reichsregierung wandte, wäre grenzenlos absurd.

5. Nationalsozialismus und Genossenschaften

In seinen Anfängen hatte Hitlers Nationalsozialismus keinerlei Verhältnis zu Genossenschaften, weder in der Praxis noch in der Theorie. So werden in Hitlers „Mein Kampf" Genossenschaften nirgends erwähnt. Selbst die „kritische Edition" von 2016 des Instituts für Zeitgeschichte enthält in ihrem Sachregister (das zwischen 45.000 und 50.000 Stichworte umfassen dürfte) das Wort „Genossenschaft" nicht, auch nicht in Zusammensetzungen wie „Konsumgenossenschaft" oder „Wirtschaftsgenossenschaft". (Vgl. Hitler 2016: 1928-1966). Auch die Namen Schulze-Delitzsch, Raiffeisen, Huber tauchen – im Namenregister – nicht auf. (Vgl. Hitler 2016: 1907-1922). Im Parteiprogramm vom Februar 1920, das als unveränderbar galt, fehlt ebenfalls jede Erwähnung von Genossenschaften (vgl. Flugblatt 1920).

Der linke Flügel der NSDAP, personifiziert in den Brüdern Gregor und Otto Strasser und in Gottfried Feder, beschäftigte sich dagegen auch mit Genossenschaften. Feder als völkischer Wirtschaftstheoretiker war schon in der Vorläuferorganisation der NSDAP, der Deutschen Arbeiterpartei, dabei und arbeitete an ihrem Programm mit (vgl. Evans 2004: 252). Gregor Strasser, in den 20er Jahren vor allem im nördlichen und westlichen Deutschland für die NSDAP tätig, betonte stärker die „sozialistischen" Aspekte des Nationalsozialismus, scheute sich auch nicht, Hitler zu kritisieren und trat im Dezember 1932 von seinen Parteiämtern zurück, als er im internen Konflikt über die Frage, ob die Partei nicht eine Regierungsbeteiligung auch unterhalb der Kanzlerschaft Hitlers anstreben sollte, unterlegen war (vgl. Evans 2004: 291f., 323, 405f.). Im Zuge der Gewaltaktionen gegen die SA am 30. Juni 1934 wurde auch Gregor Strasser ermordet. Otto Strasser, der Bruder Gregors, betonte ebenfalls die sozialistische Komponente, geriet in Konflikte mit anderen führenden Nationalsozialisten einschließlich Hitlers und trat 1930 aus der Partei aus (vgl. Evans 2004: 340).

Kuno Bludau, von dem 1968 eine Arbeit unter dem Titel „Nationalsozialismus und Genossenschaften" erschienen ist, schrieb dazu: „Festzuhalten aber ist, daß sich jene Theoretiker des Nationalsozialismus mit dem Genossenschaftsgedanken auseinandersetzten." Er zitiert dann aus dem 1932 erschienenen Buch Otto Strassers über den „Aufbau des deutschen Sozialismus" folgende Passage: „Es ist einer der Hauptgesichtspunkte des deutschen Sozialismus, jene Vermählung von persönlichem Egoismus, der eine notwendige und gute Eigenschaft des Menschen ist, mit dem Allgemeinwohl herbeizuführen, und zwar derart, daß gerade die Befriedigung des persönlichen Egoismus dem Allgemeinwohl nützt. ... Es gehört in das ganze Bild dieses deutschen Sozialismus, ... daß die freiwillige Vereinigung zu Produktions- und Konsumationsgenossenschaften die wärmste Förderung des Staates finden wird...". (Vgl. Bludau 1968: 21). Besonders deutlich hinsichtlich ihres Verhältnisses zu Genossenschaften waren offenbar auch die „linken" Nationalsozialisten nicht.

Weiterhin verweist Bludau auf die von Strasser erwähnten „Fabrikgenossenschaften", zu denen er – Bludau – folgendes zitiert: „Werkführer, Belegschaft und Staat sind die drei am Betrieb Beteiligten. Sie bilden eine Fabrikgenossenschaft ... Leitung, Besitz und Gewinn entfallen dann je zu einem Drittel auf Werkführer, Belegschaft und Staat." Dieses Thema abschließend heißt es bei Bludau: „Was Strasser unter Konsumationsgenossenschaft versteht, ist unklar. Außer diesen Fragmenten ließen sich keine weiterentwickelten Gedanken quellenmäßig belegen." (Bludau 1968: 22f.).

Seit 1930 wurde diese „antikapitalistische Ideologie der Gebrüder Strasser und Gottfried Feders durch Hitlers opportunistische Hinneigung zum kapitalistischen, gewerkschaftsfeindlichen Unternehmertum tatsächlich – wenn auch nie offen – verdrängt". Gottfried Feder wurde durch den von Schacht empfohlenen Wirtschaftsredakteur Walter Funk ersetzt. Funk verfügte über gute Beziehungen zur Schwerindustrie. Das vordergründig „Linke" in den Äußerungen der NSDAP bestand jetzt nur noch aus einem „vagen Appell an die nationale, gemeinschaftsbewußte ‚Wirtschaftsgesinnung'". Dazu gehörten auch ebenso unklare Bekenntnisse zum ständischen Aufbau der Wirtschaft (vgl. Bracher 1984: 101f.), mit denen Hitler schon in „Mein Kampf" operierte. So schrieb er: „Was heute durch die Kämpfe von Millionen ausgefochten wird, muß dereinst in Ständekammern und im zentralen Wirtschaftsparlament seine Erledigung finden. Damit toben nicht mehr Unternehmertum und Arbeiter im Lohn- und Tarifkampf gegeneinander, die wirtschaftliche Existenz beider schädigend, sondern lösen diese Probleme gemeinsam an höherer Stelle, der über allem stets das Wohl der Volksgesamtheit und des Staates in leuchtenden Lettern vorschweben muß." (Hitler 2016: 1525 u. 1527).

Es gab im nationalsozialistischen Milieu allerdings auch ausgeprägtere Vorstellungen von ständestaatlichen Strukturen, so zum Beispiel bei Walter Darré, der für Hitler die Bauern organisierte. Er wurde nach der nationalsozialistischen Machtübernahme Reichsbauernführer und vereinheitlichte die gesamten landwirtschaftlichen Organisationsstrukturen einschließlich der Genossenschaften im sogenannten Reichsnährstand nach seinem ständestaatlichen Konzept.

Und es gab in mittelständischen Gruppierungen der deutschen Gesellschaft, vor allem im unteren Segment, spezifische Erwartungen aufgrund ihrer wirtschaftlichen und sozialen Situation. „Die Ressentiments solcher Gruppen waren zahlreich, ihre wahrgenommenen Feinde waren Legion. Kleine Ladeninhaber schimpften auf die großen Warenhäuser, Handwerker waren wütend auf die Massenproduktion der großen Fabriken, Bauern murrten über den unfairen Wettbewerb der großen Gutshöfe. Sie alle waren empfänglich für den Reiz der politischen Rhetorik, die Sündenböcken wie den Juden die Schuld an ihren Problemen gab." (Evans 2004: 528). Auch die Konsumgenossenschaften gehörten zu diesen Sündenböcken. Sie waren Objekt der Hassgefühle „des von der wirtschaftlichen Depression massiv gebeutelten, selbständigen Einzelhandels". Die „möglichst umgehende Beseitigung" der Konsumgenossenschaften war ein „wichtiger Schwerpunkt der NS-Mittelstandsbewegung". (Hachtmann 2012: 370).

Das wird auch deutlich in einem längeren Artikel von Robert Ley, Reichsorganisationsleiter der NSDAP und Leiter der Deutschen Arbeitsfront, von Anfang 1941. Darin heißt es: „Die Konsumvereine und Verbrauchergenossenschaften eines Schulze-Delitzsch" seien „im Gegensatz" zu den kapitalistischen Auswüchsen Mitte des 19. Jahrhunderts entstanden. „Die damaligen Konsumvereine waren politisch absolut neutral und jedem Stande und Berufe – Beamtentum, Arbeiter und Bürger – zugänglich. Erst um das Jahr 1900 herum bemächtigten sich die politischen Parteien dieses Instrumentes. Zuerst waren es die Christlichen Gewerkschaften, die in Köln einen Konsumvereinsverband gründeten, der rein nach zentrümlichen Grundsätzen [Ley meint: nach Grundsätzen der Zentrums-Partei] ausgerichtet war. [...] Die gleiche Entwicklung sehen wir um 1903 bei der Sozialdemokratischen Partei. Die Marxisten sprengten im Jahre 1903 die Schulze-Delitzsch'en Konsumvereine und benutzten sie für ihre rein politischen Interessen. [...] Damit war es klar, dass die Konsumvereine auch unsere stärksten Gegner waren. Einmal waren sie eine wirtschaftliche Macht und zum anderen sah der Arbeiter in ihnen ein positives Aufbauwerk, das er sich geschaffen hatte und das nun nach seiner Auffassung in der Tat einen Teil seines marxistischen Parteiprogramms verkörperte. Es ist deshalb klar, dass jeder Nationalsozialist der Kampfzeit nur mit Bitternis und Abscheu an die Konsumvereine dachte und sich geschworen hatte, sie unbedingt bei der Machtübernahme als marxistisch-zentrümliches Instrument zu vernichten. [...] Das Handwerk und der Einzelhandel waren [...] die geschworenen Feinde der Konsumvereine [...]. So stellte sich das Konsumvereinsproblem bei der Machtübernahme 1933 als eines der schwierigsten Probleme für den Nationalsozialismus dar." (Vgl. Bundesarchiv R 43-II/352b: Bl. 102ff.).

Das nationalsozialistische Bild von Genossenschaften war also insgesamt uneinheitlich, in großen Teilen sehr schwach ausgeprägt und in anderen Teilen äußerst negativ besetzt.

Es wurde nach der Machtübernahme differenzierter, aber dadurch auch vereinnahmender. Bludau hat festgestellt, dass die nationalsozialistische Presse sich „unverzüglich auch der ideologischen Seite der Genossenschaftsorganisationen" zuwandte. Schon am 15. März 1933 war in dem NSDAP-Organ „Völkischer Beobachter" ein Grundsatz-Artikel mit der Überschrift erschienen: „Die Genossenschaften im Kampf um ihre Idee". Bludau analysiert diesen Artikel anhand ausführlicher Zitate. So heißt es darin: „Die Genossenschaften sind nicht schlechthin wirtschaftliche Gebilde und Einzelunternehmungen, sie entstammen vielmehr einer Idee, einer Bewegung [...] sie sind nicht lediglich eine Organisation, sondern sollten organisch gewachsene Gebilde sein." Damit wurde die Genossenschaft, wie Bludau anmerkt, „im Hinblick auf das Führerprinzip in das nationalsozialistische Organismus-Denken einbezogen: Teil eines Ganzen, Glied des ‚Volkskörpers' (Volksgemeinschaft), der von einem Haupt (dem ‚Führer') befehligt wird. Das genossenschaftliche Selbsthilfe- und Selbstverwaltungsprinzip, das im Bereich gerade der liberal orientierten Genossenschaftsorganisationen auf dem Konkurrenzgedanken basierte, war damit bereits ausgeklammert." (Bludau 1968: 23f.).

Weiterhin zitiert Bludau aus dem „Völkischen Beobachter": Man müsse „sich über den großen Unterschied des heutigen Genossenschaftswesens zu seinen Vorgängern und vor allen Dingen über Unzulänglichkeiten unseres heutigen Genossenschaftswesens in seiner Idee klar sein [...]. Das Genossenschaftswesen der modernen Zeit ist eine Zusammenfassung sterbender oder niedergezwungener Kräfte (Handwerk, Landwirtschaft), – das Genossenschaftswesen des Mittelalters dagegen war eine Zusammenballung aktivistischer Kräfte mit starkem Expansionswillen." Dazu weist nun Bludau darauf hin, dass der Terminus „Zusammenfassung" (statt „Zusammenschluss") einen „leicht zu übersehenden didaktischen Kunstgriff" darstelle. Denn „mit ihm wurde die ‚demokratische Verfassung der Genossenschaft' umgangen". Die Grundierung mit dem Mittelalter sei notwendig gewesen, „um eine Beziehung zwischen Nationalsozialismus und der ‚ureigenen' deutschen ‚Volksseele' – zwischen der ‚deutschvölkischen Gemeinschaftsidee' und der ‚Genossenschaftsidee' herstellen zu können. Nur auf einem solchen [...] Hintergrund konnte die Genossenschaftsidee des Liberalismus später als ‚Verfälschung' der ursprünglichen Idee dargestellt werden." Und wieder zitiert Bludau den „Völkischen Beobachter": Die „liberalistische Zeitepoche [...] konnte nicht Schöpferin von Zusammenschlüssen starker, die Menschen und ihre Arbeit bindender aktivistischer Kräfte sein: im Gegenteil, sie brachte nur Zusammenschlüsse schwacher Elemente zustande [...]. Daher wohnt dem modernen Genossenschaftswesen auch nicht immer die Idee des Ein- und Unterordnens unter eine überpersönliche Aufgabe inne [...]. Die dem heutigen Genossenschaftswesen innewohnende Idee des ‚Ich' [...] muß erst zurücktreten, ehe das Genossenschaftswesen zum aktivistischen Handeln kommt." (Vgl. Bludau 1968: 25).

Im „Völkischen Beobachter" gab es noch weitere deutliche Hinweise zur nationalsozialistischen Sichtweise: „So sind die Genossenschaften heute da und dort Anhängsel eines absolut kapitalistisch-individualistischen Wirtschaftssystems geworden. Daher können sie höhere Aufgaben als Wirtschaftsregulatoren, als Wirtschaftsfermente noch nicht erfüllen. Die heutigen Genossenschaften haben [...] nicht immer die Kraft, nationalpolitische, wirtschaftlich-schöpferische, aufbauende Keimzellen zu werden. [...] Die heutige Idee des Genossenschaftswesens wird mit der Zeit des sterbenden Kapitalismus selber ihr Ende finden; die Führer des Genossenschaftswesens werden die Schwingungen der neuen Zeit erkennen müssen – einer Zeit, die nicht ausschließlich im Individuum, im ‚Ich' Genüge finden kann, sondern die Bindung in höhere Kräfte, an die Kräfte des Volkstums finden will und finden wird." (Vgl. Bludau 1968: 26). Mit anderen Worten, die wirtschaftlich tätigen Organisationen der Handwerker oder der Bauern müssen sich den nationalsozialistischen Bedingungen vollständig unterwerfen, wollen sie wenigstens formal weiterhin existieren. Das heißt, sie müssen das Führerprinzip anerkennen, sich der jeweilig höheren Organisationsstufe unterordnen, im Falle von unterschiedlichen internen Positionen auf die Konfliktbewältigung durch Diskussion und Kompromissfindung verzichten und insgesamt die eigentlichen Prinzipien ihrer genossenschaftlichen Existenz aufgeben.

Auf dem Genossenschaftstag des Deutschen Genossenschaftsverbands im August 1933 – also drei Monate nach dem Erscheinen des Artikels – war dann ein Grundsatzreferat „über die Stellung der Genossenschaften im nationalsozialistischen Staat" zu hören. Der Redner war Walter Kunze, bis dahin Direktor eines Prüfungsverbandes von Handwerker-Baugenossenschaften in Sachsen und jetzt für die Berufung in die Anwaltschaft des DGV vorgesehen. Kunze sagte, es sei „ein Irrtum, anzunehmen, daß sich das Genossenschaftswesen nur mit den wirtschaftlichen Belangen unseres Volkes beschäftigt, nein, darüber hinaus erfaßt es auch die kulturellen und wirtschaftlichen Belange. Damit aber wird es Träger eines Stücks deutschen Volkstums und Volkslebens und bildet ein wertvolles Fundament für die politische und wirtschaftliche Gestaltung unseres gesamten Volkes." Hinsichtlich der „Neubildung unserer Wirtschaft" will der Nationalsozialismus „im Endziel ein Optimum durch die berufsständisch gegliederte Wirtschaftsordnung" erreichen.

„Durch die absolut zentrale Reichsgewalt ist auch für die Wirtschaft in aller Zukunft der staatsautoritäre Gedanke sichergestellt." Auch das klang nicht gerade nach Selbsthilfe und Selbstverantwortung. Der Nationalsozialismus, so Kunze, verneine nicht den Kapitalismus. Deshalb „wird auch in der berufsständisch gegliederten Wirtschaftsordnung der Zusammenschlußgedanke weiterbestehen. In diesem Zusammenhang wird die Genossenschaftsform zukünftig eine bedeutsame Rolle spielen [...]." (Kunze 1933: 9f.).

Wie nun im Einzelnen das „Gesetz über den vorläufigen Aufbau des Handwerks" und das „Gesetz zur Vorbereitung des organischen Aufbaus der deutschen Wirtschaft" die verschiedenen Wirtschaftsbereiche auf ihre Weise ordneten, kann und soll hier nicht weiter dargestellt werden – zumal, da sich das Organisationsgefüge sehr bald wieder änderte. Nur so viel sei aus einer Studie dazu zitiert: „Abgesehen von der äußeren Form hat dieser Aufbau mit dem ständestaatlichen Ideal jedoch wenig gemein. Anstelle einer Selbstverwaltung mit Vollmachten zur Marktgestaltung waren hier lediglich Aufsichtsinstanzen geschaffen worden, die entgegen dem ständestaatlichen Ideal straff nach dem Führerprinzip gegliedert waren." (Ritschl: 121f.).

Alles in allem wurden also unter nationalsozialistischer Herrschaft die Genossenschaften nur insoweit akzeptiert, als sie sich den nationalsozialistischen Bedingungen anpassten, das Führerprinzip adaptierten und sich vollständig in die „staatsautoritär" gelenkte Wirtschaft einordneten. Nur als seelenlose Hüllen bei Missachtung aller konstituierenden genossenschaftlichen Prinzipien (Selbsthilfe, Selbstverwaltung, Selbstverantwortung) durften die „Genossenschaften" weiter existieren.

Zusammenfassung:

Das nationalsozialistische Bild von Genossenschaften war insgesamt uneinheitlich, in großen Teilen sehr schwach ausgeprägt und in anderen Teilen – zum Beispiel in Hinblick auf die Konsumgenossenschaften – äußerst negativ besetzt. Genossenschaften wurden nur insoweit akzeptiert, als sie sich den nationalsozialistischen Bedingungen anpassten, vor allem sich dem Führerprinzip unterwarfen und sich vollständig in die autoritär gelenkte Wirtschaft einordneten. Für die konstituierenden genossenschaftlichen Prinzipien, also für Selbstverwaltung, Selbstverantwortung und demokratische Verfasstheit bot der Nationalsozialismus keinen Platz.

6. Die Gleichschaltung der Verbände 1933

Die Bedeutung der Gleichschaltung

Nicht nur die politische Macht wurde in einem rasanten Tempo von den Nationalsozialisten vollständig ergriffen, auch die soziale Macht verlagerte sich sehr rasch auf das Herrschaftssystem. Dazu wurden die betroffenen Institutionen entweder zerstört und in nationalsozialistische Organisationen umgewandelt. (Vgl. Wehler 2003: 611). Die Methode, derer man sich bei dieser „Beseitigung der pluralistischen Demokratie" bediente, war die der Gleichschaltung: „Nationalsozialisten besetzten unter Anwendung oder Androhung von Zwang führende Funktionen in öffentlichen Ämtern und in wichtigen Institutionen und Verbänden und entmachteten sie dadurch politisch, während die Mitglieder in Einheitsorganisationen zusammengefaßt wurden." (Tyrell 1993: 23). Bludau charakterisiert diese Methode hinsichtlich der nichtstaatlichen Sphäre folgendermaßen: „Die Nationalsozialisten schafften bestehende Institutionen nicht ab, sondern konzentrierten sich darauf, die Kerne der Institutionen zu verändern." Dabei waren sie „darauf bedacht, alle Bereiche gesellschaftlichen Lebens zu erfassen." Sie veränderten die rechtlichen Grundlagen der Selbstverwaltung so, „daß Eingriffe der staatlichen Führungsspitze jederzeit möglich wurden". (Bludau 1968: 36).

Die staatlichen Institutionen hatte Hitler bereits Anfang April 1933 „völlig kontrollfrei und zugleich monokratisch für seine unumschränkte Gesetzes- und Verordnungstätigkeit zur Verfügung." Aber noch bestanden „äußerlich machtvolle Wirtschafts- und Standesorganisationen […]. Auf sie richtete sich jetzt mit konzentrierter Kraft die Aufmerksamkeit der nationalsozialistisch bestimmten Staatsführung." (Bracher 1962a: 175f.). Denn „neben nationalsozialistischen Organisationen konnte keine Vielfalt gesellschaftlicher Vereinigungen geduldet werden." (Steinbach 2002: 98). Hinsichtlich der Wirtschaftsverbände war von genereller Bedeutung das „Gesetz zur Vorbereitung des organischen Aufbaues der deutschen Wirtschaft" vom 27. Februar 1934. Es galt laut Paragraph 1 für Verbände, „denen die Wahrnehmung wirtschaftlicher Belange von Unternehmern und Unternehmungen obliegt". Verbände des „Reichsnährstandes" und Verbände „von Angehörigen der Reichskulturkammer" waren ausdrücklich nicht betroffen (§ 5). Der Reichswirtschaftsminister war jetzt ermächtigt, Wirtschaftsverbände zu errichten, aufzulösen oder miteinander zu vereinigen, ihre Satzungen und Gesellschaftsverträge zu ändern, „insbesondere den Führergrundsatz einzuführen", auch „die Führer von Wirtschaftsverbänden zu bestellen und abzuberufen". (RGBl. 1934: 185f.). War vorher schon faktisch die Autonomie von Wirtschaftsverbänden aller Art aufgehoben oder zumindest durchlöchert, so war das jetzt auch rechtlich der Fall.

Die Gleichschaltung in der Landwirtschaft

Die NSDAP war seit ihrer Gründungsgeschichte im Wesentlichen eine Partei der Städte. Der Landbevölkerung hatte man wenig zu bieten, wollte es zunächst auch nicht anders. „Trotz dieser überwiegend negativen Einstellung zur Landwirtschaft häuften sich seit 1927 die Anzeichen, daß vor allem in agrarischen Krisengebieten […] beträchtliche Bodengewinne für die NSDAP in Reichweite lagen. Schon vor den Reichstagswahlen von 1928 traf die Parteiführung Anstalten, um den Propagandaapparat auf die veränderte Lage umzustellen." (Mommsen 2004: 403). Walter Darré, der als „völkischer Landwirtschaftsexperte hervorgetreten war" (Mommsen 2004: 414), erhielt 1930 von Hitler den

Auftrag: „Organisieren Sie mir die Bauern, ich lasse Ihnen freie Hand." (Vgl. Frank 1988: 76). Er machte sich sofort an die Arbeit. Schon im August 1930 wurden alle Gauleiter der NSDAP aufgefordert, landwirtschaftliche Fachberater zu berufen. Sie gehörten dann zum „agrarpolitischen Apparat" Darrés. (Vgl. Münkel 1996: 70f.). Er hatte zugleich die Aufgabe, die landwirtschaftlichen Organisationen und Verbände durch aktive Mitarbeit unter die Kontrolle der Partei zu bringen. (Mommsen 2004: 414). Schon in recht kurzer Zeit gelang es Darré, „ein umfassendes Vertrauensmännernetz im Reichsgebiet zu etablieren". Mit seiner Hilfe sollten die landwirtschaftlichen Organisationen für die NSDAP kontrolliert werden. (Vgl. Mommsen 2004: 414).

Hauptziel war zunächst der Reichslandbund. Er war mit 1,7 Millionen Bauern unter seinen insgesamt 5,6 Millionen Mitgliedern die größte landwirtschaftliche Organisation. Im Reichslandbund sympathisierten schon von vornherein viele Mitglieder einschließlich der Inhaber von Führungspositionen mit der NSDAP. Und der Reichslandbund insgesamt unterstützte als Teil der „nationalen Opposition" die „Harzburger Front", die von rechts die Weimarer Republik in ihrer Existenz bedrohte. (Vgl. Wehler 2003: 383f.). Auch bei dem öffentlich-rechtlichen Teil des landwirtschaftlichen Organisationsgefüges, den Landwirtschaftskammern, hatte die NSDAP schon vor 1933 Erfolge zu verzeichnen, so bei den Wahlen zu den Vertreterversammlungen im Winter 1931/32. (Vgl. Münkel 1996: 70f.).

Die umfangreiche organisatorische Zusammenfassung unter den landwirtschaftlichen Genossenschaften im Jahr 1930 ist schon beschrieben worden. Fast 40.000 Genossenschaften umfasste der neue „Reichsverband". Etwa 4.700 landwirtschaftliche Genossenschaften waren in nach wie vor bestehenden kleinen Verbänden organisiert oder blieben verbandslos. (Vgl. St.Jb. 1930: 390). Gleichberechtigte Präsidenten des Reichsverbandes waren Andreas Hermes und Ludwig Hohenegg. Da Hohenegg schon nach kurzer Zeit krankheitshalber zurücktrat, war Hermes bald alleiniger Präsident. (Vgl. Bludau 1968: 58). Er stand zugleich an der Spitze der Vereinigung der deutschen christlichen (das heißt katholischen) Bauernvereine. In den ersten Jahren der Republik war er – für das Zentrum – Reichslandwirtschaftsminister und dann Reichsfinanzminister gewesen.

Wegen angeblicher Korruption wurde Hermes schon am 20. März 1933 von der Gestapo verhaftet. Ein Prozess hat allerdings nie stattgefunden. (Vgl. Bludau 1968: 70). Auch Knebel-Döberitz, der Stellvertreter Hermes' im Reichsverband, wurde wie wenig später auch der Vorsitzende des Reichslandbundes, Kalckreuth, erst einmal verhaftet und dann wieder freigelassen. Knebel-Döberitz ging später als Monarchist in den konservativen Widerstand. Die rigorose Machtdemonstration wirkte. Der Reichsverband, genauer: sein Präsidium (zwangsläufig ohne Hermes) gab am 3. April 1933 eine „Verlautbarung" unter der Überschrift „Die nationale Erhebung und die landwirtschaftlichen Genossenschaften" heraus. Darin hieß es unter anderem, der Reichsverband „wird alles tun, was in seinen Kräften steht, um die nationale Regierung in ihrer Arbeit für die planvolle Neugestaltung der deutschen Wirtschaft zu unterstützen." (Genossenschaftsblatt 1933: 152). Die Mitglieder des Verbandes wurden angewiesen, den Geschäftsverkehr mit jüdischen Betrieben und Einzelpersonen einzustellen. In den Schalterräumen der landwirtschaftlichen Kreditgenossenschaften wurden Transparente mit der Aufschrift „Juden unerwünscht" angebracht. (Vgl. Fischer 2006: 421).

Gut zwei Wochen später hat dann der Gesamtausschuss, das Wahlgremium des Reichsverbandes, ein neues Präsidium gewählt. Warum das geschah und was mit dem bis dahin amtierenden Präsidium passiert ist, wurde nicht mitgeteilt, sondern nur, dass „durch den Rücktritt des bisherigen Präsidenten, des Reichsminister a. D. Dr. Hermes eine weitgehend geklärte Situation" vorgefunden wurde. Am 19. April 1933 teilte die Nachrichtenagentur WTB in ihrer

110

Nachmittagsausgabe mit: „Der Gesamtausschuß des Reichsverbandes der landwirtschaftlichen Genossenschaften Raiffeisen wählte auf seiner heutigen Tagung auf Vorschlag des Verwaltungsrats einstimmig den agrarpolitischen Beauftragten des Reichskanzlers und Vorsitzenden der Reichsführergemeinschaft des deutschen Bauernstandes, R. Walter Darré, zu seinem Präsidenten. Zu weiteren Mitgliedern des Präsidiums wurden der mecklenburgische Ministerpräsident Granzow, Verbandsdirektor Berg-Darmstadt und Generalsekretär Trumpf-Hannover gewählt. […] Präsident Darré teilte ferner mit, daß der bisherige Verwaltungsrat seine Aemter niedergelegt habe und daß seine Neukonstituierung in einer späteren Sitzung erfolgen werde. Das Präsidium wurde ermächtigt die Gleichschaltung im Genossenschaftswesen auch in den Provinzen und Ländern durchzuführen." (Bundearchiv R 43-II/221, Bl. 8).

Gleichzeitig wurde der turnusmäßige Genossenschaftstag Anfang Juli abgesagt und stattdessen zu einem außerordentlichen Genossenschaftstag fünf Wochen vorher eingeladen. Er sollte die Satzung mit den „gefaßten Beschlüssen des Gesamtausschusses bezüglich der Neuwahl des Präsidiums in Einklang" bringen. (Genossenschaftsblatt 1933: 175). Beschlüsse wurden also nicht mehr gemäß Satzung gefasst, sondern die Satzung wurde den Beschlüssen angepasst. Das passte durchaus zu dem Charakter der Machtübernahme Darrés, nämlich dem eines Putsches.

Im Anschluss an die Information brachte die Verbandszeitschrift vom 30. April einen hymnischen Artikel auf die „große nationalsozialistische Bewegung", nicht ohne zu melden, was dem „Schritt der Gleichschaltung" gefolgt sei: „In Gegenwart einer S.-A.-Formation erfolgte die Hissung der schwarz-weiß-roten und der Hakenkreuzfahnen [am Verwaltungsgebäude des Reichsverbandes in Berlin]. Die bedeutsame Handlung wurde mit dem Absingen der ersten Strophe des Horst-Wessel-Liedes begleitet." (Genossenschaftsblatt 1933: 175f.). Vielleicht ist es angebracht, hinzuzufügen, dass das Horst-Wessel-Lied die offizielle Hymne der NSDAP war. Das Präsidium des Reichsverbandes bestand nunmehr aus dem Vorsitzenden und drei weiteren Mitgliedern, die alle den Titel Präsident trugen: Walter Darré als sozusagen wirklicher Präsident; Arnold W. Trumpf, der vorher schon im Reichsverband tätig war; Georg Berg, Bauernsohn, Revisor eines Revisionsverbandes; Walter Granzow, selbständiger Landwirt – alles erprobte Nationalsozialisten.

Am 19. April also, kein Vierteljahr nach der nationalsozialistischen Machtübernahme, waren bereits fast 90 Prozent aller landwirtschaftlichen Genossenschaften und damit drei Viertel aller Genossenschaften überhaupt vollständig unterworfen.

Im Übrigen geschah das auch sehr schnell mit allen anderen landwirtschaftlichen Organisationen. Denn schon am 4. April 1933 hatten auf einer von Darrés agrarpolitischem Apparat organisierten Zusammenkunft die Bauernverbände zugestimmt, eine „Reichsführergemeinschaft als Standesvertretung des gesamten deutschen Bauerntums" zu bilden. Darré wurde „einstimmig" gebeten, den Vorsitz der Reichsführergemeinschaft zu übernehmen. Einen Tag später verabschiedete die Vollversammlung des „Deutschen Landwirtschaftsrates" eine Entschließung, in der „der Regierung der nationalen Erhebung rückhaltlose und geschlossene Gefolgschaft und Unterstützung" gelobt wurde. (Bracher 1962a: 187). Anfang Mai trat dann der Vorstand des Deutschen Landwirtschaftsrates geschlossen zurück. Er hatte vorher das Amt seines Präsidenten bis zur Neuwahl auf Darré übertragen und ihm ausdrücklich Vollmacht gegeben, die übrigen Vorstandsmitglieder einzusetzen. (Vgl. Genossenschaftsblatt 1933: 202). Die gesamten landwirtschaftlichen Organisationen waren damit nur drei Monate nach der Machtergreifung unter nationalsozialistischer Führung. Ende Juni 1933 wurde Darré in Nachfolge des aus dem Amt gedrängten Hugenberg (von der DNVP) auch Reichslandwirtschaftsminister.

Die letzte Nummer des Deutschen landwirtschaftlichen Genossenschaftsblattes, erschien am 31. Juli 1933, also genau ein halbes Jahr nach der Machtübernahme. Danach gab es ein einheitliches Organ für die gesamte Landwirtschaft, die jetzt Nährstand hieß, die „Nationalsozialistische Landpost". Zu dieser Zeit war auch schon die spezifische Gesetzgebung angelaufen, denn wie später im Ausschuss für Genossenschaftsrecht der Akademie für Deutsches Recht protokolliert wurde, „die Fragen, deren gesetzliche Regelung vordringlich war, wurden durch die Initiative der politischen Führung unverzüglich einer Lösung zugeführt". (Schubert 1989: 978f.). Das geschah in verblüffend rasantem Tempo.

So übersandte mit Datum vom 11. Juli 1933 Darré, jetzt schon als Reichslandwirtschaftsminister, dem Staatssekretär in der Reichskanzlei den „Entwurf eines Gesetzes über die Zuständigkeit des Reichs für die Regelung des ständischen Aufbaus der Landwirtschaft" mit der Bitte, ihn auf die Tagesordnung der nächsten Kabinettssitzung zu setzen. (Vgl. Bundesarchiv R 43-II/203, Bl. 46). Das verabschiedete Gesetz trägt das Datum des 15. Juli. Reichskanzlei und Kabinett hatten also nur vier Tage gebraucht (vgl. RGBl. 1933: 495).

Am 12. September 1933 dann schickte Darré dem Staatssekretär in der Reichskanzlei den „Entwurf eines Gesetzes über den ständischen Aufbau der deutschen Landwirtschaft und Maßnahmen zur Markt- und Preisregulierung für landwirtschaftliche Erzeugnisse" und teilte dazu mit: „Der Entwurf ist bereits auf die Tagesordnung der heute stattfindenden Kabinettssitzung gesetzt." (Bundesarchiv R 43-II/203, Bl. 51). Der Entwurf wurde dann allerdings erst einen Tag später behandelt und erhielt sowohl eine Korrektur im Titel („Vorläufiger Aufbau des Reichsnährstandes" hieß es nun) als auch einige redaktionelle Änderungen. (RGBl.

1933: 626). Im Übrigen erklärte § 1 Abs. 2 des Gesetzes auch die landwirtschaftlichen Genossenschaften ausdrücklich zu Bestandteilen des Reichsnährstandes. Die in kleineren Revisionsverbänden außerhalb des Reichsverbandes und die keinem Verband zugehörigen Genossenschaften hatten dadurch ebenfalls ihre Autonomie verloren. Weiterhin wird der Reichslandwirtschaftsminister durch den Paragraphen 3 ermächtigt, „Gruppen und Angehörige des Reichsnährstandes", also der Landwirtschaft, „und sonstige Unternehmen und Einrichtungen, die landwirtschaftliche Erzeugnisse herstellen oder vertreiben", zusammenzuschließen oder an bestehende Zusammenschlüsse anzuschließen, also auch mit den Genossenschaften nach Belieben zu verfahren. (Vgl. RGBl.1933: 626).

In der „Ersten Verordnung über den vorläufigen Aufbau des Reichsnährstandes" vom 8. Dezember 1933 (RGBl. 1933: 1060) wird im Paragraphen 4 noch einmal wiederholt, dass auch die landwirtschaftlichen Genossenschaften einschließlich ihrer Zusammenschlüsse Bestandteil des Reichsnährstandes seien. Der Reichsnährstand wird in Paragraph 1 Abs. 2 als „Selbstverwaltungskörperschaft des öffentlichen Rechts" bezeichnet. Laut § 2,1 hatte er die Aufgabe, seine Angehörigen, also auch die Genossenschaften, „in Verantwortung für Volk und Reich zu einer lebenskräftigen Stärke für den Aufbau, die Erhaltung und die Kräftigung des deutschen Volkes zusammenzuschließen". Als Führer und gesetzlicher Vertreter des Reichsnährstandes wird der vom Reichskanzler zu ernennende Reichsbauernführer bezeichnet (§ 10). Darré wurde von Hitler mit Datum vom 11. Januar 1934 (von Hitler paraphierter Entwurf) offiziell zum Reichsbauernführer ernannt. (Bundesarchiv R 43-II/203, Bl. 85).

Die „Zweite Verordnung über den vorläufigen Aufbau des Reichsnährstands" vom 15. Januar 1934 befasst sich dann in fünf Paragraphen mit den landwirtschaftlichen Genossenschaften (RGBl. 1934: 32ff.). Auch die verbandslosen

114

Genossenschaften werden explizit dem Reichsnährstand zugeordnet (§ 1,1). Die Verbände verlieren jegliche Autonomie, denn „an die Stelle der leitenden Organe des Reichsverbandes der deutschen landwirtschaftlichen Genossenschaften – Raiffeisen – und der Revisionsverbände landwirtschaftlicher Genossenschaften tritt der Reichsbauernführer" (§ 2). Er kann nun die Generalversammlung jeder Genossenschaft zur Beschlussfassung über von ihm bezeichnete Gegenstände zwingen (§ 3). Er kann ferner bestimmen, dass verbandslose Genossenschaften „der Revision durch den für ihren Bezirk bestehenden Revisionsverband landwirtschaftlicher Genossenschaften unterliegen" (§ 4). Er konnte die Leitung der Verbände auf nachgeordnete Stellen übertragen, die dann auch unmittelbar auf die Geschäftsführung von Verbänden und Genossenschaften Einfluss nehmen konnten, um „nötigenfalls einen Druck darauf auszuüben, daß die einzelne Genossenschaft die ihr im Rahmen des Reichsnährstandes, insbesondere auch auf Grund der Marktordnung und Preisregelung obliegenden Aufgaben ordnungsgemäß erfüllt". (Reischle 1937: 74). Also auch die laufende Geschäftsführung wurde von oben bestimmt. Aber auch abseits dieser Eingriffsmöglichkeiten galt: „Der Reichsnährstand stellt ein unteilbares Ganzes dar! [...] So ist es selbstverständlich, daß der genossenschaftliche Führer nicht mehr seine eigenen Wege gehen kann, sondern daß er sich nur noch als Glied einer großen bäuerlichen Gesamtordnung fühlen und dementsprechend handeln darf." (Borsdorff 1934: 35). Denn, „genossenschaftliche Ordnung ist ein Ausdruck ständischer Ordnung". (Bürger 1933: 206).

Der Zugriff auf die Konsumgenossenschaften

Über das Verhältnis des Nationalsozialismus zu den Konsumgenossenschaften ist schon berichtet worden. Angesichts der extremen Feindschaft seitens der NSDAP ist es nicht überraschend, dass schon vor der Machtübernahme die SA Übergriffe auf konsumgenossenschaftliche Verkaufsstellen verübte. Erste Übergriffe waren sogar schon 1928/29 zu verzeichnen. „Anfangs erfolgten die Überfälle in den Nachtstunden, später auch am Tage. Dabei kam es zu Verletzungen bei Kunden, dem Personal der Konsumvereine und auch bei Unbeteiligten." (Korf o.J.: 54). Dabei wurde seitens der nationalsozialistischen Terrorgruppen nicht nur gegen Einrichtungen des ZdK vorgegangen, auch der katholisch bestimmte Reichsbund der Konsumvereine war betroffen (vgl. Korf o.J.: 61). Jan-Frederik Korf, von dem die jüngste und detaillierteste Untersuchung zum Komplex Konsumgenossenschaften und Nationalsozialismus stammt, schreibt, dass nach der Machtübernahme sich die Fälle gehäuft hätten, „in denen SA-Führer die Durchsuchung von Konsumvereinen vornahmen und durch Schließung von Büros, Lagern und Verteilungsstellen direkt in den Geschäftsbetrieb eingriffen". Im März 1933 seien dann die begangenen Straftaten rückwirkend legalisiert worden „und galten fortan als im ‚Kampfe für die nationale Erhebung des deutschen Volkes' bzw. deren Vorbereitung erbracht". (Korf o.J.: 63).

Der Druck war so stark, dass der ZdK (Zentralverband der Konsumvereine, also der sozialdemokratisch bestimmte Verband) glaubte, durch eine Ergebenheitserklärung noch Schlimmeres abwenden zu können. Vom 27. März datiert eine Eingabe des ZdK an Hitler, worin gesagt wurde, man sei „uneingeschränkt und selbstlos" zur Mitarbeit im neuen Staat bereit. Die „stets gepflegte politische Neutralität" des ZdK wurde dabei besonders hervorgehoben. Der RdK (Reichsverband deutscher Konsumvereine, also der katholisch bestimmte Verband) hatte sich schon vorher „regelrecht angebiedert". In einem Rundschreiben an seine Mitglieder unterstützte der Reichsverband sogar den NSDAP-Aufruf vom März 1933, jüdische Geschäfte zu boykottieren, nicht ohne zu erklären, „daß die Verwaltungen der RV-Genossenschaften es ablehnen, bei jüdischen Firmen zu kaufen." (Kurzer 1997: 74f.).

Die allgemeine Unsicherheit der wirtschaftlichen Lage hatte schon vor 1933 zu einem erheblichen Rückgang der Sparanlagen der konsumgenossenschaftlichen Mitglieder bei ihren Konsumvereinen geführt. Die nach der Machtübernahme hinzutretende Gefährdung der Konsumvereine in ihrer Existenz kam nun hinzu. Ende September 1931 betrug die Summe der Spareinlagen beim ZdK 450 Mio. Reichsmark. Bis Ende Dezember 1932 sank sie auf 262 Mio. Reichsmark und im Lauf des ersten Quartals 1933 noch einmal auf 234 Mio. Reichsmark. (Vgl. Kurzer 1997: 458). Diese Entwicklung veranlasste den ZdK am 22. März 1933 zu einer Eingabe an das Direktorium der Reichsbank, worin er darauf hinwies, dass die „gesteigerte Hetze" und die „maßlosen Angriffe" gegen die Konsumgenossenschaften einige von ihnen zwingen könnte, ihre Sparabteilungen zu schließen. Die Reichsbank ihrerseits wandte sich daraufhin an den Reichswirtschaftsminister (zu dieser Zeit war es noch Hugenberg), um ihn auf die dadurch drohenden Gefahren auch für die Gesamtwirtschaft aufmerksam zu machen. (Vgl. Kurzer 1997: 93). Nach einigem Hin und Her ordnete Hitler, um eine weitere „Beunruhigung des Kreditapparates" zu vermeiden, am 25. April 1933 in einer Kabinettssitzung an, „dass ein Angriff gegen die Konsumgenossenschaften nicht unternommen werden solle". (Vgl. Hachtmann 2012: 372).

Aber als am 2. Mai 1933 die Gewerkschaftshäuser durch die SA besetzt wurden, einschließlich der gewerkschaftlichen Unternehmen, traf es auch den ZdK. Auch sein Verwaltungsgebäude in Hamburg wurde besetzt und das Mitglied des ZdK-Vorstandes Adam Remmele verhaftet und in ein Konzentrationslager eingeliefert (vgl. Korf o.J.: 202ff.). Drei Tage später bestellte der Hamburger Senat einen der nationalsozialistischen Bürgerschaftsabgeordneten Erich Grahl zum Staatskommissar für die Konsumvereine (vgl. Kurzer 1997: 106f.). Über die Gespräche, Verhandlungen,

Anweisungen in den folgenden Tagen sind im Einzelnen unterschiedliche Versionen überliefert und unterschiedliche Interpretationen gegeben worden – und die vorhandene Aktenlage ist dürftig. (Vgl. Hasselmann 1971: 461ff.; Bludau 1968: 109ff.; Kurzer 1997: 104ff.; Korf o.J.: 91ff.). Am 15. Mai 1933 jedenfalls übernahm die Deutsche Arbeitsfront unter Robert Ley offiziell „die Führung über die Konsumvereine". ZdK und Reichsverband unterschrieben „Unterwerfungserklärungen". (Vgl. Kurzer 1997: 106f.).

Damit war auch die Auflösung der Konsumvereine als ursprünglich vorgesehene Maßnahme nach einer nationalsozialistischen Machtübernahme vom Tisch. Sie, sowohl die bisherigen ZdK- als auch die bisherigen RdK-Mitglieder, bekamen jetzt die neue Bezeichnung „Verbrauchergenossenschaften". Für sie wurde von Seiten der DAF Karl Müller zuständig, der bereits die am 2. Mai 1933 geraubten Gewerkschaftsbanken übernommen hatte. Müller setzte nun Erich Grahl und Henry Everling (seit Anfang des Jahrhunderts Geschäftsführer bei der GEG) zu Beauftragten für den ZdK und die „Großeinkaufs-Gesellschaft Deutscher Consumvereine" (GEG) ein. Die Verbrauchergenossenschaften wurden vollständig in die DAF eingegliedert. (Vgl. Kurzer 1997: 106f. u. Hachtmann 2012: 373ff.). Grahl veröffentlichte im Organ von ZdK und GEG, der „Konsumgenossenschaftlichen Rundschau" vom 24. Juni 1933 auf der ersten Seite einen Aufruf unter dem Titel „Meine Aufgabe". Da es „oberster" nationalsozialistischer Leitspruch sei, „nichts zu zerstören, was wertvoll und deutsch" sei und weil der Genossenschaftsgedanke an „altgermanische Überlieferungen" anknüpfe, hieße es nunmehr „die Konsumgenossenschaften für die Zukunft nutzbar zu machen". (Vgl. Grahl 1933: 413).

Aber sie durften keine neuen Verkaufsstellen eröffnen oder übernehmen oder bestehende Verkaufsstellen erweitern. So bestimmte es das „Gesetz zum Schutz des Einzelhandels" vom 12. Mai 1933 (RGBl. 1933: 262). Selbständige Hand-

werksbetriebe durften in den Verkaufsstellen der Konsumvereine nicht errichtet werden. Das Personal der Konsumgenossenschaften und ihrer Einrichtungen wurde in
mehreren Wellen zu einem großen Teil ausgetauscht. (Vgl.
Korf o.J.: 260ff.). Von all diesen Aktivitäten waren auch die
Konsumvereine im Reichsbund betroffen. Mitte August 1933
löste sich der Reichsbund auf und seine Mitglieder wurden
in den ZdK überführt, der jetzt den Namen „Reichsbund der
deutschen Verbrauchergenossenschaften" annahm. (Vgl.
Korf o.J.: 118ff.).

In der Folgezeit wurden die Verbrauchergenossenschaften
zum Objekt von Konflikten zwischen Ley, Müller und der
DAF einerseits und Heß, dem „Stellvertreter des Führers",
und Mittelstandspolitikern der NSDAP, andererseits und
dem Reichswirtschaftsministerium zum Dritten. Im April
1934 beteiligte sich auch der Reichswehrminister an den
Auseinandersetzungen. Er erklärte „das Weiterbestehen der
Verbrauchergenossenschaften und des Reichsbundes als
ihrer Dachorganisation aufgrund ihrer Rolle im [...] militärischen Mobilisierungsfall" für unabdingbar. (Hachtmann
2012: 380ff.). So überlebten sie die dreißiger Jahre. Das
weitere Schicksal hat uns hier nicht weiter zu interessieren.

Nur so viel sei jetzt noch konstatiert: Seit dem Mai 1933, als
die Nationalsozialisten auf die Konsumgenossenschaften
zugegriffen hatten, waren bereits insgesamt über 80 Prozent
aller deutschen Genossenschaften in der vollständigen Bot-
mäßigkeit des nationalsozialistischen Systems (vgl. St.Jb.
1933: 377f.).

Gleichschaltung der Wohnungsgenossenschaften

In der Wohnungswirtschaft zementierte das „Gesetz zur
Sicherung der Gemeinnützigkeit im Wohnungswesen" vom
14. Juli 1933 die nationalsozialistische Verfügungsgewalt
über einen weiteren Teil des deutschen Genossenschafts-

wesens, die Wohnungsgenossenschaften. (RGBl. 1933: 484f.). Paragraph 1 des Gesetzes hielt fest, dass Gemeinnützige Wohnungsunternehmen (auch in der Rechtsform der Genossenschaft) und Verbände von Wohnungsunternehmen „einer besonderen Überprüfung nach Maßgabe dieses Gesetzes unterworfen" seien (Art. I, § 1). Ferner konnte der Reichsarbeitsminister auch nichtgemeinnützige einzelne Wohnungsunternehmen, die nach ihrer Satzung „Wohnraumbeschaffung für ihre Mitglieder (Genossen) oder für die minderbemittelten Bevölkerungskreise bezwecken" und öffentliche Fördermittel erhalten haben, den Vorschriften dieses Gesetzes unterstellen. (Art. I, § 6). Genossenschaften waren also besonders betroffen.

Die befugten Behörden konnten die Organe der Unternehmen und Verbände einberufen lassen oder selbst einberufen, Beschlussfassungen über angegebene Gegenstände verlangen, an den Sitzungen teilnehmen, Anträge stellen, das Wort ergreifen. Sie konnten die Mitglieder der Organe und die Prokuristen abberufen, aber auch ernennen, Prokura erteilen und „die Vertretungsbefugnis auch abweichend von der Satzung" einschränken. Sie konnten weiterhin die Dienstverträge dieses Personenkreises kündigen, um „die Wirtschaftlichkeit des Geschäftsbetriebs" (im Sinne der Gemeinnützigkeit) zu sichern. Dieses Kündigungsrecht bestand auch, falls der Betreffende „nicht die Gewähr dafür bietet, daß er jederzeit rückhaltlos für den nationalen Staat eintreten wird." (Art. I § 3). Das geschah folgendermaßen beispielhaft bei der "Gemeinnützigen Kleinwohnungsbaugesellschaft Groß-Hamburg mbH" (GKB), einer 1926 gegründeten Gesellschaft von Hamburger Gewerkschaften: Der Hamburger Senat setzte im Mai 1933 eines seiner Mitglieder, Matthaei, als Staatskommissar für die GKB ein, der entließ den bisherigen Geschäftsführer, setzte ein NSDAP-Mitglied, Karl Evers, als dessen Nachfolger ein und ließ diesen zu einer Gesellschafterversammlung einladen. Diese Versammlung hatte eine Änderung des Gesellschaftsvertrages zu beschließen, wonach der Staatskommissar an

120

allen Sitzungen der Organe teilnehmen, Anträge stellen und Anweisungen geben konnte. Die Gesellschafterversammlung fand sogar schon einen Tag vor der Gesetzesverkündung vom 14. Juli 1933 statt. Anschließend wurde ihre personelle Zusammensetzung vollständig geändert. (Archiv des Verfassers: Dok. GKB/NH 1933-45). Übrigens wurde die GKB später in "Neue Heimat" umbenannt.

Damit waren die Wohnungsgenossenschaften bereits ab Mitte Juli 1933 vollständig den Behörden des nationalsozialistischen Staates unterworfen. Insgesamt hatten mit den landwirtschaftlichen Genossenschaften und den Konsumvereinen jetzt 86 Prozent aller deutschen Genossenschaften ihre Autonomie verloren – wenn man voraussetzt, dass alle kleineren Verbände und die freien Genossenschaften (vom Stand 1. Januar 1933) noch existierten.

Hinsichtlich des Gesetzes vom Juli 1933 gab es sogar den Versuch eines begründenden Arguments: Der Staat habe durch seine finanzielle Förderung des Wohnungsbaus durch Darlehen, Steuerbefreiungen usw. eine Teilhaberschaft am Wohnungsbestand der dadurch begünstigten Unternehmen erworben. Und als Teilhaber sei dem Staat das Recht gegeben, „den Wohnungs- und Baugenossenschaften bzw. -gesellschaften Vorstände und Aufsichtsräte zu oktroyieren, deren ‚Lebensgang und Gesinnung Gewähr dafür bieten, dass sie jederzeit rückhaltlos für den nationalen Staat eintreten‘“. Damit war eine Handhabe geschaffen, „die im sozialistischen Milieu verankerten Bau- und Wohnungsvereine gleichzuschalten“. Die führenden Vertreter der Genossenschaften, die der SPD, der KPD oder den Gewerkschaften nahestanden, konnten nun ohne Weiteres aus ihren Ämtern entfernt werden. Das Gleiche galt für „rassisch“ unliebsame Genossenschafter. Offenbar war „ein anscheinend erheblicher Teil der sozialistischen Bau- und Wohnungsgenossenschaften“ nicht bereit gewesen, sich von ihren gewählten Funktionären zu trennen. (Vgl. Hachtmann 2012: 430).

Im September 1934 wurde der baugenossenschaftliche Spitzenverband umbenannt in „Hauptverband Deutscher Wohnungsunternehmen (Baugenossenschaften und -gesellschaften)". Er erhielt gleichzeitig durch den Reichswirtschaftsminister eine neue Satzung und war jetzt auch insofern Spitzenverband, als ihm alle der zwölf zugelassenen regionalen Prüfungsverbände angehören mussten. (Vgl. Jenkis 1973: 172).

Gleichschaltung des gewerblichen Mittelstandes

Die NSDAP hatte schon in den zwanziger Jahren Mittelstandsorganisationen ins Leben gerufen – so eine „Kampfgemeinschaft gegen Warenhäuser und Konsumvereine", einen „Kampfbund für Erhaltung des Mittelstands" und eine „Arbeitsgemeinschaft deutscher Geschäftsleute". Diese Organisationen blieben aber ohne wirklichen Erfolg. Schließlich wurden regionale „Nationalsozialistische Kampfbünde des gewerblichen Mittelstands" gegründet. Adrian von Renteln wurde ihr „Reichsführer". Er war direkt der NSDAP-Reichsleitung zugeordnet. „Der von nun an zentral geleitete ‚Kampfbund' bemächtigte sich Ende März [1933] des maßgeblichen Einflusses im Vorstand der Hauptgemeinschaft des Deutschen Einzelhandels, dem dann die Gleichschaltung der angeschlossenen Verbände nach erlassenen Parteirichtlinien auf dem Fuße folgte. Ein Heer von Kommissaren ergriff zu gleicher Zeit von den Geschäftsstellen der Industrie- und Handelskammern, der Handwerkskammern, Innungen und Verbände Besitz." Adrian von Renteln gelang es, nicht nur an die Spitze der soeben gegründeten Reichsstände des Deutschen Handels und des Deutschen Handwerks, sondern auch des Deutschen Industrie- und Handelstages, der Dachorganisation der Industrie- und Handelskammern, zu kommen. Rentelns Stellvertreter in der Führung des Kampfbundes des gewerblichen Mittelstands Hilland wurde Geschäftsführer des Industrie- und Handelstages. (Vgl. Schulz 1962: 636f.).

Handwerk und Einzelhandel, Klein- und Mittelbetriebe waren vor 1933 „die wichtigste Komponente bei der nationalsozialistischen Erfassung der Massen gewesen". Dieser eher untere Mittelstand war durch die Wirtschaftskrise besonders bedroht und erregt worden. Jetzt aber, im April und Mai 1933, als der „Kampfbund" sowohl gegen die Warenhaus-Konzerne als auch gegen die Genossenschaften aktiv wurde, „schien die Stunde der Verwirklichung solcher Ziele nahe". „Aber nur die damit erfolgte Gleichschaltung, nicht das sachliche Anliegen interessierte auch hier die Machthaber." So hatten der Kampfbund und von Renteln schon im Sommer 1933 ihre Schuldigkeit getan. „Organisatorisch und kontrollpolitisch war die gewünschte Lage erreicht, und die sachlichen Ziele des 'Kampfbunds', der ganzen Mittelstandsbewegung, konnten nur noch als unbequem empfunden werden. [...] Ergebnis war, daß Hitler die versprochene Schutzpolitik für den Mittelstand kurzerhand vertagte, über alle Proteste hinwegging und schließlich am 7. August den ‚Kampfbund' selbst durch Ley auflösen bzw. der DAF eingliedern ließ." Die nationalsozialistische Führung hatte „die weitgehende Gleichschaltung auch im außerparlamentarischen Raum der Interessenpolitik erreicht". (Bracher 1962a: 191f.).

Gleichschaltung der gewerblichen Genossenschaften

Zielsicher vollzog sich denn auch die Gleichschaltung bei den gewerblichen Genossenschaften nach dem 30. Januar 1933. Auch beim DGV waren schon vor 1933 Anfälligkeiten für den Nationalsozialismus festzustellen. So erschien von einem Ernst Guenther (die Schreibweise seines Nachnamens variiert) 1932 eine Schrift mit dem Titel „Neue Meister kraft Blut und Arbeit". Sie war bis an den Rand mit völkischem Geist und extremsten Rassismus gefüllt, denn ihr Ziel war es, zur „rassischen Gesundung des deutschen Volkes" beizutragen. Obwohl das Wort „Genossenschaft" darin nicht ein einziges Mal auftaucht, erschien diese Broschüre im Deutschen Genossenschaftsverlag. (Vgl. Guenther 1932: passim). Schon in der Ausgabe vom 31. März 1933 der „Blätter für Genossenschaftswesen", also seiner Verbandszeitschrift, hatte der DGV auf deren Titelseite den nationalsozialistischen Boykott jüdischer Geschäfte unterstützt, nicht ohne zu betonen, „daß die Machtergreifung der nationalen Parteien in Deutschland sich mit beispielloser Disziplin und Ruhe vollzogen" habe (vgl. Bundesarchiv R 3101/10504: Bl. 125). Interessanterweise hatte das Reichswirtschaftsministerium diesen Artikel in seiner Akte „Genossenschaftsgesetz" deponiert. Man hielt also diesen Akt der Selbstgleichschaltung für dokumentationswürdig. Später, 1936, verwies der DGV in einem Schreiben an den Reichswirtschaftsminister darauf, dass die deutschen Genossenschaften bereits vor der Machtergreifung „grundsätzlich keine Juden als Mitglieder aufgenommen" hätten (vgl. Fischer 2006: 421).

Auf dem 69. Deutschen Genossenschaftstag des DGV am 25. und 26. August 1933 in Berlin waren unter Punkt 4 der Tagesordnung „programmatische Erklärungen des Herrn Dr. Kunze über die Stellung der Genossenschaften im nationalsozialistischen Staat und die zukünftigen Aufgaben des Deutschen Genossenschaftsverbandes" vorgesehen. Kunze war so genannter „Alter Kämpfer", also Nationalsozialist der frühen Stunde (vgl. Faust 1977: 309). Er ist schon zitiert worden. Kunze sagte unter anderem: „Das Genossenschaftswesen kann nicht ein Eigenleben führen, sondern muß sich in unser Volksleben hineinstellen, um dessen Erfordernissen und Bedürfnissen Rechnung zu tragen." (DGV-GenTag 1933: 9). Die Genossenschaftsform habe „unserem Führer und Volkskanzler Adolf Hitler bei der Durchführung seines großzügigen Wirtschaftsprogramms noch sehr wertvolle Dienste zu leisten". Es sei eine Frage der Erziehung, den „genossenschaftlichen Gedanken fort-

zuentwickeln." Deshalb sei „eine Propaganda- und Presse-
stelle beim DGV. eingerichtet, die ihre Fortsetzung über die
Revisionsverbände bis in die einzelne Genossenschaft finden soll". Es gelte, „den nationalsozialistischen Genossenschaftsgedanken zu entwickeln und in die breite Öffentlichkeit hineinzutragen". (DGV-GenTag 1933: 11). „Gewisse
Reformen" des Genossenschaftswesens seien notwendig.
„Voran steht die Durchführung des Führerprinzips. Hier sind
bereits die ersten Schritte durch die Gleichschaltung, die
heute etwa bei 60 Prozent der gewerblichen Genossenschaften [...] durchgeführt worden ist, und durch Satzungs-
änderungen bei den Revisionsverbänden getan." Der DGV
werde den Charakter einer öffentlich-rechtlichen Körperschaft erhalten, also kein privatrechtlicher Verein mehr bleiben. „Darüber hinaus soll das Führerprinzip bei den
Revisionsverbänden und Genossenschaften parallel zu den
Reichsfachverbänden und Innungen durchgeführt werden."
In Zukunft werde es nur einen Revisionsverband für je einen
genossenschaftlichen Bezirk geben. Überschneidungen
müssten beseitigt werden. Die Revisoren würden nur mit
Genehmigung des DGV bei den Revisionsverbänden ange-
stellt werden. (DGV-GenTag 1933: 14f.). Der Redner erhielt
„stürmischen, langanhaltenden Beifall". Anschließend wurde
er in offener Abstimmung ohne weitere Wortmeldung einstimmig als Mitglied der Anwaltschaft gewählt.

Gottfried Feder, der schon erwähnte Schöpfer des NSDAP-
Programms von 1920, zu diesem Zeitpunkt Staatssekretär
im Reichswirtschaftsministerium, hielt den Gastvortrag. Er
sprach in seiner „Eigenschaft als nationalsozialistischer
Programmatiker und nicht als Staatssekretär". Also erklärte
er, nur das sei „wirkliche Staatsführung, wenn e i n Wille
herrscht." In ganz Deutschland sei nunmehr nur ein Wille
ausschlaggebend, nur ein Wille befehle, „und alle Glieder
des Deutschen Reichs ordnen sich ihm unter".
(DGV-GenTag 1933: 38ff.).

Schließlich behandelte der Genossenschaftstag den Punkt

„Bericht des Anwalts". Der Bericht wurde von Johann Lang gegeben. Lang (er ist schon zitiert worden) war seit 1926 in DGV-Anwaltschaft tätig gewesen und seit 1932 Anwalt, also Vorsitzender, des DGV (vgl. Faust 1977: 307f.). Er sagte: „Für uns als Genossenschafter erwächst die Aufgabe, sich in unserer künftigen Geschäftsführung und Geschäftspolitik der Wirtschaftspolitik des nationalsozialistischen Staates anzupassen und der Wirtschaftssteuerung zu gehorchen." (DGV-GenTag 1933: 61). Also Anpassung und Gehorsam sind für Lang die aktuell erforderlichen Tugenden eines Genossenschafters. Einige Jahre später identifizierte er sich, wie noch zu sehen sein wird, wesentlich entschiedener mit dem Nationalsozialismus. Er war dann auch an der von Kunze geforderten Entwicklung des nationalsozialistischen Genossenschaftsgedankens beteiligt.

Wie konsequent die Selbstgleichschaltung funktionierte, zeigt die Beteiligung der Delegierten der Genossenschaftstage an den Diskussionen. Das Rednerverzeichnis zum Genossenschaftstag von 1929 führte 31 Namen auf, einschließlich der Redner in offiziellen Funktionen (vgl. DGV-GenTag 1929: 5), das zum Genossenschaftstag von 1930 35 Namen (vgl. DGV-GenTag 1930: 5) und beim Genossenschaftstag 1932 waren es 30 Namen (vgl. DGV-GenTag 1932: 5). Mit dieser rednerischen Vielfalt war es schlagartig beim Genossenschaftstag vom August 1933 zu Ende. Jetzt wurden nur noch 13 Redner aufgeführt, davon nur vier aufgrund von Wortmeldungen (vgl. DGV-GenTag 1933: 4), gegenüber mehr als 20 auf den Genossenschaftstagen zuvor. Von diesen vier Beiträgen waren drei technischer und/oder organisatorischer Natur und nur ein einziger Delegierter machte einige Bemerkungen inhaltlicher Art zum Geschäftsbericht. Einer der drei anderen Delegierten lieferte sogar ein eindrucksvolles Beispiel von Selbstgleichschaltung. Als nämlich der Versammlungsleiter daran ging, die Frage des Ortes des nächsten Genossenschaftstages wie bis dahin üblich per Abstimmung zu klären, sagte jener Delegierte: „Wir leben heute im Zeitalter des Führergedankens. Wäre es nicht möglich, die Entscheidung statt einer Abstimmung der Anwaltschaft zu überlassen?" (DGV-GenTag 1933: 28). Ein Jahr später waren im Rednerverzeichnis zwar immer noch 12 Namen genannt, aber nur ein einziger Redner kam per Wortmeldung aus der Mitte der Versammlung. Dieser Delegierte, Direktor einer schlesischen Kreditgenossenschaft namens Mummenthey, machte sogar eine kritische Anmerkung zur Zusammensetzung des Gesamtausschusses. (Vgl. DGV-GenTag 1935: 64f.). Es handelte sich um den gleichen Delegierten, der schon ein Jahr vorher einen wirklichen Diskussionsbeitrag brachte. Auf dem Genossenschaftstag 1936 sprachen nur noch fünf Personen. Es waren der gerade von der Reichsregierung eingesetzte DGV-Präsident, der Anwalt, der stellvertretende Anwalt, der NSDAP-Gauleiter und der Präsident der Reichsbank, der ein Referat vortrug. (Vgl. DGV-GenTag 1936: 4). Es wurde von der Versammlungsleitung auch nicht mehr nach Wortmeldungen gefragt.

Zurück zum DGV-Genossenschaftstag vom August 1933: Er wurde vom Tagungs-Vorsitzenden mit dem Vorschlag beendet, dem „geliebten Reichskanzler, unsern Volkskanzler Adolf Hitler" folgendes Telegramm zu übersenden: „In rückhaltloser Anerkennung und voller Würdigung der außerordentlich großen Verdienste um die nationale Erneuerung unseres Staates geloben wir als anwesende beauftragte Vertreter der Kreditinstitute und Warengenossenschaften des gewerblichen Mittelstandes und des gesamten deutschen Volkes gelegentlich des 69. Deutschen Genossenschaftstages in der Philharmonie in Berlin unserer Reichsregierung und insbesondere unserm hochzuverehrenden Volkskanzler Adolf Hitler unverbrüchliche Treue und Gefolgschaft. Möge es dem Weitblick unseres Führers gelingen, das Werk der nationalen Erhebung weiter auszubauen und zum glücklichen Ende zu führen zum Wohl und Segen von Volk und Vaterland. Die Genossenschaften des Deutschen Genossenschaftsverbandes stellen ihre Mitarbeit insbesondere zur Wirtschaftsbelebung restlos und selbstlos zur Verfügung." Anschließend wurde „das Treuegelöbnis zu unserm Reichskanzler, zu unserm Führer" dadurch bekräftigt, dass die Teilnehmer des Genossenschaftstages „stehend den ersten Vers des Horst-Wessel-Liedes" sangen. (DGV-GenTag 1933: 84).

So waren im August 1933, ein gutes halbes Jahr nach der nationalsozialistischen Machtübernahme, alle deutschen Genossenschaften, zumindest insoweit, als sie den großen Verbänden angehörten, dem herrschenden System „gleichgeschaltet".

Die Gleichschaltung der gewerblichen Genossenschaften einschließlich der Kreditgenossenschaften war in der Tat in stärkerem Maße freiwillig erfolgt und weniger durch die üblichen drakonischen Maßnahmen. Ein weiteres Beispiel dafür: Am 14. Dezember 1933 schrieb der „Revisionsverband Gewerblicher Genossenschaften zu Berlin" an die Volksbank Iwria in Berlin: „Im weiteren Verlauf Ihrer Angelegenheit hat nun der Vorstand des Verbandes brandenburgischer Genossenschaften nochmals festgestellt, dass es für den Verband nicht tragbar sein würde, wenn ihm eine Genossenschaft angehört, deren Mitglieder nicht arischen Stammes sind. Der Vorstand des Verbandes hat beschlossen, Sie zum 31.12.1933 auszuschliessen. Diese Lösung kann ich nach mancher Richtung hin bedauern, sie ist aber in Rücksicht auf alle in Betracht kommenden Verhältnisse heute notwendig und Sie müssen sich damit abfinden. Hochachtungsvoll gez. Unterschrift". Die Iwria hatte sich daraufhin an das Amtsgericht Charlottenburg in Berlin gewandt und am 18. Mai 1934 folgende Antwort erhalten: „In Ihrer Genossenschaftssache wird auf die Anfrage vom 7. 5. 34 erwidert, dass gesetzliche Bestimmungen über die arische Abstammung von Revisoren nicht bestehen. Die Entscheidung des Registergerichts stützt sich aber auf die Grundsätze, die durch die Machtergreifung durch die nationalistische Regierung endlich in der Rassenfrage zur Geltung gekommen sind und von Staatsbehörden unbedingt zu befolgen sind. Die Bestellung eines nichtarischen Revisors wird unbedingt abgelehnt." (Bundesarchiv R 3001/ 3067, ohne Blattnummerierung; vgl. auch Fischer 2006: 425ff.). Nach fünfzehneinhalb Monaten nationalsozialistischer Herrschaft in Deutschland waren Recht und Gesetz auch in Hinblick auf Genossenschaften gegenstandslos geworden.

Zum Jahrestag der nationalsozialistischen Machtübernahme stellte Kunze in den „Blättern für Genossenschaftswesen", der noch von Hermann Schulze-Delitzsch ins Leben gerufenen DGV-Zeitschrift, fest: „Der Deutsche Genossenschaftsverband sieht in dem Nationalsozialismus die Verwirklichung all der Bestrebungen, die die einzelne Genossenschaft in ihrem Bereich seit Jahr und Tag verfolgt. Da der genossenschaftliche Gedanke dem nationalsozialistischen Denken und Fühlen sehr eng verwandt ist, konnte die Eingliederung der gewerblichen Genossenschaften im allgemeinen reibungslos und ohne Schwierigkeiten vollzogen werden. Gerade beim Vollzug dieser Umschichtung zeigte sich, daß die Genossenschaft als das lebendige Glied einer sozialen und nationalen Kräfteordnung eine typische Form in der wirtschaftlichen Ausdrucksweise des Nationalsozialismus ist." (DGV-Zeitschrift 1934: 53f.).

Personell wurde die Einvernahme des DGV 1936 vollendet. Zu diesem Zeitpunkt war der DGV zwar faktisch gleichgeschaltet, aber er hatte das weitgehend selbst besorgt. Erst 1936 kam er in die Rolle des auch formal in jeder Beziehung abhängigen Verbandes. Der Hebel oder vielmehr einer der Hebel dafür war die Eingliederung in den ständischen Aufbau der Wirtschaft. In diesem Rahmen waren drei Anordnungen des Reichswirtschaftsministers vom 23. Oktober 1936 und die neue Satzung des DGV vom gleichen Jahr von Bedeutung. Eine der Anordnungen befahl (jedes andere Verb wäre fehl am Platze) die Errichtung einer Fachgruppe Gemeinschaftseinkauf bei der Reichsgruppe Handel. Dieser Fachgruppe hatten sich alle Genossenschaften und Einkaufsverbände (jeweils in gesonderten Fachuntergruppen organisiert) im Handelsgewerbe anzuschließen. (Vgl. DGV-Zeitschrift 1936: 893).

Die zweite Anordnung befahl die Errichtung einer Fachgruppe „Handwerkliche Genossenschaften" bei der Reichsgruppe Handwerk. Ihr hatten sich die Produktivgenossenschaften, die Werkgenossenschaften, die Absatzgenossenschaften und die Lieferungsgenossenschaften anzugliedern. (Vgl. DGV-Zeitschrift 1936: 893). Die dritte Anordnung schließlich anerkannte die Wirtschaftsgruppe Kreditgenossenschaften staatlicherseits als Vertretung der Kreditgenossenschaften und befahl den Anschluss aller ländlichen und gewerblichen Kreditgenossenschaften. (Vgl. DGV-Zeitschrift 1936: 893).

Alle drei Anordnungen schrieben vor, dass die genannten Gruppen „marktregelnde Maßnahmen" nur mit ministerieller Zustimmung treffen durften. Auch die unternehmerische Entscheidungsfreiheit war also obsolet geworden. Das Organ des Deutschen Genossenschaftsverbandes, die „Blätter für Genossenschaftswesen", stellte zu diesen drei Anordnungen fest, dass mit ihnen „die Eingliederung der gewerblichen Genossenschaften in die Zwangsorganisation der gewerblichen Wirtschaft erfolgt" sei und der Deutsche Genossenschaftsverband sei somit „eine Zwangsorganisation des ständischen Aufbaues". (Vgl. DGV-Zeitschrift 1936: 905).

Die neue Satzung von 1936, die der Reichswirtschaftsminister, damals Hjalmar Schacht, aufgrund seiner Befugnisse erlassen hatte (und nicht etwa der DGV sich selbst gegeben hatte), beseitigte auch formal jeden demokratischen Ansatz aus der Vergangenheit genossenschaftlicher Verbände. Der DGV-Vorstand bestand aus dem Präsidenten, dem Anwalt und dessen Stellvertreter. Der Präsident wurde vom Reichswirtschaftsminister bestellt und abberufen. Das Gleiche galt für den Anwalt und seinen Vertreter, wobei zuvor Präsident und Beirat angehört werden sollten. Der Präsident hatte die Errichtung und Auflösung von Unterverbänden und Unternehmungen des DGV zu veranlassen und der Anwalt hatte die Aufstellung der Satzung der Unterverbände vorzunehmen. Neben dem Vorstand war ein Beirat vorgesehen, dem der dreiköpfige Vorstand und weitere zwölf Mitglieder, die der Präsident zu berufen hatte, angehören sollten. (Vgl. DGV-Zeitschrift 1936: 889ff.). Das Führerprinzip war vollständig durchgesetzt. Der Abdruck der Satzung und der ministeriellen Anordnungen im DGV-Organ stand bemerkenswerter Weise unter der Überschrift „Anerkennung des Deutschen Genossenschaftsverbandes" (vgl. DGV-Zeitschrift 1936: 889).

Der Präsident, den der Reichswirtschaftsminister aufgrund dieser Satzung ernannte, war der schon erwähnte Adrian von Renteln. Er stammte aus dem Baltikum, war 1928 in die NSDAP eingetreten, wurde dann Reichsführer des Nationalsozialistischen Schülerbundes und Reichsführer der Hitler-Jugend (er war Jahrgang 1898), übernahm dann die Leitung des NSDAP-Kampfbundes des gewerblichen Mittelstandes und nach der Machtübernahme die Leitung des Reichsstandes des Deutschen Handwerks, des Reichsstands des Deutschen Handels und des Deutschen Industrie- und Handelstages. (DGV-Zeitschrift 1936: 909). Interne Konflikte führten dazu, dass er sich nach kurzer Zeit auf die Leitung des NSDAP-Hauptamtes für Handwerk und Handel zurückzog.

Es war Schacht, der als Reichswirtschaftsminister auch den neuen DGV-Präsidenten auf dem 71. Deutschen Genossenschaftstag am 11. Dezember 1936 in Berlin in sein Amt einführte. Zugleich wurde, mit den Worten Schachts in seiner Begrüßungsansprache, der DGV „unter Umgestaltung" (das meinte die Implantation eines „verdienten" Nationalsozialisten als Präsidenten) „im Sinne des Führergedankens als oberster Prüfungsverband anerkannt". (DGV-GenTag 1936: 8). Schacht sagte auch: „Gerade das

Genossenschaftswesen ist von echtem nationalsozialistischem Geiste erfüllt". (DGV-GenTag 1936: 12). Dementsprechend erklärte der neue Präsident in seiner Ansprache vor dem Genossenschaftstag, dass er seine Aufgaben „nur im Sinne des nationalsozialistischen Führerprinzips in Angriff nehmen und ihrer Lösung zuführen kann". Er fügte hinzu, dass nunmehr, ab 15. Dezember 1936, der DGV in zweifacher Hinsicht Zwangsorganisation sei, „einmal als Glied der Organisation der gewerblichen Wirtschaft und sodann in der Weise, daß alle gewerblichen Genossenschaften, die nicht der Auflösung von Amts wegen anheimfallen wollen, sich bis spätestens 15. Dezember dieses Jahres [also vier Tage später] einem seiner Prüfungsverbände angeschlossen haben müssen." (DGV-GenTag 1936: 23f.). Denn es gab immer noch Genossenschaften, zwei Jahre nach der Verkündung der Novelle vom Oktober 1934, die sich ihre Verbandsunabhängigkeit bewahrt hatten. Johann Lang, der jetzt als Anwalt auf die Zuständigkeit für das Prüfungswesen beschränkt worden war, erwartete nämlich laut Geschäftsbericht, den er im Anschluss an die Ansprache von Renteln vortrug, noch weitere rund 300 Beitritte zum Verband: Die aktuelle Mitgliederzahl gab er mit 3.760 Genossenschaften an und rechnete am Ende (also für die nächsten Tage) mit über 4.000 Mitgliedern. (Vgl. DGV-GenTag 1936: 28). Ausdrücklich wies er auch darauf hin, dass durch das Gesetz vom Oktober 1934 den Prüfungsverbänden die Handhabe gegeben sei, unter anderem „alle unerwünschten Genossenschaftsgründungen zu verhindern". (Vgl. DGV-GenTag 1936: 30).

Bludau vermutet für die späte Installierung des Präsidentenamtes und seiner Besetzung durch von Renteln Folgendes: „Dem gewerblichen Genossenschaftswesen widmeten die Führungsspitzen keine große Aufmerksamkeit, weil es sich ganz im nationalsozialistischen Sinne ‚selbst-verwaltete'. Um die Gleichschaltung sicherzustellen, konnte man sich daher vorderhand damit begnügen, in das Vorstandsgremium des Schulze-Delitzsch Verbandes einen nationalsozialistischen Altkämpfer (Dr. Kunze) einzuschleusen." Von Renteln sei mit seinen anderen Funktionen (Reichsstände für Handel und Handwerk, Leiter des Disziplinarhofes der DAF, Chef der IHK usw.) so sehr beschäftigt gewesen, dass er zunächst keine Anstrengungen unternahm, sich auch des DGV-Präsidiums zu bemächtigen. (Bludau 1968: 45ff.).

Zusammenfassung:

Die Genossenschaften und ihre Verbände wurden denn auch teils sehr schnell unterworfen, teils in einem etwas längeren Prozess gleichgeschaltet. Bei dem weitaus größten genossenschaftlichen Bereich, den landwirtschaftlichen Genossenschaften, geschah das geradezu putschartig schon im April 1933, nachdem der Präsident des Reichsverbandes Andreas Hermes von der Gestapo verhaftet worden war. Der Leiter des „Agrarpolitischen Apparates" der NSDAP Walther Darré übernahm die Präsidentschaft beim Reichsverband – und bei allen anderen großen landwirtschaftlichen Organisationen. Schon im September waren sie sämtlich Teil des „Reichsnährstandes" und Darré war „Reichsbauernführer". Die Konsumgenossenschaften, von den Nationalsozialisten geradezu gehasst, wurden schon vor 1933 an vielen Orten immer wieder physisch angegriffen und nach der nationalsozialistischen Machteroberung immer stärker bedrängt, bis sie und vor allem ihre Verbände, ZdK und RdK, von der „Deutschen Arbeitsfront" übernommen wurden. So hatten auch sie im Mai 1933 ihre Autonomie vollständig verloren.

Die Wohnungsgenossenschaften wurden durch das „Gesetz zur Sicherung der Gemeinnützigkeit im Wohnungswesen" ab Mitte Juli 1933 vollständig den Behörden des nationalsozialistischen Staates unterworfen. Die gewerblichen Genossenschaften und ihr weitaus wichtigster Verband, der Deutsche Genossenschaftsverband, hatten sich in erheblichem Umfang selbst gleichgeschaltet. Im August 1933 wurde der Direktor eines kleinen, dem DGV angeschlosse-

nen Revisionsverbandes in die Anwaltschaft – dem Vorstandsgremium des DGV – aufgenommen, nachdem er ein Grundsatzreferat mit „programmatischen Erklärungen über die Stellung der Genossenschaften im nationalsozialistischen Staat" gehalten hatte. Darin stellte er fest, dass bis zu diesem Zeitpunkt bereits etwa 60 Prozent der gewerblichen Genossenschaften gleichgeschaltet seien. Am wichtigsten sei die Durchführung des Führerprinzips. Damit waren alle wichtigen Genossenschaftsverbände auf der Linie des nationalsozialistischen Herrschaftssystems. Die verbandliche Autonomie war Vergangenheit. Auch der DGV erhielt zwei Jahre später vom Reichswirtschaftsminister eine Satzung und einen Präsidenten zugewiesen. Die Selbstgleichschaltung hatte dem Regime nicht ausgereicht.

7. Der Ablauf der Novellierung des Genossenschaftsgesetzes 1933/34

Ausgangspunkt

Nun kommen wir zum Ablauf der im Oktober 1934 vollendeten Novellierung des Genossenschaftsgesetzes mit den Änderungen zur Revision. Eine 1936 veröffentlichte Dissertation – von Walter Feldmann – stellt dazu folgendes fest: Die rechtliche Grundlage für dieses Vorhaben habe sich die Reichsregierung durch eine Notverordnung des Reichspräsidenten geben lassen. Die Verordnung habe „die zur Umgestaltung des genossenschaftlichen Revisionswesen nötigen Vollmachten" enthalten. Aber diese „Umwege wurden mit dem Umbruch im Jahre 1933 hinfällig; der Gesetzgeber der Novelle hat von der Ermächtigung keinen Gebrauch gemacht". (Feldmann 1935: 82f.). Diese Formulierung ist zumindest missverständlich, denn die schon dargestellte Notverordnung des Reichspräsidenten vom 21. Oktober 1932 über „die Deutsche Zentralgenossenschaftskasse und das genossenschaftliche Revisionswesen" war der Ausgangspunkt der Novellierung. Die Umsetzung dieser Verordnung begann sehr zügig und endete dann im Oktober 1934 unter anderen Bedingungen, als die nationalsozialistische Reichsregierung völlig frei in ihrer Gesetzgebung war.

Zwischenzeitliche Novellierungen

Aber zunächst gab es 1933/34 noch vor der Gesetzesänderung sechs Rechtssetzungsakte hinsichtlich der
Genossenschaften:

1. Vom 18. Mai 1933 datiert eine Änderung des Genossen-
    schaftsgesetzes, durch die ein neuer Paragraph 115a zu
    den Konkursbestimmungen eingefügt wurde (vgl. RGBl.
    1933: 275).

2. Am 30. Mai 1933 erließ der Reichsjustizminister eine
    Verordnung über die Bilanzierung von Genossenschaf-
    ten (vgl. RGBl. 1933: 317ff.). Damit war die Ziffer 8 in § 1
    der Notverordnung vom 21. Oktober 1932 erledigt.

3. Eine Verordnung vom 20. Juli 1933 enthielt veränderte
    Vorschriften zur Auflösung von Genossenschaften (vgl.
    RGBl. 1933: 520f.).

4. Durch eine Gesetzesänderung vom 20. Dezember 1933
    wurde hinsichtlich der Haftungsvorschriften die Möglich-
    keit der unbeschränkten Nachschusspflicht abgeschafft.
    Sie war 1889 als dritte Form neben der unbeschränkten
    und der beschränkten Haftpflicht in das Genossen-
    schaftsgesetz aufgenommen, war aber nur selten ange-
    wandt worden.

5. Am 22. Dezember 1933 erließ der Reichsfinanzminister
    eine Durchführungsverordnung zur Notverordnung vom
    21. Oktober 1932, die die arbeitsrechtliche Situation der
    Beschäftigten bei der Deutschen Zentralgenossen-
    schaftskasse betraf (vgl. RGBl. 1933: 1117).

6. Schließlich gab es am 19. Februar 1934 eine Verordnung zum Genossenschaftsregister (vgl. RGBl. 1934: 113).

Entwurf E III

Nun zum Verlauf des Gesetzgebungsprozesses 1933/34: Laut Feldmann sind im eigentlichen Gesetzgebungsprozess sechs Entwürfe ausgearbeitet worden (vgl. Feldmann 1936: 83ff.). Tatsächlich waren es, wie wir sehen werden, sieben Entwürfe. Die von ihm – Feldmann – im Archiv der DZGK (die Akten des Reichsjustizministeriums blieben ihm 1935/36 verschlossen) identifizierten Entwürfe zum Gesetzestext vom Oktober 1934, sind folgende:

Zunächst ein Entwurf der Deutschen Zentralgenossenschaftskasse, DZGK (E 1);

darauf erfolgte eine Stellungnahme der Verbände, besonders des Reichsverbandes der landwirtschaftlichen Genossenschaften mit einem zweiten Entwurf (E II).

Als Verhandlungsgrundlage zwischen den Genossenschaftsverbänden und der DZGK diente ein dritter Entwurf (E III).

Ein weiterer Entwurf „wurde dann Gegenstand der Verhandlungen mit den einzelnen Ministerien" (E IV);

ihm folgte ein reiner Ministerialentwurf (E V),

dem sich der letzte Entwurf, ebenfalls als Ministerialentwurf anschloss (E VI). (Vgl. Feldmann 1936: 84).

Die Akte des Reichsjustizministerium, die hier vor allem herangezogen worden ist, trägt auf dem Umschlag die Bezeichnung: „Genossenschaftliches Revisionswesen.

Durchführungsbestimmungen zu Kapitel III der Verordnung vom 21. 10. 1932", also der Notverordnung. Als Zeitraum war ursprünglich angegeben: „vom 21. Oktober 1932 bis 31. Juli 1934", „21. Oktober" ist durchgestrichen und durch „November" ersetzt worden. (Vgl. Bundesarchiv R 3000 – 3066).

Die Akte enthält zu Beginn nach einigen in diesem Zusammenhang nicht interessierenden Stücken das aus dem Reichsgesetzblatt ausgeschnittene und auf einen Bogen geklebte (und oben zitierte) Kapitel III der Verordnung vom 21. Oktober 1932; dem folgt der undatierte „III. Entwurf des neu zu fassenden Vierten Abschnittes des Genossenschaftsgesetzes" mit dem Hinweis auf der Titelseite: „Der bisherige Titel ‚Revision' ist abzuändern in: ‚Revision und Revisionsverbände'." Es handelt sich also um den gemeinsamen Entwurf E III von DZGK und Verbänden. Die hier interessierenden Passagen lauten:

„§ 53.

Die Einrichtungen, die Vermögenslage sowie die Geschäftsführung der Genossenschaft in allen Zweigen der Verwaltung sind

1) bei Genossenschaften, die ausschließlich oder überwiegend aus eingetragenen Genossenschaften bestehen,

2) bei Genossenschaften, deren Bilanzsumme einschließlich der Verbindlichkeiten aus Bürgschaften, Wechsel- und Scheckbürgschaften sowie aus Garantieverträgen den Betrag von 350.000 Reichsmark übersteigt,

in jedem Geschäftsjahre, bei allen anderen Genossenschaften mindestens in jedem zweiten Geschäftsjahre zu prüfen.

138

§ 54.

I. Genossenschaften, die einem Verband angehören, dem das Revisionsrecht verliehen ist, werden durch den Verband geprüft.

II. Der Verband bedient sich zur Vornahme der Revision der von ihm angestellten Revisoren (Verbandsrevisoren). Der Verband kann sich zur Vornahme der Revision auch anderer sachverständiger Revisoren, insbesondere öffentlich bestellter Wirtschaftsprüfer oder Prüfungsgesellschaften bedienen, die in eine von der Hauptstelle für die öffentlich bestellten Wirtschaftsprüfer zu führende Liste der die Wirtschaftsprüfertätigkeit ausübenden Gesellschaften eingetragen sind.

§ 55.

I. Für Genossenschaften, die einem Verband nicht angehören, wird der Revisor vom Gericht (§ 10) bestellt. Der Vorstand der Genossenschaft hat die Bestellung zu beantragen.

II. Für die Revision der in Absatz I genannten Genossenschaften sind als Revisoren Verbandsrevisoren oder öffentlich bestellte Wirtschaftsprüfer zu bestellen."

(Bundesarchiv R 3000 – 3066: Bl. 5-8).

Gegenüber dem seit 1889 geltenden Gesetz wäre jetzt neu, dass

a) auch die Vermögenslage geprüft werden soll,

b) Zentralgenossenschaften (§ 53, 1) und

c) Genossenschaften mit höherer Bilanzsumme jährlich geprüft werden sollen (§ 53, 2),

d) als Prüfer ausdrücklich Verbandsrevisoren und öffentlich bestellte Prüfer zu beauftragen wären (§ 54, II u.
§ 55, II); vorher war die Bezeichnung „sachverständige Revisoren" im Gesetz enthalten.

Die DZGK richtete am 18. November 1932 ein neunseitiges
Schreiben an den Reichsjustizminister, das sich mit der
Qualifikation der Prüfer, den von ihnen zu erfüllenden Min-
destanforderungen usw. befasst. Es verwies ausdrücklich
auch auf die Paragraphen 53 und folgende, die sich mit der
Prüfung sowohl von verbandsangehörigen als auch von
verbandslosen Genossenschaften befassen, ohne deren
gesetzliche Unterscheidung zu verändern. (Vgl. Bundesarchiv R 3000 – 3066: Bl. 17ff.).

Vom 29. November 1932 liegt ein Schreiben der vier
genossenschaftlichen Spitzenverbände vor, also des Deutschen Genossenschaftsverbandes DGV, des Reichsverbandes der landwirtschaftlichen Genossenschaften, des
ZdK und des RdK. Das Schreiben war unter Verweis auf die
Notverordnung an den Reichsjustizminister gerichtet. Die
Absender bezogen sich auf den Textvorschlag in E III und
gaben Erläuterungen dazu, und zwar wurden erläutert:

I. a) Die Voraussetzungen für die Befähigung zur Ausübung der Revisionstätigkeit durch den Genossenschaftsprüfer,

I. b) die Voraussetzungen bei den übrigen Revisoren;

II. a) die zu erlassenden Vorschriften über die Revision

und

II. b) über die Bilanzen der Genossenschaften.

Zum Punkt II a wurde festgestellt:

„Über den gegenwärtigen Stand des Revisionswesens

erlauben sich die unterzeichneten Verbände in der Anlage besondere Berichte und das diesbezügliche Material, wie Satzungsbestimmungen, Revisionsgrundsätze und dergleichen, zu überreichen. Es geht daraus hervor, dass, genau wie in der früheren Praxis vor Erlass des Genossenschaftsgesetzes vom Jahre 1889, die Verbände auf Grund ihrer Erfahrungen auch in der letzten Zeit alle Maßnahmen getroffen haben, um ihr Revisionswesen den Bedürfnissen anzupassen, die sich aus der jeweiligen wirtschaftlichen Lage ergeben.

Aus diesem Material geht weiterhin einwandfrei hervor, dass die Verbände die Tätigkeit ihrer Revisoren ständig gründlich überwachen und dass deshalb in noch stärkerem Masse als bei sonstigen Revisionseinrichtungen die Garantie geboten ist, dass, wenn in einem Einzelfall einer von den vielen hunderten Revisoren nicht allen Anforderungen genügt, dieser beseitigt wird. Die Revision der Genossenschaften durch unsere Revisionsverbände erstreckt sich auf die Einrichtungen der Genossenschaft und die Geschäftsführung derselben in allen Zweigen der Verwaltung. In dem oben erwähnten Entwurf ist vorgeschlagen zu bestimmen, dass sich die Revision auf die Einrichtungen, die Vermögenslage sowie die Geschäftsführung der Genossenschaften in allen Zweigen der Verwaltung zu erstrecken hat. Diese von uns begrüsste neue Fassung weicht zwar von der Fassung des alten § 53 Gn.Ges. ab, bringt aber keine Neuerungen auf dem Gebiete des Revisionswesens, denn schon bisher wurde bei allen Revisionsverbänden im Sinne des Wortlauts der geplanten Bestimmungen revidiert.

Die Reichsregierung ist ermächtigt, allgemeine Anweisungen für die Anfertigung der Revisionsberichte zu erlassen. Die unterzeichneten Spitzenverbände sind der Meinung, dass die Aufstellung solcher allgemeiner Anweisungen kaum auf besondere Schwierigkeiten stösst und sie bitten zur Mitarbeit bei der Ausarbeitung dieser Anweisungen herangezogen zu werden." (Bundesarchiv R 3000 – 3066: Bl. 36-40).

Im Klartext hieß das ja wohl, dass die Verbände an den von ihnen entwickelten Standards der Revision festhalten wollten und in den Formulierungen des Vorschlages keine wirklichen Neuerungen sahen. Der Text war schließlich auch von ihnen getragen, wenn auch möglicherweise unter mehr oder weniger sanften Druck der DZGK. Seltsam mutet die wörtlich genommen sehr drastische Ausdrucksweise an, wonach ein Revisor, der nicht allen Anforderungen genüge, „beseitigt" werde. Hier haben wohl die sprachlichen Kontrollen versagt. Die erwähnten und zugesagten Materialien hatten die einzelnen Verbände dann im Laufe des November 1932 teilweise sogar schon vor dem Ankündigungsschreiben dem Minister direkt zugeschickt (vgl. Bundesarchiv R 3000 – 3066: Bl. 41-47, 70, 80, 97).

Vom 19. Januar 1933 gibt es ein weiteres Schreiben der vier Spitzenverbände an den Reichsjustizminister. Es betraf „Prüfung und Zulassung von Genossenschaftsprüfern" und enthielt „Vorschläge bezüglich der Gestaltung der Zulassungsstelle und der Prüfung". Die Verbände bezogen sich auf „Verhandlungen" beim Reichsjustizministerium am 6. Dezember 1932 (vgl. Bundesarchiv R 3000 – 3066: Bl. 122-130), zu denen die Akte allerdings nichts enthält. Es war dies die letzte Äußerung der Verbände vor der nationalsozialistischen Machtübernahme.

Entwurf E IV

Am 3. Februar 1933 schrieb der Reichsjustizminister an den Reichswirtschaftsminister, den Reichsfinanzminister, den Reichslandwirtschaftsminister, den Reichsarbeitsminister, den Reichskommissar für das Land Preußen und an den Präsidenten der DZGK: „Als Anlage beehre ich mich den

Entwurf einer Verordnung zur Durchführung der Bestimmungen über die Revision und Bilanzen der Genossenschaften zur gefl. Kenntnisnahme zu übersenden (Anlage I). Die im Text eingeklammerten Absätze, Sätze und Satzteile stellen Eventualvorschläge für die Diskussion dar. Der Entwurf ist auf der Grundlage des III. Entwurfs der Deutschen Zentralgenossenschaftskasse ausgearbeitet worden." Das Schreiben erwähnt auch die – offensichtlich spurenlos gebliebene – „Beratung" am 6. Dezember. (Vgl. Bundesarchiv R 3000 – 3066: Bl 133-135).

Dieser Entwurf (es wäre also nach der Zählung von Feldmann E IV), der in der vorliegenden Ausfertigung teilweise handschriftliche Korrekturen enthält, lautet zu den uns interessierenden Paragraphen:

„§ 53

Zwecks Feststellung der wirtschaftlichen Verhältnisse und der Ordnungsmäßigkeit der Geschäftsführung (neu hinzugefügt) sind die Einrichtungen, die Vermögenslage sowie die Geschäftsführung der Genossenschaften mindestens in jedem zweiten Jahre zu prüfen. Bei Genossenschaften, deren Bilanzsumme einschließlich der Verbindlichkeiten aus der Begebung von Wechseln und Schecks, aus Bürgschaften, Wechsel- und Scheckbürgschaften sowie aus Garantieverträgen den Betrag von 350.000,- Reichsmark erreicht oder übersteigt, [muß] die Prüfung mindestens einmal jährlich stattfinden.

§ 54

(1) Genossenschaften, die einem Verband angehören, dem das Prüfungsrecht verliehen ist, werden durch den Verband geprüft.

(2) Der Verband bedient sich zur Vornahme der von ihm angestellten Prüfer; diese sollen in der genossenschaft-

lichen Buchführung ausreichend vorgebildet und erfahren sein.

(3) Die Deutsche Zentralgenossenschaftskasse kann im Einzelfall bestimmen, daß an Stelle des Verbandes öffentlich bestellte Wirtschaftsprüfer (Einzelprüfer oder eingetragene Prüfungsgesellschaften) die Prüfungen vornehmen.

§ 55

(1) Für Genossenschaften, die einem Verbande nicht angehören, wird der Prüfer vom Gericht bestellt. Der Vorstand der Genossenschaft hat die Bestellung zu beantragen.

(2) Für die Prüfung der in Abs. 1 genannten Genossenschaften sind als Prüfer (von Verbänden angestellte Prüfer oder) öffentlich bestellte Wirtschaftsprüfer zu bestellen. (Vor der Bestellung ist die höhere Verwaltungsstelle zu hören.)".

(Bundesarchiv R 3000 – 3066: Bl. 137-138).

Neu ist in diesem Entwurf die Einleitung des ersten Satzes von § 53, die eine Art von Begründung dafür gab, warum Prüfungen überhaupt stattfinden sollten, nämlich um die wirtschaftlichen Verhältnisse und die Ordnungsmäßigkeit der Geschäftsführung festzustellen. Ferner wurden jetzt die Bezeichnungen Revisor, Revision usw. durchgängig durch Prüfer, Prüfung usw. ersetzt. Weiterhin verlangte der Entwurf (§ 53) nicht mehr die jährliche Prüfung von Zentralgenossenschaften. Der § 54 nannte jetzt inhaltliche Anforderungen an die Qualifikation der Prüfer: Sie sollten in der „genossenschaftlichen Buchführung ausreichend vorgebildet und erfahren sein". Und schließlich sollte Absatz 3 von § 54 der DZGK die Möglichkeit einräumen, im Einzelfall zu bestimmen, dass an Stelle des Verbandes auch öffentlich

144

bestellte Wirtschaftsprüfer die Prüfung vornehmen. Das dürfte durchaus schon ein erstes Wetterleuchten dafür gewesen sein, dass künftig in dem ja schon deutlich auf seine Art aktiven neuen Staat die Autonomie von wirtschaftlichen und gesellschaftlichen Organisationen eingeschränkt werden könnte.

Die Adressaten dieses Entwurfs gaben verschiedene Stellungnahmen ab, vor allem zu den Anforderungen an die Prüfer und deren Ausbildung und Qualifikation.

Auch der Reichsarbeitsminister äußerte sich zu verschiedenen Fragen und wünschte darüber hinaus, „nicht nur bei der Schaffung der einschlägigen Vorschriften und Bestimmungen, sondern auch bei der weiteren Bearbeitung der Angelegenheit beteiligt" zu werden. (Bundesarchiv R 3001 – 3066: Bl. 164). Irgendeine Begründung, warum der Arbeitsminister überhaupt in die Beratungen miteinbezogen worden war und warum er an der weiteren Teilnahme interessiert sei, gab es offenbar nicht, jedenfalls nicht in schriftlicher Form.

Am 9. Februar 1933 fand eine „kommissarische Beratung" (so ist die Anwesenheitsliste überschrieben) beim Reichsjustizministerium über den vorliegenden Entwurf, also E IV, statt. Es war immer noch der Entwurf einer Verordnung, nicht eines Gesetzes. Vertreten waren neben dem einladenden Reichsjustizministerium weitere Reichsministerien (Landwirtschaft, Arbeit, Finanzen, Wirtschaft), das preußische Ministerium für Wirtschaft und Arbeit und die Deutsche Zentralgenossenschaftskasse. Anwesend waren 13 Personen, vom Regierungsrat bis zum Ministerialdirektor. Die Verbände waren nicht vertreten. Laut dem 15-seitigen Protokoll wurden vor allem die Fragen der Qualifikation und der konkreten Aufgaben der Prüfer sowie Haftungsfragen diskutiert. Der Paragraph 55 („Genossenschaften, die keinem Verband angehören") fand hier keine Erwähnung. (Vgl. Bundesarchiv R 3001 – 3066: Bl. 167-175). Allerdings ergibt sich aus dem Vermerk des Vertreters des Reichswirtschaftsministeriums, dass er angeregt habe, den Satz aus § 55 zu streichen, der vorgesehen hatte, vor der gerichtlichen Bestellung eines Prüfers für eine verbandslose Genossenschaft die höhere Verwaltungsbehörde anzuhören. Das wäre lediglich eine „zwecklose Formalität". (Vgl. Bundesarchiv R 3101/10504: Bl. 26). Das bedeutet aber im Umkehrschluss, dass zu diesem Zeitpunkt von den Anwesenden niemand die Existenz der verbandslosen Genossenschaften anzutasten gedachte.

Reichswirtschaftsminister und Reichsarbeitsminister teilten nach der Beratung dem Justizministerium ihre Positionen zu einigen Fragen schriftlich mit, ohne dabei § 55 zu nennen. (Vgl. Bundesarchiv R 3001 – 3066: Bl.159f. u. 179f.). Und mit Datum vom 13. März 1933 bat der Freie Ausschuss der deutschen Genossenschaften – der den Entwurf vermutlich von der DZGK erhalten hatte – um einige Änderungen im aktuellen Entwurf. Aber sie berührten nicht die Frage der Verbandsmitgliedschaft. Immer noch akzeptierten also auch die Verbände das Vorhandensein von verbandslosen Genossenschaften.

Am 31. Mai 1933 übersandte der Reichskommissar für den Mittelstand dem Reichsjustizminister (und der DZGK, wie der beigefügten Notiz zu entnehmen ist) kommentarlos ein zweiseitiges Exposee, das ihm von der Genossenschaftsabteilung der Dresdner Bank überreicht worden sei. Es enthielt deren Gedanken „zur Schaffung einer einheitlichen und zuverlässigen Revision innerhalb des gewerblichen Genossenschaftswesens" und bezog sich lediglich auf die „gewerblichen Genossenschaften, die dem Deutschen Genossenschaftsverband angehören" (vgl. Bundesarchiv R 3001 – 3066: Bl. 218f.), enthielt also auch nichts zur Verbandslosigkeit. Zu dieser Zeit war Heinrich Bredenbreuker noch immer Leiter der Genossenschaftsabteilung der Dresdner Bank – er hatte 1930 für den DGV die Leitsätze zur Revision formuliert, einschließlich ihrer strikten Ablehnung von Zwangsbefugnissen für die Revisionsverbände.

Am 4. Juli 1933 fand eine Besprechung zwischen dem zuständigen Ministerialdirektor im Reichsjustizministerium Richter und dem Direktor der DZGK Loest statt, in dem es erneut um den Status der Wirtschaftsprüfer bei Genossenschaften ging. Zum Vorschlag der Dresdner Bank heißt es in dem Vermerk über diese Besprechung: „Nach Auffassung von Herrn Dr. Loest dürfte der Vorschlag der Dresdner Bank, betreffend Gründung einer besonderen Treuhandstelle (Schreiben der Dresdner Bank vom 31. Mai d. J.), auf Ablehnung stoßen." (Bundesarchiv R 3001 – 3066: Bl. 220). Diese Ablehnung wurde dann in einem siebenseitigen Schreiben des Präsidenten der DZGK vom 14. August 1933 an den Reichskommissar für den Mittelstand zum Ausdruck gebracht. (Vgl. Bundesarchiv R 3001 – 3066: Bl. 244-247).

Am 1. Juni 1933 teilte der Generalanwalt des Reichsverbandes der landwirtschaftlichen Genossenschaften dem Reichsjustizminister mit, dass sich das Präsidium des Reichsverbandes „in seiner neuen Zusammensetzung [also gleichgeschaltet] in den letzten Tagen mit dem Inhalt der geplanten Gesetzgebung [...] über die Abänderung des Vierten Abschnittes des Genossenschaftsgesetzes betreffend das Revisionswesen eingehend beschäftigt" habe. Ausdrücklich wurde festgestellt, dass sich das Präsidium „in Übereinstimmung mit den Eingaben der Spitzenverbände des Genossenschaftswesens an den Herrn Reichsjustizminister vom 29. November 1932 und 19. Januar 1933 befindet". Im Reichsjustizministerium wurde dazu ein Vermerk angefertigt, in dem unter Berufung auf ein Telefongespräch mit dem Direktorium der DZGK, festgehalten wurde, dass der Reichsverband, „der eine durchgreifende Änderung in personeller Beziehung erfahren hat, zum Ausdruck habe bringen wollen, daß er auch in seiner neuen personellen Zusammensetzung ein unvermindertes Interesse an der gesetzlichen Neuordnung habe". Vom Reichsfinanzministerium sei allerdings mitgeteilt worden, „daß die eingeleitete Prüfung des Genossenschaftswesens noch nicht beendet sei; nur ein Teilbericht sei erstattet worden; nach Ansicht von Herrn Dr. Boenicke [vom Reichsfinanzministerium] sei es deshalb noch verfrüht, den gesetzlichen Arbeiten zur Änderung des Genossenschaftsgesetzes Fortgang zu geben; er werde alsbald weitere Mitteilung über den Stand der eingeleiteten Prüfung dem Reichsjustizministerium zu kommen lassen". (Bundesarchiv R 3001 – 3066: Bl. 215f.). Was es mit dieser Prüfung auf sich hatte, ergibt sich aus den Akten des Reichsjustizministeriums nicht. Der Vermerk trägt das Datum des 7. Juli 1933. Lediglich aus einem Schreiben an das Reichswirtschaftsministerium vom 15. April 1933 wird deutlich, dass der Reichskommissar für die Prüfung des Genossenschaftswesens bereits Anfang April 1933 eingesetzt worden war. (Vgl. Bundesarchiv R 3101/10504: Bl. 70). Es handelte sich um den Ministerialrat im Reichsfinanzministerium Bayerhofer. Er ist uns bei der Darstellung der Gleichschaltung der landwirtschaftlichen Organisationen bereits begegnet.

Vom 14. Juni 1933 gibt es einen weiteren Vermerk zu dieser Angelegenheit mit folgendem Wortlaut: „Herr Regierungsrat Dr. Boenicke vom Reichsfinanzministerium teilt namens des Herrn Min.Rat Dr. Beyerhofer [die Schreibweise des Namens differiert], des Reichskommissars für die Prüfung des Genossenschaftswesens, mit, daß die eingeleitete Prüfung noch nicht beendet sei und daß es daher zur Zeit unzweckmäßig erscheine, den gesetzgeberischen Arbeiten, betr. die Änderung der Revisionsvorschriften des Gen.Ges., Fortgang zu geben. Im Rahmen der eingeleiteten Prüfung gingen dem Kommissar auch wiederholt Anregungen zur Änderung dieser Revisionsvorschriften wie auch sonst Material zu, das für die Neuordnung des Revisionswesens von Bedeutung sei. Es wird daher dringend gebeten, die gesetzgeberischen Arbeiten auch weiterhin noch einstweilen ruhen zu lassen. Es sei zu hoffen, daß etwa im Herbst die Angelegenheit eine Klärung erfahren werde." (Bundesarchiv R 3001 – 3066: Bl. 217).

Das scheint im Oktober 1933 tatsächlich der Fall gewesen zu sein. Die Akten des Reichsjustizministeriums geben dazu allerdings nichts her. Aber es wurde wieder tätig und lud zum 26. Oktober 1933 den Reichswirtschaftsminister, den Präsidenten der DZGK, das Institut der Wirtschaftsprüfer, den Deutschen Genossenschaftsverband und den Reichsverband landwirtschaftlicher Genossenschaften „zu einer Besprechung über die Frage der Neuregelung der Revision eingetragener Genossenschaften" ein. An der Beratung nahmen 13 Personen der eingeladenen Institutionen teil, darunter der „Führer des Instituts der Wirtschaftsprüfer", der bis dahin noch nicht in Erscheinung getreten war. Behandelt wurden die Fragen, „wie das Verhältnis der genossenschaftlichen Revision zur allgemeinen Wirtschaftsprüfung zu gestalten sei, insbesondere ob und gegebenenfalls in welchem Umfange die Genossenschaftsverbände an der Hauptstelle [für die öffentlich bestellten Wirtschaftsprüfer] zu beteiligen seien, ob für den Genossenschaftsprüfer besondere Zulassungs- und Prüfungsbestimmungen oder die Bestimmungen für allgemeine Wirtschaftsprüfer mit gewissen Erweiterungen oder auch Einschränkungen gelten sollten und in welchem Rechtsverhältnis der Genossenschaftsprüfer zum Revisionsverbande stehen solle." Der Vertreter des Reichsverbandes Maesch „erklärte, in Durchführung des Führerprinzips solle jetzt der Verbandsdirektor an die Stelle des bisherigen Verbandsvorstandes treten und den Generalrevisor sowie die übrigen Prüfer ernennen". (Bundesarchiv R 3001 – 3066: Bl. 238-242). Es war also der gleichgeschaltete Reichsverband der landwirtschaftlichen Genossenschaften als nur noch unselbständiger Teil des Reichsnährstandes, der das Führerprinzip als auch für die Genossenschaften geltend verkündete.

Sechs Wochen später, am 4. Dezember 1933, stellt Johann Lang in einem achtseitigen Schreiben ausführliche Überlegungen des DGV „zugleich im Namen der im Freien Ausschuss vereinigten deutschen Genossenschaftsverbände und der Deutschen Zentralgenossenschaftskasse" an. Sie

betrafen den besonderen Status des genossenschaftlichen
Prüfers. „Sie [Verbände und DZGK] sind dabei von der
Erwägung ausgegangen, dass einmal die neuere Gesetzgebung offensichtlich die Richtung verfolgt, den dem
Genossenschaftswesen seit langem vertrauten Gedanken
der gesetzlichen Pflichtprüfung auch in anderen Wirt-
schaftszweigen zur Geltung zu bringen, dass ferner das
Genossenschaftswesen in mindestens gleichem Maße wie
die übrige Wirtschaft an der Schaffung durch Moral und
Fachwissen hochqualifizierten Prüferstandes interessiert ist,
und dass schließlich jegliche wirtschaftliche Prüfungstätig-
keit das Ziel hat, beizutragen zu der Gesundung oder
Gesunderhaltung der Wirtschaft und das allgemeine Vertrauen in die Wirtschaft zu stärken." (Bundesarchiv R 3001 –
3066: Bl. 248-255).

Der Anschlusszwang wird auch in diesem Schreiben des
DGV von Anfang Dezember 1933 immer noch nicht
erwähnt. Und das ist erstaunlich. Denn auf dem DGV-
Genossenschaftstag vom August 1933 hatte nämlich der
„alte nationalsozialistische Kämpfer" Kunze in seiner schon
zitierten programmatischen Rede zum Verhältnis zwischen
Genossenschaften und Nationalsozialismus und die Rolle
des DGV im nationalsozialistischen Staat den Anschlusszwang tatsächlich bereits ins Spiel gebracht. Deutlich genug
hatte er gesagt:

„Um also in der ganzen Totalität wirken zu können, muß
zukünftig jede Genossenschaft einem zuständigen und
anerkannten Revisionsverband angegliedert werden.
Wilde Genossenschaften darf es nicht mehr geben. Um
diesen Organisationszwang schnellstens durchzuführen,
sind gesetzliche Bestimmungen zu treffen, die die
Genossenschaftsregister veranlassen, jede Neugründung dem zuständigen Revisionsverband anzuzeigen
und Eintragungen nur vorzunehmen, wenn die Genossenschaft einem Revisionsverband beitritt. Von den
bestehenden Genossenschaften, die keinem Revisions-

verband angehören, sind durch entsprechende gesetzliche Bestimmungen ungesunde und nicht lebensfähige
zu liquidieren und die anderen dem Revisionsverband
zuzuteilen." (Kunze 1933: 16).

Lang stand also offensichtlich im Dezember 1933 noch im
Bann der von ihm selbst und seinem Verband bis dahin
intensiv geäußerten Ablehnung allen Zwanges seitens der
Revisionsverbände gegenüber verbandslosen Genossenschaften. So negierte er – noch! – die an sich klare Position
seines nationalsozialistischen Aufpassers in der Anwaltschaft des DGV. Später glich er sich in dieser Frage – und
nicht nur in dieser – der herrschenden Meinung (um es so
zu formulieren) an.

Es war der Reichskommissar für das Bankgewerbe,
Friedrich Ernst, der in diesem Stadium der Beratungen den
Anschlusszwang forderte. Am 15. März 1934 schrieb er an
den Reichsjustizminister: „In Wahrnehmung der mir übertra-
genen Aufgaben besteht bei mir lebhaftes Interesse an der
in Aussicht genommenen Neuregelung und Verschärfung
des genossenschaftlichen Revisionswesens. Ich bitte erge-
benst, mich an den Beratungen hierüber zu beteiligen."
(Bundesarchiv R 3001 – 3066: Bl. 260).

Exkurs über die Reichskommissare

Reichskommissare sind uns jetzt schon häufiger begegnet.
Die Frage, was es mit ihnen auf sich hatte, soll jetzt ansatzweise beleuchtet wurden, ebenso wie die Person des spezi-
ellen Reichsbankenkommissars Ernst.

Reichskommissare, die zu anderen Zeiten und unter unterschiedlichen Bedingungen auch unter anderen Bezeichnungen tätig waren (Beauftragte, Bevollmächtigte, Generalinspektoren und dergleichen), waren außerordentliche
Organe der Staatsgewalt „im Unterschied zu ordentlichen

Beamten und überkommenen Ämtern". Sie stellten „keine dauerhafte, für die Organisation eines modernen Groß-staates wesentliche Einrichtung" dar. Der Kommissar war den Regeln und den Beschränkungen der gegebenen Ord-nung entzogen und stand in einer direkten Beziehung zu den zentralen Gewalten. (Vgl. Schulz 1962: 460ff.). Schon während der Weimarer Republik wurde in besonderen Situationen und für besondere Aufgaben auf dieses Institut zurückgegriffen. Dabei handelte es sich in der Regel um ein spezifisches Krisenmanagement. So wurde zum Beispiel 1932 angesichts der alltäglichen Nöte in der Bevölkerung ein Reichskommissar für die Preisüberwachung installiert. Nach dem 30. Januar 1933 „erhielt dieser Prozeß durch das Auftreten einer wachsenden Zahl von Sonderapparaten in der Grauzone zwischen Partei und Staat" seine „eigentliche Schubkraft". (Vgl. Ruck 1993: 50). Rüdiger Hachtmann und Winfried Süß, die 2006 eine eigene Studie zu den „Kom-missaren im NS-Herrschaftssystem" vorgelegt haben, stel-len darin fest, dass nach der nationalsozialistischen Macht-eroberung „nahezu alle Reichsministerien erhebliche Kom-petenzen" eingebüßt hätten. „Von diesen Kräfteverlage-rungen profitierte vor allem das rasch anwachsende Heer von Beauftragten, Generalinspektoren, Reichskommissaren und Sonderbevollmächtigten, die die innere Struktur des ‚Dritten Reiches' zunehmend prägten". Es gab sogar einen Reichskommissar für die Bewirtschaftung eiserner Flaschen. Laute, weithin wahrnehmbare Treueschwüre gegenüber nationalsozialistischen Autoritäten waren nicht so sehr ent-scheidend, denn „für die Ernennung zum Sonderbevoll-mächtigten war politische Loyalität eine Grundvoraus-setzung, nicht jedoch politischer Aktivismus". (Hachtmann und Süß 2006: 9 u. 20).

Diese Loyalität bewies der Reichskommissar für das Bank-gewerbe zu Genüge. Denn laut Wikipedia war er, 1889 geboren und promovierter Jurist, im preußischen Ministeri-um für Handel und Gewerbe der Leiter der Handelsabtei-lung, auch stellvertretender Bevollmächtigter Preußens beim

152

Reichsrat und Erster Staatskommissar (so der Titel in Preußen) für die Berliner Börse und wurde dann 1931 unter Reichskanzler Brüning Reichskommissar für das Bankgewerbe (vgl. Wikipedia, Ernst: 06. 01. 2020). Laut einer Art von Stellenbeschreibung vom Sommer 1933 (es ging um die Formulierung seiner Kompetenzen) hat er seit 1931 „zunächst an der Reorganisation des Kreditgewerbes entscheidend [...] mitgewirkt". Dabei sei es vor allem um die „Beseitigung der Folgen der Bankenkrise im Jahre 1931 sowie Abfangen der Folgen der allgemeinen Wirtschaftskrise" gegangen, aber auch um die „Beseitigung der Folgen der Inflation mit ihrer ungeheuren Übersetzung des Kreditapparates". (Bundesarchiv R 3101/10504: Bl. 200). Nach dem „Preußenschlag", dem Todesstoß für die Demokratie in Preußen, machte ihn Reichskanzler von Papen zum preußischen Minister für Wirtschaft und Arbeit. Auch nach dem 30. Januar 1933 blieb Ernst Reichsbankenkommissar (seit 1935 führte dieses Amt den Namen „Reichskommissar für das Kreditwesen"). Anfang 1940 wechselte er für ein Jahr in das Amt des „Reichskommissars für die Behandlung feindlicher Vermögen" und ging dann in das private Bankgewerbe. Die bürgerlichen Verschwörer des 20. Juli 1944 um Carl Friedrich Goerdeler und Ludwig Beck sahen ihn „wegen seiner fachlichen Eignung" als Staatssekretär in einer Regierung ohne Hitler vor. Das führte nach dem 20. Juli zu seiner Verhaftung und – am 17. April 1945 – zu seiner Verurteilung zum Tode. Am 25. April wurde er dann aus der Haft entlassen. Nach dem Krieg war er 1948 führend an der Währungsreform in den westlichen Besatzungszonen beteiligt und ab 1952 für sechs Jahre Vorsitzender des Forschungsbeirates für Fragen der Wiedervereinigung Deutschlands. (Vgl. Wikipedia, Ernst: 06. 01. 2020). Soweit Wikipedia über Reichsbankenkommissar Ernst, der 1934 die Einführung des Anschlusszwangs in das Genossenschaftsgesetz in Gang gesetzt hat.

Entwurf E V

Am 27. März 1934 versandte das Reichsjustizministerium „den auf Grund der Besprechungen neu bearbeiteten Entwurf eines Gesetzes zur Änderung des Genossenschaftsgesetzes". Als Adressaten sind im Entwurf des Begleitbriefes der Reichswirtschaftsminister, der Reichsernährungs- und Landwirtschaftsminister, der Reichsarbeitsminister, der preußische Minister für Wirtschaft und Arbeit, der Präsident der DZGK, das Institut der Wirtschaftsprüfer und der Deutsche Genossenschaftsverband aufgeführt, nicht aber der Reichsverband. Er war wohl durch den Reichslandwirtschaftsminister ausreichend vertreten. Es gab ja nur einen Reichsnährstand, zu dem beide, Verband und Ministerium, gehörten. In der Empfängerliste des Reinkonzepts ist zusätzlich noch der preußische Justizminister aufgeführt, dafür fehlte das Institut der Wirtschaftsprüfer. Der Bankenkommissar erhielt ebenfalls, wie erbeten, den Entwurf. (Vgl. Bundesarchiv R 3001 – 3066: Bl. 262-265). Im Übrigen ist ab jetzt, also seit März 1934, nicht mehr von einer Verordnung, sondern von einem Gesetz die Rede.

In diesem Entwurf, es handelt sich nunmehr um E V, lauten die beiden interessierenden Paragraphen:

„§ 54

(1) Genossenschaften, die einem Verband angehören, dem das Prüfungsrecht verliehen ist (§§ 63 ff.), werden durch den Verband geprüft.

(2) Der Verband bedient sich zum Prüfen der von ihm angestellten Prüfer; diese sollen im genossenschaftlichen Prüfungswesen ausreichend vorgebildet und erfahren sein.

§ 55

(1) Für Genossenschaften, die keinem Verband angehören, wird der Prüfer vom Gericht (§ 10) bestellt.

(2) Der Vorstand der Genossenschaft hat die Bestellung
zu beantragen.

(3) Als Prüfer sind öffentlich bestellte genossenschaftliche Wirtschaftsprüfer zu bestellen."

(Bundesarchiv R 3001 - 3066: Bl. 266f.).

Geändert gegenüber E IV sind folgende Passagen:

1. Die Begründung der Prüfung in § 53 ist wieder herausgenommen.

2. Die Zentralgenossenschaften sind dagegen wieder
   aufgenommen. Sie sollen jährlich geprüft werden.

3. Die Verbandsprüfer sollen im genossenschaftlichen
   Prüfungswesen (bisher: Buchführung) vorgebildet und
   erfahren sein.

4. Zwingend vorgeschrieben für Prüfer wäre jetzt die Qualifikation als „öffentlich bestellte genossenschaftliche Wirtschaftsprüfer" (§ 55,3); herausgenommen ist das Recht
   der DZGK (im Einzelfall) den Prüfer zu bestellen.

Mit einem zehnseitigen Schreiben reagierte der Reichskommissar für das Bankgewerbe mit Datum 11. April 1934. Er
schrieb ausdrücklich für die Kreditgenossenschaften und
begrüßte „die vorgesehene Einführung der Einrichtung der
Wirtschaftsprüfer in das genossenschaftliche Revisionswesen". Dann hieß es: „Zunächst halte ich es für außerordentlich wichtig, dass die bisher zum Teil noch bestehende Freiheit für die Verbände, Kreditgenossenschaften, die
sich ihren Anordnungen nicht fügen, einfach auszuschließen

und sie so ihrem Schicksal zu überlassen, und für die Genossenschaften hinsichtlich der Auswahl des Revisionsverbandes, dem sie angehören wollen, beseitigt wird. Gerade bei Kreditgenossenschaften, die fremde Gelder verwalten, besteht ein allgemein wirtschaftliches Interesse, dass die keinem Revisionsverband angehörenden – sogenannten wilden – zumeist wirtschaftlich schwachen Genossenschaften endgültig verschwinden." In Wahrnehmung seiner Verantwortung lege er großen Wert darauf, dass „die fremde Gelder verwaltenden ländlichen und gewerblichen Kreditgenossenschaften kraft Gesetzes dem zuständigen Revisionsverband angehören <u>müssen</u>". (Bundesarchiv R 3001 – 3066: Bl. 294-297). Ab jetzt ist das Verlangen nach Anschlusszwang in das Gesetzgebungsverfahren eingeflossen. Allerdings zielte der Reichskommissar für das Bankgewerbe nur auf die Kreditgenossenschaften. Von denen sollten nach seiner Meinung alle verbandsfreien Genossenschaften „endgültig verschwinden", obwohl sie nur „zumeist" wirtschaftlich schwach gewesen seien.

Weiterhin hieß es in seinem Schreiben: „Die Tätigkeit der Revisionsverbände wie auch die allgemeine Überwachung und Beratung der zu betreuenden Genossenschaften ist naturgemäß in hohem Grade von der Persönlichkeit, insbesondere auch von der sachlichen Eignung des Verbandsdirektors abhängig. Angesichts der bedeutsamen allgemeinen wirtschaftlichen Aufgaben, die z. B. die gewerblichen und ländlichen Kreditgenossenschaften wahrnehmen, muss für die Bankaufsicht die Möglichkeit bestehen, auf die Auswahl dieser Persönlichkeiten Einfluss zu nehmen. Dies gilt umsomehr, als im gewerblichen Genossenschaftswesen die Verbandsvorsitzenden von den Verbandmitgliedern gewählt werden." Er gab „zur Erwägung, ob im gewerblichen Genossenschaftswesen die gegenwärtig übliche Wahl der Verbandsdirektoren durch die zu prüfenden Genossenschaften nicht durch eine Bestellung ersetzt werden sollte und empfehle eine in das Gesetz aufzunehmende Bestimmung, die die Tätigkeit der Verbandsdirektoren zeitlich

– etwa auf 3 Jahre – beschränkt". Der Reichskommissar verwies auf verschiedene kleine Verbände (Verband für Hausbesitzer-Genossenschaften, Verband mittelständischer gewerblicher Genossenschaften) und stellte fest: „Mit der zum Teil noch bestehenden Zersplitterung im genossenschaftlichen Revisionswesen muss endgültig aufgeräumt werden." (Bundesarchiv R 3001 – 3066: Bl. 294-297). Mit anderen Worten bedeutete das Anschlusszwang auch für Revisions- oder in der aktuelleren Terminologie für Prüfungsverbände. Alles in allem stellt dieses Schreiben des Reichskommissars für das Bankgewerbe eine neue Weichenstellung dar, auch insofern er die Wahl der Verbandsdirektoren abgeschafft sehen wollte.

Abschriften des Briefes erhielten der Beauftragte des Reichskanzlers für Wirtschaftsfragen Wilhelm Keppler der Reichswirtschaftsminister, der Reichsfinanzminister und zum ersten Mal das Reichsbankdirektorium. Das Reichsjustizministerium als Adressat sandte Abschriften auch an den Preußischen Minister für Wirtschaft und Arbeit und den Präsidenten der DZGK, nicht aber an die – gleichgeschalteten – Verbände. (Vgl. Bundesarchiv R 3001 – 3066: Bl. 298 u. 300).

In die gleiche Richtung wie das Schreiben des Bankenkommissars zielte zwei Monate später eine ausführliche Stellungnahme des Reichsministers für Ernährung und Landwirtschaft zum Entwurf vom März 1934. Er bemängelte, dass der Entwurf nicht die Zweite Verordnung über den vorläufigen Aufbau des Reichsnährstandes (vom 15. Januar 1934) und den darin enthaltenen „Einbau der landwirtschaftlichen Genossenschaften in den Reichsnährstand" berücksichtigt. Denn „diese Regelung darf aber nicht abgeändert oder in Frage gestellt werden." „Wesentlich" sei dabei das „organische Zusammenfallen" des Leiters des Revisionsverbandes landwirtschaftlicher Genossenschaften mit dem Leiter derjenigen Dienststelle des Reichsnährstandes, die die genossenschaftlichen Angelegenheiten bearbeitet, und „die Befugnis, auch die dem Revisionsverband nicht angehörenden landwirtschaftlichen Genossenschaften der Revision durch den Revisionsverband zu unterwerfen (§ 4)“. Einen solchen „straffen Zusammenschluss“ sehe auch das „Gesetz zur Vorbereitung des organischen Aufbaues der Wirtschaft“ (vom 27. Februar 1934) vor. Dieser Entwicklung entspreche es, „die Prüfung durch die Revisionsverbände <u>allgemein obligatorisch</u> zu machen, sei es durch eine unmittelbare Vorschrift über die Pflicht zur Mitgliedschaft in Revisionsverbänden, sei es auf dem in der Zweiten Verordnung eingeschlagenen Weg durch die Vorschrift, dass wilde Genossenschaften der Prüfung durch den örtlich und sachlich zuständigen Revisionsverband unterliegen“. Die landwirtschaftlichen Revisionsverbände seien durch den vom Reichsbauernführer bestellten Leiter der zuständigen Dienststelle des Reichsnährstandes zu leiten. (Bundesarchiv R 3001 – 3066: Bl. 277-281). In der Landwirtschaft bedurfte es noch nicht einmal der Bestellung von Verbandsdirektoren. Funktionäre des Reichsnährstandes nahmen deren Aufgabe ohne jeden Aufwand qua Amt wahr.

Auch ohne genossenschaftsgesetzliche Regelung hatte also der „Reichsnährstand“ das Problem der „wilden“ Genossenschaften für sich geklärt. Das erste dazu auffindbare Dokument datiert vom 17. Juli 1933. Es handelt sich um ein Rundschreiben des Amtes für Agrarpolitik der NSDAP und war von dessen Leiter Darré, der zu diesem Zeitpunkt auch schon Präsident des Reichsverbandes deutscher landwirtschaftlicher Genossenschaften, Reichsbauernführer und Reichslandwirtschaftsminister war, unterschrieben. Es war an die „Landwirtschaftlichen Gaufachberater“ der NSDAP gerichtet. Schon der erste Satz sagte schnörkellos, worum es geht: „Im Interesse des deutschen Bauernstandes ist es erforderlich, dass die zurzeit noch bestehenden sogenannten ‚freien‘ Genossenschaften, d. h. Genossenschaften ohne Anschluss an einen gesetzlichen Revisionsverband, in die Organisation des Reichsverbands der deutschen landwirtschaftlichen Genossenschaften – Raiffeisen – e. V. über dessen Landes bzw. Provinzialverbände und zuständige Zentralgenossenschaften eingegliedert werden." Die Adressaten des Rundschreibens wurden aufgefordert, die in ihren Gauen vorhandenen verbandslosen Genossenschaften zum Beitritt in einen Prüfungsverband des Reichsverbandes „aufzufordern". Soweit der Beitritt nicht erfolgen sollte, solle ihm, Darré, bis zum 1. Oktober Mitteilung gemacht werden. (Bundesarchiv R 3601/1871: Bl. 179f.).

Dann machte man sich im „Reichsnährstand" als quasi staatlichem Zwangskartell aller Betriebe der Landwirtschaft (einschließlich all ihrer Grenzbereiche) unter anderem daran, die Stellung der landwirtschaftlichen Genossenschaften im Gefüge dieses „Reichsnährstandes" zu bestimmen. In den „Vorbemerkungen" zu einem Entwurf (vom 22. Dezember 1933) einer Ausführungsverordnung zum Reichsnährstands-Gesetz wird übrigens das Ermächtigungsgesetz als „Staatsgrundgesetz" bezeichnet. (Vgl. Bundesarchiv R 3601/2090: Bl. 53). Dieser Entwurf wird dann – ohne diese Vorbemerkung – als „Zweite Verordnung über den vorläufigen Aufbau des Reichsnährstandes" am 19. Januar 1934 im Reichsgesetzblatt veröffentlicht. Sie – die „Zweite Verordnung – ist weiter oben schon dargestellt worden. Dazu gab es zuvor ein umfangreiches Schreiben – vom 13. Dezember 1933 – des „Reichshauptabteilungsleiters der Hauptabteilung III des Reichsbauernführers", das die Linie dieser „Zweiten Verordnung" vorgab. Darin hieß in Hinblick auf „die außerhalb des Reichsverbands stehenden Revisionsverbände": „Ein straffer organisierter Aufbau des Reichsnährstandes lässt es unzweckmäßig erscheinen, derartige lebensschwache Revisionsverbände, die bisher neben den Revisionsverbänden des Reichsverbands vorhanden waren, weiter bestehen zu lassen. Dies kann dadurch verhindert werden, dass die solchen Verbänden angeschlossenen Genossenschaften ebenfalls verpflichtet werden, die Mitgliedschaft bei den für ihren Bezirk zuständigen Revisionsverband des Reichsverbands zu erwerben." (Bundesarchiv R 3601/2090: Bl. 48).

Die Frankfurter Zeitung vom 23. Januar 1934 veröffentlichte eine Darstellung dieser für die landwirtschaftlichen Genossenschaften so wichtigen „Zweiten Verordnung". Schon die Überschrift dieser Darstellung enthielt die zentrale Aussage: „Die Organisation der landwirtschaftlichen Genossenschaften in den Reichsnährstand eingeschmolzen". Der Artikel schließt mit der Feststellung, dass „die landwirtschaftliche Genossenschaftsorganisation mit einem besonderen Eigenleben nunmehr ihr Ende gefunden" habe. (Bundesarchiv R 3601/2090: Bl. 70). In der Landwirtschaft galt der Anschlusszwang also schon sehr früh auch ohne irgendeine entsprechende Änderung des Genossenschaftsgesetzes.

Zurück zur Stellungnahme des Reichslandwirtschaftsministers vom März 1934 zum Entwurf E V. Vom Reichsjustizministerium wurde das Schreiben an das Preußische Ministerium für Wirtschaft und Arbeit und an die DZGK weitergeleitet. (Bundesarchiv R 3001/3066: Bl. 282). Am 16. Juni 1934 erfolgte die Stellungnahme des DZGK-Präsidenten. Sie erstreckte sich auch auf die Schreiben des Reichskommissars für das Bankgewerbe. Hier wurde zum ersten Male das Wort Anschlusszwang benutzt: „Der Herr Reichskommissar für das Bankgewerbe legt Wert darauf, daß die fremde Gelder verwaltenden ländlichen und gewerblichen Kreditgenossenschaften kraft Gesetzes dem zuständigen Revisionsverband angehören müssen, empfiehlt also Anschlußzwang." Der DZGK-Präsident resümierte die im Brief des Reichslandwirtschaftsministers dargestellte Rechtslage: „Lediglich die dem Reichsnährstand nicht angehörenden Genossenschaften können nach dem gegenwärtigen Rechtszustand zwischen mehreren etwa für sie in Betracht kommenden Revisionsverbänden wählen." Weiter hieß es, dass die wirtschaftliche Entwicklung, wie sie in den Gesetzen zum Reichsnährstand und zum organischen Aufbau der Wirtschaft zum Ausdruck komme, „für die allgemeine Einführung des Anschlußzwanges" spreche. Der DZGK-Präsident machte dann genauere Ausführungen zu seiner Präferenz für den Anschlusszwang. Die Gefahr der Auflösung für den Fall, dass einer bis dahin „wilden" Genossenschaft der Verbandsbeitritt verweigert wird, halte er für gering, weil das nicht geschehen würde. Es empfehle sich aber eine Vorschrift, wonach Genossenschaften, die aus einem Verband ausscheiden, innerhalb einer bestimmten Frist die Aufnahme durch einen anderen Verband nachweisen müssten. Täten sie das nicht, wäre die richterliche Auflösung auszusprechen. Diese Regelung sollte für alle Genossenschaften, nicht nur für solche, die fremde Gelder verwalten, gelten. Damit ging der DZGK-Präsident noch über die Vorschläge des Reichsbankenkommissars hinaus. Er unterfütterte seine Vorschläge mit Entwürfen des entsprechenden Gesetzestextes und sprach in den übrigen Passagen seines 20-seitigen Briefes noch eine Vielzahl von weiteren bisherigen Stellungnahmen an. (Vgl. Bundesarchiv R 3001 – 3066: Bl. 283-292).

Eine Woche später verschickte das Reichsjustizministerium den unveränderten Gesetzentwurf, also immer noch E V, auch an das Reichsfinanzministerium. (Vgl. Bundesarchiv R 3001 – 3066: Bl. 304). Wie es scheint, geschah die Auswahl der Teilnehmer an diesem Gesetzgebungsprozess nach nicht immer sehr klaren Kriterien, was erst recht für die Teilnehmer zutrifft, die auch ohne Einladung ihre Beteiligung durchsetzten.

Mit Datum vom 30. Juni 1934 versandte der Reichsjustizminister die Stellungnahmen von Reichslandwirtschaftsminister, DZGK-Präsidenten und Reichsbankenkommissar an den Reichswirtschaftsminister, den Reichsarbeitsminister, den Preußischen Justizminister, den Preußischen Minister für Wirtschaft und Arbeit, den Reichsfinanzminister und den „Reichskommissar für die Gleichschaltung der Justiz in den Ländern und für die Erneuerung der Rechtsordnung" (der zum ersten Mal beteiligt wird) und lädt sie und die drei Urheber der Stellungnahmen zu einer Besprechung für den 11. Juli 1934 ein. Er wies auf sechs Fragen hin, die vor allem besprochen werden sollten, darunter auch die, „ob in Zukunft sogenannte wilde Genossenschaften nicht mehr geduldet werden sollen, ob also gesetzlich vorgeschrieben werden soll, daß alle Genossenschaften einem Prüfungsverband angehören müssen". (Vgl. Bundesarchiv R 3001 – 3066: Bl. 321-324).

An der Besprechung, die in der Anwesenheitsliste als „kommissarische Beratung" bezeichnet wurde, nahmen 14 Vertreter teil. An Institutionen waren vertreten: Die Reichsministerien der Justiz, für Wirtschaft, für Arbeit, für Landwirtschaft, der Finanzen, die DZGK, der Bankenkommissar, der Reichskommissar für die Justizgleichschaltung sowie eine weitere Institution, deren handschriftlich notiertes Kürzel auf der Anwesenheitsliste nicht zu entziffern und nicht aufzulösen ist. Die Verbände waren jedenfalls nicht vertreten. Laut Vermerk über die Besprechung, war es der DZGK-Präsident Helferich, der als erster die Frage des Anschlusszwanges ansprach: „Präsident Helferich spricht sich dafür aus, allen Genossenschaften die Zugehörigkeit zu einem Prüfungsverband zwingend vorzuschreiben. Für die bestehenden ‚wilden' Genossenschaften könne man vielleicht eine Übergangszeit von zwei Jahren vorsehen und diese Genossenschaften in der Zwischenzeit allgemein so behandeln, wie es in der 2. Durchführungsverordnung über den vorläufigen Aufbau des Reichsnährstandes für landwirtschaftliche Genossenschaften vorgesehen sei. Assessor von Groeben [Reichslandwirtschaftsministerium] meint, man werde über die auf der Grundlage der geltenden Vorschriften des Genossenschaftsgesetzes erlassenen Bestimmungen der 2. Durchführungsverordnung hinaus bestimmen müssen, daß landwirtschaftliche Genossenschaften einem Revisionsverbande landwirtschaftlicher Genossenschaften angehören müssen." (Bundesarchiv R 3001 – 3066: Bl. 326-333).

Mit Datum vom 17. Juli 1934, also nach der Besprechung geschrieben, findet sich ein Schreiben vom „Führer der

Wirtschaft", vermutlich identisch mit dem „Beauftragten des Führers für Wirtschaftsfragen", der als solcher vom Reichskommissar für das Bankgewerbe ein Exemplar von dessen Stellungnahme vom 11. April 1934 erhalten hatte. Er dankte für den am 7. Juli verschickten Gesetzesentwurf und kündigte für „demnächst" eine Stellungnahme an. (Vgl. Bundesarchiv R 3001/3067, ohne Blattnummerierung). Damit ist zwar ein weiterer Akteur in das Spiel gebracht, aber nur scheinbar. Denn die Akte des Reichsjustizministeriums zur Novellierung enthält keine weitere Unterlage vom „Führer der Wirtschaft" oder vom „Beauftragten des Reichskanzlers für Wirtschaftsfragen". Im Übrigen war dieses Schreiben das erste, das die Schlussformel „Heil Hitler!" enthielt. Alle übrigen Schreiben waren lediglich mit der Unterschrift des Absenders, zuweilen mit dessen Amtsbezeichnung, aber ohne Grußformeln versehen.

Laut Begleitbrief vom 18. Juli 1934 schickte der DZGK-Präsident dem Reichsjustizminister „unter Bezugnahme auf die Besprechung vom 11. Juli 1934" u. a. einen abgeänderten Entwurf zu § 54, der den Anschlusszwang vorschreiben sollte, sowie einen neuen § 54 a und einen abgeänderten Entwurf zu § 55. In der vom Reichsjustizministerium archivierten Akte fehlt allerdings der Entwurf zu § 54. Zum vorgesehenen § 54 a heißt es: „Scheidet eine Genossenschaft aus dem Verband aus, so hat der Verband das Gericht unverzüglich zu benachrichtigen. Die Genossenschaft hat innerhalb einer vom Gericht zu bestimmenden Frist bei einem anderen Verband, der dem gleichen Spitzenverband angehört, die Mitgliedschaft zu erwerben." Dazu könnten Reichswirtschaftsminister und Reichslandwirtschaftsminister gemeinsam Ausnahmen gestatten. Zu § 55 hieß es jetzt beim DZGK-Präsidenten: „Die Genossenschaften werden durch den Verband geprüft, dem sie angehören. Der Verband bedient sich zum Prüfen der von ihm angestellten Prüfer; diese sollen im genossenschaftlichen Prüfungswesen ausreichend vorgebildet und erfahren sein." (Bundesarchiv R 3001/3067: ohne Blattnummerierung).

Entwurf E VI

Am 4. August 1934 verschickte der Reichsjustizminister den aufgrund der Besprechung vom 11. Juli 1934 geänderten Entwurf „eines Gesetzes zur Änderung des Genossenschaftsgesetzes". Etwaige Bemerkungen dazu sollten ihm bis 25. August zugeschickt werden. Adressaten waren, wie aus dem Entwurf des Anschreibens hervorgeht, die Reichsminister für Wirtschaft, für Ernährung und Landwirtschaft, für Arbeit, der Finanzen, der Preußische Justizminister, der Reichskommissar für das Bankgewerbe, der Präsident der DZGK, der Reichskommissar für die Justizgleichschaltung; auf der maschinengeschriebenen Empfängerliste war auch der Preußische Minister für Wirtschaft und Arbeit aufgeführt, dann mit Bleistift durchgestrichen (das Ministerium war inzwischen mit dem Reichswirtschaftsministerium in einer Hand) und handschriftlich durch den Stellvertreter des Führers, Reichsminister Heß, ersetzt. Rudolf Heß, der seit Juni 1933 an den Kabinettssitzungen teilnahm, war seit Dezember 1933 auch Reichsminister ohne Geschäftsbereich.

Mit einem zweiten Begleitbrief ohne erkennbares Datum ist der Entwurf zusätzlich an die Hauptstelle für die öffentlich bestellten Wirtschaftsprüfer gegangen. Die Kopie dieses Begleitbriefes enthält handschriftlich noch weitere Empfänger, und zwar das Institut der Wirtschaftsprüfer, den DGV und den Reichsverband der landwirtschaftlichen Genossenschaften. Ferner enthält dieses Blatt in anderer Handschrift noch einen weiteren Vermerk wonach ein Exemplar des Gesetzentwurfs an Dr. Enskat (oder ähnlich) vom Hauptverband Deutscher Bau-Genossenschaften gegangen war. (Vgl. Bundesarchiv R 3001/3067: ohne Blattnummerierung).

Die hier interessierenden Paragraphen dieses Entwurfs, also von E VI, den jetzt auch die Verbände erhielten, enthalten folgende Formulierungen:

„§ 53

(1) Zwecks Feststellung der wirtschaftlichen Verhältnisse und der Ordnungsmäßigkeit der Geschäftsführung sind die Einrichtungen, die Vermögenslage sowie die Geschäftsführung der Genossenschaft mindestens in jedem zweiten Jahre zu prüfen. Bei Genossenschaften, deren Bilanzsumme einschließlich der Verbindlichkeiten aus der Begebung von Wechseln und Schecks, aus Bürgschaften, Wechsel- und Scheckbürgschaften sowie aus Garantieverträgen den Betrag von dreihundertfünfzigtausend Reichsmark erreicht oder übersteigt, muß die Prüfung mindestens einmal jährlich stattfinden.

(2) Der Reichsminister der Justiz kann bestimmen, daß der Jahresabschluß zu prüfen ist, bevor er der Generalversammlung zur Beschlußfassung vorgelegt wird. Er kann die Vorschriften erlassen, die zur Durchführung dieser Prüfung und im Zusammenhang mit ihr erforderlich sind.

§ 54

(1) Die Genossenschaft muß einem Verband angehören, dem das Prüfungsrecht verliehen ist (Prüfungsverband).

(2) Der Reichswirtschaftsminister und der Reichsminister für Ernährung und Landwirtschaft können unter Benachrichtigung des Gerichts gemeinsam anordnen, daß eine Genossenschaft binnen einer bestimmten Frist einem von ihnen benannten Verband beitritt. Weist die Genossenschaft nicht innerhalb der gesetzten Frist dem Gericht nach, daß sie den Beitritt vollzogen hat, so hat das Gericht von Amts wegen nach Anhörung des Vorstandes die Auflösung der Genossenschaft auszusprechen. § 80 Absatz 2 findet Anwendung.

§ 54 a

(1) Scheidet eine Genossenschaft aus dem Verband aus, so hat der Verband das Gericht unverzüglich zu benachrichtigen. Die Genossenschaft hat innerhalb einer vom Gericht zu bestimmenden Frist bei einem anderen Verband, der demselben Spitzenverband angehört, die Mitgliedschaft zu erwerben. Der Reichswirtschaftsminister und der Reichsminister für Ernährung und Landwirtschaft können gemeinsam gestatten, daß sie einem Verband beitritt, der einem anderen Spitzenverband angehört.

(2) Weist die Genossenschaft nicht innerhalb der gesetzten Frist dem Gericht nach, daß sie den Beitritt vollzogen hat, so hat das Gericht von Amts wegen nach Anhörung des Vorstandes die Auflösung der Genossenschaft auszusprechen. § 80 Absatz 2 findet Anwendung.

§ 55

(1) Die Genossenschaft wird durch den Verband geprüft, dem sie angehört. Der Verband bedient sich zum Prüfen der von ihm angestellten Prüfer. Diese sollen im genossenschaftlichen Prüfungswesen ausreichend vorgebildet und erfahren sein.

(2) Der Verband kann sich, wenn nach seinem Ermessen ein wichtiger Grund vorliegt, zum Prüfen eines nicht von ihm angestellten öffentlich bestellten genossenschaftlichen Wirtschaftsprüfers oder einer Prüfungsgesellschaft bedienen, von deren Inhabern, Vorstandsmitgliedern oder Geschäftsführern mindestens einer als genossenschaftlicher Wirtschaftsprüfer öffentlich bestellt ist."

(Bundesarchiv R 3001/3067: ohne Blattnummerierung).

Dieser Entwurf E VI enthielt gegenüber E V folgende Veränderungen:

1. In § 53, 1 ist der Zweck der Prüfung, nämlich wirtschaftliche Verhältnisse und Ordnungsmäßigkeit der
Geschäftsführung festzustellen, wieder aufgenommen.

2. Für die Zentralgenossenschaften blieb es bei der zwei-
jährlichen Prüfung (§ 53, 1).

3. Das Recht des Reichsjustizministers, die Prüfung des
Jahresabschlusses zu verfügen, bevor er von der
Generalversammlung beschlossen wird (§ 53, 2).

4. Die Einführung des Verbandszwang (§ 54, 1) mit den
weiteren Konsequenzen im Falle der Verbandslosigkeit
bis hin zur Auflösung (§ 54a).

5. Die Möglichkeit des Verbandes, sich auch eines
externen Prüfers bedienen zu können (§ 55, 2).

Die Reaktionen der Adressaten fielen folgendermaßen aus:

Der Reichskommissar für das Bankgewerbe erklärte sein
Einverständnis (Schreiben vom 22. August 1934).

Der Reichsverband bat um eine redaktionelle Änderung zum
uns hier nicht interessierenden Paragraphen 63 (Schreiben
vom 22. August 1934).

Der Reichswirtschaftsminister erklärte sein Einverständnis
(Schreiben vom 23. August 1934).

Der Reichsfinanzminister bat um Klarstellungen uns hier
nicht interessierender Formulierungen und schlug vor, die
Beitrittsfrist für „wilde" Genossenschaften auf 6 Monate zu
verkürzen (Schreiben vom 27. August 1934).

Der Reichsminister für Ernährung und Landwirtschaft schlug
eine redaktionelle Änderung vor (Schreiben vom 7. September 1934).

Das Institut der Wirtschaftsprüfer bat zunächst, unter dem Datum vom 23. August 1934, um Fristverlängerung und äußerte sich dann in einem neunseitigen Schreiben vom 4. September 1934 nur zu den „grundsätzlichen Fragen der Qualifikation und Unabhängigkeit des Prüfers und der Prüfungseinrichtung". Der Brief ist unterzeichnet vom kommissarischen Vorsitzenden des Instituts zugleich in seiner Eigenschaft als „Reichsfachgruppenleiter Wirtschaftsrechtler" im „Bund Nationalsozialistischer Deutscher Juristen". Eine Abschrift dieses Schreibens ging auch an den „Reichsleiter der Rechtsabteilung – Reichsleitung der NSDAP". (Vgl. Bundesarchiv R 3001/3067: ohne Blattnummerierung).

Der Deutsche Genossenschaftsverband als geschäftsführender Verband des Freien Ausschusses der Genossenschaftsverbände teilte dem Reichsjustizminister das Ergebnis einer Besprechung im Ausschuss unter Hinzuziehung des Hauptverbandes deutscher Baugenossenschaften und -gesellschaften, der DZGK und der Genossenschafts-Abteilung der Dresdner Bank (in deren Eigenschaft als – zweites – genossenschaftliches Zentralkreditinstitut) unter dem Datum des 22. August 1934 mit. Danach sollte es im § 54 statt „…daß sie den Beitritt vollzogen hat,…" heißen: „…daß sie von einem Prüfungsverband aufgenommen worden ist…". Zur Begründung wurde gesagt, es müsse „in den neuen Gesetzesbestimmungen klar zum Ausdruck gebracht werden", „daß eine Genossenschaft in einen Prüfungsverband erst durch Aufnahme in denselben gelangen kann". Die Verbände einschließlich der beiden Zentralkreditinstitute begrüßten es „dankbar, daß endlich der öffentlich bestellte genossenschaftliche Wirtschaftsprüfer geschaffen wird", was im § 55 zum Ausdruck käme. (Vgl. Bundesarchiv R 3001/3067: ohne Blattnummerierung).

Die Verbände wollten mit der von ihnen vorgeschlagenen Änderung sichergestellt wissen, dass ihnen – den Verbänden – die Entscheidungshoheit über die Verbandsmitgliedschaft der Genossenschaften zusteht: Die Genossenschaften sollten nicht gemäß ihrer eigenen Entscheidung einem Verband beitreten können. Die Mitgliedschaft sollte von ihnen erworben werden. Damit wurde der Verband der Entscheidungsträger. Auf diese Weise bestimmten die – längst gleichgeschalteten – Verbände aber auch über das Schicksal jeder neugegründeten oder bislang verbandslosen Genossenschaft. Im Falle der Verweigerung der Mitgliedschaft war die Auflösung unabwendbar geworden.

Obwohl die vom DGV unterschriebene Stellungnahme auch im Namen der DZGK erfolgte, nahm deren Präsident in einem gesonderten Schreiben vom 25. August 1934 Stellung zum § 63 des Entwurfes, die hier aber nicht weiter interessiert. (Vgl. Bundesarchiv R 3001/3067: ohne Blattnummerierung).

Entwurf E VII – Verabschiedung der Novelle

Am 4. oder 14. September (das erste handschriftlich eingesetzte Datum ist danach ebenfalls handschriftlich so überschrieben, dass unklar ist, ob die erste Ziffer durchgestrichen ist oder mit „1" überschrieben wurde) versandte der Reichsjustizminister den Gesetzentwurf (also E VII) „in der Fassung der Kabinettsvorlage", wenn auch mit dem Zusatz: „Falls noch Änderungen oder Ergänzungen des Entwurfs gewünscht werden sollten, wäre ich für eine gefl. umgehende Mitteilung an meinen Sachbearbeiter dankbar." Diesen Entwurf erhielten jetzt nur noch der Reichswirtschaftsminister, der Reichslandwirtschaftsminister, der Reichsfinanzminister und der DZGK-Präsident. (Vgl. Bundesarchiv R 3001/3067: ohne Blattnummerierung).

Die § 53 bis 55 lauten jetzt folgendermaßen:

„§ 53

(1) Zwecks Feststellung der wirtschaftlichen Verhältnisse und der Ordnungsmäßigkeit der Geschäftsführung sind die Einrichtungen, die Vermögenslage sowie die Geschäftsführung der Genossenschaft mindestens in jedem zweiten Jahre zu prüfen. Bei Genossenschaften, deren Bilanzsumme einschließlich der Verbindlichkeiten aus der Begebung von Wechseln und Schecks, aus Bürgschaften, Wechsel- und Scheckbürgschaften sowie aus Garantieverträgen den Betrag von dreihundertfünfzigtausend Reichsmark erreicht oder übersteigt, muß die Prüfung mindestens einmal jährlich stattfinden.

(2) Der Reichsminister der Justiz kann bestimmen, daß der Jahresabschluß zu prüfen ist, bevor er der Generalversammlung zur Beschlußfassung vorgelegt wird. Er kann die Vorschriften erlassen, die zur Durchführung dieser Prüfung und im Zusammenhang mit ihr erforderlich sind.

§ 54

(1) Die Genossenschaft muß einem Verband angehören, dem das Prüfungsrecht verliehen ist (Prüfungsverband).

(2) Der Reichswirtschaftsminister und der Reichsminister für Ernährung und Landwirtschaft können unter Benachrichtigung des Gerichts (§ 10) gemeinsam anordnen, daß eine Genossenschaft binnen einer bestimmten Frist die Mitgliedschaft bei einem von ihnen benannten Verband zu erwerben hat. Weist die Genossenschaft nicht innerhalb der gesetzten Frist dem Gericht nach, daß sie die Mitgliedschaft erworben hat, so hat das Gericht von Amts wegen nach Anhörung des Vorstandes die Auflösung der Genossenschaft auszusprechen. § 80 Absatz 2 findet Anwendung.

§ 54 a

(1) Scheidet eine Genossenschaft aus dem Verband aus, so hat der Verband das Gericht unverzüglich zu benachrichtigen. Das Gericht hat eine Frist zu bestimmen, innerhalb derer die Genossenschaft die Mitgliedschaft bei einem Verbande, der dem bisherigen Spitzenverband der Genossenschaft angehört, zu erwerben hat. Der Reichswirtschaftsminister und der Reichsminister für Ernährung und Landwirtschaft können gemeinsam gestatten, daß sie die Mitgliedschaft bei einem Verband erwirbt, der einem anderen Spitzenverband angehört.

(2) Weist die Genossenschaft nicht innerhalb der gesetzten Frist dem Gericht nach, daß sie die Mitgliedschaft erworben hat, so hat das Gericht von Amts wegen nach Anhörung des Vorstandes die Auflösung der Genossenschaft auszusprechen. § 80 Absatz 2 findet Anwendung.

§ 55

(1) Die Genossenschaft wird durch den Verband geprüft, dem sie angehört. Der Verband bedient sich zum Prüfen der von ihm angestellten Prüfer. Diese sollen im genossenschaftlichen Prüfungswesen ausreichend vorgebildet und erfahren sein.

(2) Der Verband kann sich, wenn nach seinem Ermessen ein wichtiger Grund vorliegt, zum Prüfen eines nicht von ihm angestellten öffentlich bestellten genossenschaftlichen Wirtschaftsprüfers oder einer Prüfungsgesellschaft bedienen, von deren Inhabern, Vorstandsmitgliedern oder Geschäftsführern mindestens einer als genossenschaftlicher Wirtschaftsprüfer öffentlich bestellt ist."

Die Änderungen waren sehr sorgfältig per Handschrift in

den vorherigen Text eingebracht worden. Sie entsprachen dem Ersuchen der Genossenschaftsverbände, denn jetzt ist vom „Erwerb der Mitgliedschaft" die Rede und nicht mehr vom „Beitritt". Am 22. September 1934 versandte der Reichsjustizminister diesen Text dem Staatssekretär in der Reichskanzlei, mit der Bitte, „ihn auf die Tagesordnung der nächsten Kabinettssitzung zu setzen und ihn auf Grund des Gesetzes zur Behebung der Not von Volk und Reich vom 24. März 1933 (RGBl. I S. 141) zu verabschieden" mit dem Hinweis, dass die beteiligten Reichsminister dem Entwurf zugestimmt hätten. (Vgl. Bundesarchiv R 3001/3067: ohne Blattnummerierung).

Es gab zeitgleich noch einen weiteren Vorgang, an dessen Ende ebenfalls eine Zustimmung stand. Die Akte des Reichsjustizministeriums enthält den handschriftlichen Entwurf eines Schreibens an die „N.S.D.A.P. Reichsleitung, Rechtsabteilung Amt für Rechtspolitik", das handschriftlich eingetragene Datum ist nicht zu entziffern. Der Entwurf bezog sich auf ein Schreiben der NSDAP und lautete: „In der Anlage übersende ich wunschgemäß Abschrift des Entwurfs eines Gesetzes zur Änderung des Genossenschaftsgesetzes nebst Begründung. F. d. R. Q".

Das „Q" steht für Quassowski, den Namen des für das Gesetz zuständigen Beamten im Reichsjustizministerium. (Vgl. Bundesarchiv R 3001/3967: ohne Blattnummerierung). Auf der anderen Seite, der der NSDAP, findet sich in dem 1983 erschienenen Band 1 der Regesten, also des Urkundenverzeichnisses, der NSDAP-Kanzlei unter dem 4. August 1934 der Eingang des Entwurfs eines Gesetzes zur Änderung des Genossenschaftsgesetzes notiert. Als Absender ist das Reichsjustizministerium festgehalten. (Vgl. NSDAP 1934: Nr. 10459). Zwei Monate später, mit Datum vom 5. Oktober 1934, erhielt der Reichsjustizminister folgendes Schreiben der NSDAP mit dem Betreff „Änderung des Genossenschaftsgesetzes": „Der Stellvertreter des Führers hat mich mit der Sachbearbeitung in der vorstehenden

Angelegenheit betraut. Ich stimme dem Entwurf zu. Heil - Hitler! (Unterschrift) v. Obwurzer." (Bundesarchiv R 3001 – 3067, ohne Blattnummerierung). Dieser Vorgang ist deshalb bemerkenswert, weil laut der Regestensammlung im gesamten Jahr 1934 der Parteikanzlei außer der Genossenschaftsnovelle lediglich 7 Gesetze zur Prüfung vorgelegt wurden, von den insgesamt 179 Gesetzen, die in Teil I des Reichsgesetzblattes für 1934 veröffentlicht wurden. Dabei handelte es sich um ein Ergänzungsgesetz zum Ordensgesetz, das Gesetz zur Sicherung der Einheit von Partei und Staat, ein Gesetz zur Neuregelung der Arbeitslosenhilfe, eine Änderung des Gerichtsverfahrensgesetzes, das Sammlungsgesetz, das Gesetz über die Rechtsstellung der DAF und das Gesetz gegen heimtückische Angriffe auf Staat und Partei. (Vgl. NSDAP 1934: Nr. 10341, 10424, 10495, 10521, 10522, 10531, 10567 und RGBl. 1934). In unserem Fall hatte die Parteikanzlei, wie aus dem ministeriellen Schreiben hervorgeht, ausdrücklich um die Zusendung des Entwurfs gebeten. Ihre Motive wurden nicht genannt.

Mit nun allseitiger Zustimmung gelangte der Entwurf (E VII) im Einvernehmen mit dem zuständigen Referenten und dem Staatssekretär der Reichskanzlei auf die Tagesordnung einer noch nicht terminierten Kabinettssitzung, versehen mit dem „Vortrag des Referenten" Wienstein, einem drei Schreibmaschinenseiten umfassenden Text. Am 16. Oktober 1934 behandelt das Kabinett dann unter Tagesordnungspunkt 3 den Entwurf des Änderungsgesetzes zum Genossenschaftsgesetz. Das Protokoll lautet: „Der Reichsminister der Justiz trug den Inhalt des Entwurfs Rk. 8524 vor. Das Reichskabinett stimmte dem Entwurf in der anliegenden Fassung zu." (Bundesarchiv R 43-II/350: Bl. 58).

Am 31. Oktober 1934 wurde das Gesetz im Reichsgesetzblatt unter der Nr. 122 veröffentlicht und einen Tag später im Reichsanzeiger und Preußischen Staatsanzeiger eine Begründung des Gesetzes gegeben. Dabei handelt es sich um eine ausführliche Fassung des Referentenvortrages von

Wienstein zur oder auf der Kabinettssitzung. (Vgl. Bundesarchiv R 43-II/350: Bl. 47).

Beteiligt an dieser Novellierung des Genossenschaftsgesetzes waren insgesamt außer dem federführenden
Reichsjustizministerium, der Deutschen Zentralgenossenschaftskasse und den genossenschaftlichen Spitzenverbänden:

> der Reichsminister für Landwirtschaft und Ernährung,
> der Reichsminister für Arbeit,
> der Reichsminister der Finanzen,
> der Reichsminister für Wirtschaft,
> der preußische Minister für Wirtschaft und Arbeit,
> der preußische Minister der Justiz,
> das Direktorium der Reichsbank,
> der Stellvertreter des Führers,
> der Beauftragte des Führers für Wirtschaftsfragen,
> der Reichskommissar für das Bankgewerbe,
> der Reichskommissar für die Gleichschaltung der Justiz
>   in den Ländern und für die Erneuerung der Rechts-
>   ordnung,
> das Institut der Wirtschaftsprüfer,
> die Hauptstelle für öffentlich bestellte Wirtschaftsprüfer.

Zahlen

Dieses Kapitel abschließend, sollen noch einige Zahlen
genannt werden, was die Konsequenzen des Anschlusszwanges betrifft. Einigermaßen zuverlässige Zahlen zum
Bestand an verbandsfreien Genossenschaften sind für 1933
(und für die Jahre unmittelbar vorher) kaum zu ermitteln.
Von Götz Pramann gibt es eine Dissertation, 1972 veröffentlicht, über die Rechtsstellung der Prüfungsverbände.
In seinem historischen Teil weist der Autor auf den Artikel
„Genossenschaften" von Karl Hildebrand im Handwörterbuch der Betriebswirtschaft von 1938 hin. (Vgl. Pramann

174

1972: 30). Dort ist allerdings lediglich eine Schätzung zu finden, wonach vor 1933 der Anteil der freien Genossenschaften bei rund 15 Prozent am Bestand betrug (vgl. Hildebrand 1938: Sp. 2013). Den gleichen Anteil nannte der 1933 zum Mitglied der Anwaltschaft des DGV bestellte Nationalsozialist Walter Kunze auf dem DGV-Genossenschaftstag ein Jahr später (vgl. Kunze 1935: 48). Da der Gesamtbestand Anfang 1933 laut Statistischem Jahrbuch bei 51.499 Genossenschaften lag, hätte es also rund 7.700 verbandsfreie Genossenschaften gegeben. In den großen Spitzenverbänden (Reichsverband der landwirtschaftlichen Genossenschaften, DGV, Hauptverband der Baugenossenschaften, ZdK und RdK) waren 42.605 Genossenschaften organisiert. (Vgl. St.Jb. 1933: 377f.). Die Differenz zur Gesamtzahl der Genossenschaften betrug also 8.894, davon wiederum die Zahl der freien Genossenschaften (7.700) abgezogen, wären also rund 1.200 Genossenschaften Mitglieder in den kleinen, mitunter nur wenige Dutzend Mitglieder umfassenden Revisionsverbänden gewesen. Diese Zahlen sollen mit den Angaben für 1937 im Statistischen Jahrbuch verglichen werden:

Spitzenverbände der	Mitglieder-Anteil 1933	1937	Veränderungen	
Landwirtsch.Gen.	35.482	39.922	+ 4.440	+ 12,5%
Gewerblichen Gen.	3.230	4.275	+ 1.045	+ 32,4%
Wohnungsgen.	2.667	2.877	+ 210	+ 7,9%
Konsum/ Verbrauchergen.	1.226	1.162	- 64	- 5,2%
Summe	42.605	48.236	+ 5.631	+ 13,2%
Freie Gen.	7.700 15%	1.743 3,5%	- 5.957	- 77,4%
Kleine Revisionsverbände	1.194	??	??	??
Gen. insgesamt	51.499	49.979	- 1.520	- 3,0%

(Vgl. St.Jb. 1933: 377 und St.Jb. 1938: 450).

Die kleineren Prüfungsverbände

Im Jahr 1930 existierten außerhalb der Spitzenverbände mindestens noch folgende kleinere unabhängige Revisionsverbände:

Revisionsverband gewerblicher Genossenschaften
      Württembergs,
Revisionsverband Niedersachsen,
Genossenschaftsverband „Vorsicht" (Witten),
Revisionsverband Sächsischer Kreditgenossenschaften,
Revisionsverband Deutscher Kleinschiffergenossen-
      schaften,
Revisionsverband Schwäbischer Genossenschaften,
Meierei- und Revisionsverband für Westholstein,
Revisionsverband des Milchwirtschaftlichen Vereins im
      Allgäu,
Deutscher Verband für Hausbesitzergenossenschaften,
Revisionsverband der Baugenossenschaften des
      bayerischen Verkehrspersonals,
Reichsverband deutscher Bauproduktivgenossen-
      schaften,
Revisionsverband der Grubenkonsumvereine im
      Saarrevier,
„Reviko", „Rewe", Lebensmittelgroßhandels-Genossen-
      schaften von Rheinland und Westfalen,
Revisionsverband der Eisenbahner-Brennstoff-
      versorgung der Deutschen Reichseisenbahn,
Deutscher Beamten-Genossenschaftsverband,
Revisionsverband gemeinnütziger Bauvereinigungen
      (Köln),
Reichsbaugenossenschaftsverband „Deutscher
      Heimbau" (Berlin),
Molkereiverband der Provinz Pommern.
(Vgl. DGV-Jahrbuch 1930: 85).

Welche dieser Verbände sich 1934/35 einem der Spitzenverbände anschließen wollten und durften und welche sich
auflösen mussten, das ließe sich kaum ermitteln. Jedenfalls
waren sie alle, oder jedenfalls fast alle, ebenfalls Opfer der
Novellierung des Genossenschaftsgesetzes 1934, denn ihre
Autonomie verloren sie so oder so. Das gilt auch für die
verbandsfreien Genossenschaften, ob sie nun von einem
der erlaubten Verbände aufgenommen wurden oder ob sie
sich auflösen mussten.

Die Entwürfe E III bis E VII zu den §§ 53-55 des Genossenschaftsgesetzes – Überblick

Entwurf III, von Ende 1932, als Teil einer Verordnung
gemäß Notverordnung vom 21. Oktober 1932, als gemeinsame Grundlage von DZGK und Verbänden für die Verhandlungen mit dem Reichsjustizministerium;

Entwurf IV, vom 3. Februar 1933, vom Reichsjustizministerium versandt, „auf der Grundlage des III. Entwurfs",
als Bestandteil einer Verordnung;

Entwurf V, vom 27. März 1934, vom Reichsjustizministerium versandt, unter Einflussnahme/Zustimmung der
Reichsministerien für Landwirtschaft und Ernährung, für
Arbeit, der Finanzen, für Wirtschaft, des preußischen Ministeriums für Wirtschaft und Arbeit, der DZGK, des – gleichgeschalteten – Reichsverbandes landwirtschaftlicher Genossenschaften, des – gleichgeschalteten – DGV, des – gleichgeschalteten – Instituts der Wirtschaftsprüfer, als Bestandteil einer Gesetzesnovelle;

Entwurf VI, am 4. August 1934 vom Reichsjustizministerium
versandt, unter Einflussnahme/Zustimmung der Reichsministerien für Landwirtschaft, für Arbeit, der Finanzen, für
Wirtschaft, des preußischen Ministeriums für Wirtschaft und
Arbeit, der DZGK, des Preußischen Justizministers, des

Beauftragten des Führers für Wirtschaftsfragen („Führer der Wirtschaft"), des Reichskommissars für das Bankgewerbe, des Reichskommissars für die Gleichschaltung der Justiz in den Ländern und für die Erneuerung der Rechtsordnung, des Direktoriums der Reichsbank, als Bestandteil einer Gesetzesnovelle, **ohne Beteiligung der Verbände**, enthält erstmals die Formulierung:

> **„Die Genossenschaft muß einem Verband angehören, dem das Prüfungsrecht verliehen ist (Prüfungsverband)."**

Entwurf VII, am 4. oder 14. September 1934 vom Reichsjustizministerium versandt, unter Einflussnahme/Zustimmung des Stellvertreters des Führers, der Reichsministerien für Landwirtschaft, für Arbeit, der Finanzen, für Wirtschaft, des Preußischen Justizministers, des Reichskommissars für das Bankgewerbe, des Reichskommissars für die Gleichschaltung der Justiz in den Ländern und für die Erneuerung der Rechtsordnung, der Hauptstelle für öffentlich bestellte Wirtschaftsprüfer, des Instituts der Wirtschaftsprüfer, der DZGK, des Reichsverbandes ländlicher Genossenschaften, des DGV, des Hauptverbandes deutscher Baugenossenschaften, als Bestandteil einer Gesetzesnovelle.

Zusammenfassung:

Die Novellierung des Genossenschaftsgesetzes vollzog sich im Rahmen einer zügigen nationalsozialistischen Machtkonsolidierung in allen politischen und gesellschaftlichen Bereichen, die auch zur vollständigen Beherrschung der Genossenschaftsverbände führte. Die ersten Arbeiten an der Novellierung begannen schon im November 1932 unmittelbar nach der Notverordnung vom 21. Oktober 1932. Die Grundlage war ein gemeinsamer Entwurf der Deutschen Zentralgenossenschaftskasse als dem zentralen staatlichen Finanzierungsinstitut und der genossenschaftlichen Spitzen-

verbände. Der Entwurf sah noch keine Novellierung vor, sondern den Erlass einer Verordnung zum Revisionswesen. Er kannte keinerlei Zwangsbefugnisse für Revisionsverbände. Dieser Entwurf wurde vom Reichsjustizministerium überarbeitet, wobei die Begrifflichkeit von Revision zu Prüfung umgewandelt war. Den neuen Text versandte das Reichsjustizministerium am 3. Februar 1933, vier Tage nach der nationalsozialistischen Machteroberung, an vier andere Reichsministerien und an die DZGK. Die Formulierung hinsichtlich der verbandsfreien Genossenschaften blieb unverändert. Die Verbände erhielten den Entwurf nicht und wurden auch nicht zu einer Beratung über den Text eingeladen. Allerdings gab der „Freie Ausschuss" der Genossenschaftsverbände eine schriftliche Stellungnahme ab, ohne die Frage verbandsloser Genossenschaften zu erwähnen.

Anlässlich einer Besprechung im Oktober 1933 im Ministerium verlangte der Vertreter des bereits völlig gleichgeschalteten Reichsverbandes der ländlichen Genossenschaften die „Durchführung des Führerprinzips" bei den Prüfungsverbänden. Nach weiteren Beratungen und schriftlichen Stellungnahmen verschickte das Ministerium im März 1934 einen abermals überarbeiteten Text als Entwurf eines Gesetzes und nicht mehr einer Verordnung. Diesen Entwurf erhielt auch der Reichskommissar für das Bankgewerbe, der kurz zuvor den Reichsjustizminister gebeten hatte, an den Beratungen über die „Neuregelung und Verschärfung des genossenschaftlichen Revisionswesens" beteiligt zu werden. Reichskommissare waren – auch unter anderen Bezeichnungen – schon zu Zeiten der Weimarer Republik abseits der formalen Zuständigkeiten von Ministerien und Verwaltungen mit der Lösung spezifischer Probleme betraut worden. Nach der nationalsozialistischen Machtübernahme wuchs die Zahl dieser Sonderapparate in der sich entwickelnden Grauzone zwischen Staat und Partei rapide an. Klare Aufgaben waren selten formuliert und so hing der Umfang und die Tiefe der Tätigkeit dieser Kommissare sehr häufig von ihrer eigenen Interpretation ihres Auftrages und *ihrem Durchsetzungsvermögen ab.*

Der Bankenkommissar verlangte in einem Schreiben vom 11. April 1934, den Anschlusszwang in das Genossenschaftsgesetz aufzunehmen. Auch unabhängige Prüfungsverbände sollten gezwungen werden, sich einem Spitzenverband anzuschließen und die Wahl der Verbandsdirektoren sollte durch eine Bestellung ersetzt werden. Der Bankenkommissar zielte mit seinem Verlangen auf die Kreditgenossenschaften. Zu diesem Zeitpunkt war im „Reichsnährstand" bereits das Gesetz und die Verordnungen erlassen, die die Erfassung aller landwirtschaftlichen Genossenschaften durch die Prüfungsverbände anordneten. Auch ohne genossenschaftsgesetzliche Regelung hatte der „Reichsnährstand" das Problem der „wilden" Genossenschaften für sich geklärt. Der Reichslandwirtschaftsminister – identisch mit dem Reichsbauernführer – verlangte aber im Mai 1934, dass ein novelliertes Genossenschaftsgesetz mit den Regelungen in der Landwirtschaft konform gehen müsse. Es war der Präsident der DZGK, der in seiner Reaktion am 16. Juni 1934 auf die Forderungen von Bankenkommissar und Landwirtschaftsminister den Anschlusszwang einheitlich für alle Genossenschaften verlangte.

Das Justizministerium lud für den 11. Juli 1934 zu einer weiteren Besprechung ein, auf der die Verbände nicht vertreten waren. Diese Runde billigte den Anschlusszwang. Die Genossenschaftsverbände wurden also, was den Anschlusszwang betrifft, vor vollendete Tatsachen gestellt. Sie hatten allerdings noch einen Änderungswunsch, dessen Berücksichtigung im Gesetz ihre Position gegenüber den freien Genossenschaften wesentlich stärkte. Danach sollten nicht die Genossenschaften einem Prüfungsverband beitreten müssen, denn dann hätte die Initiative bei ihnen gelegen. Sie mussten vielmehr von einem Verband aufgenommen werden, dem damit die Entscheidungshoheit zufiel. Nachdem auch die NSDAP-Kanzlei dem letzten Ent-

wurf zugestimmt hatte, wurde das Gesetz am 30. Oktober 1934 im Reichsgesetzblatt verkündet. Seitdem steht im Gesetz: „Die Genossenschaft muss einem Verband angehören, dem das Prüfungsrecht verliehen ist (Prüfungsverband)."

8. Die weitere Behandlung des Gesetzes

Bevor wir uns die Begründungen der Novellierung einschließlich ihrer nationalsozialistischen Rechtfertigungen
ansehen, soll noch die Fortsetzung des Gesetzgebungs-
verfahrens betrachtet werden. Im Änderungsgesetz vom
30. Oktober 1934 lautet Artikel IV, Absatz 3: „Der Reichsminister der Justiz wird ermächtigt, den Wortlaut des
Genossenschaftsgesetzes im Reichsgesetzblatt neu
bekanntzumachen und dabei Paragraphenbezeichnungen
zu erneuern, Unstimmigkeiten zu beseitigen sowie
Fassungsänderungen vorzunehmen, sofern der Inhalt des
Gesetzes unberührt bleibt." (RGBl. 1934: 1081f.). Das dürfte
eine ziemlich ungewöhnliche Formulierung sein. Denn auf
welche Weise entscheidet wer, ob der Inhalt des Gesetzes
durch eine bestimmte Formulierung tatsächlich unberührt
bleiben würde? Die Antwort auf diese Frage hat das
Reichsjustizministerium denn offenbar auch überfordert.

Interessanterweise kam der Druck, diese Bestimmung aus
dem Artikel IV auch anzuwenden, von außen. Denn schon
am 21. Dezember 1934, also nur sieben Wochen nach der
Verabschiedung des Gesetzes, hat der Präsident der DZGK
dem Reichsjustizministerium einen Entwurf für die
Gesetzesneufassung zugesandt. (Vgl. Bundesarchiv
R 3001/10663: Bl. 44). Und am 3. Februar 1935 richtete der
Beauftragte für Wirtschaftsfragen in der Reichskanzlei,
W. Keppler, ein Schreiben an das Reichsjustizministerium:
Die „genossenschaftliche Praxis" beklage, dass durch die
Änderungen vom 20. Dezember 1933 und 30. Oktober 1934
das Genossenschaftsgesetz unübersichtlich geworden sei.
Dass 34er Gesetz ermächtige aber den Reichsjustizminister
zu einer „Neufassung" des Gesetzes. Es werde also ange-
regt, eine solche Neufassung vorzulegen. (Vgl. Bundes-

archiv R 3001/10663, Bl. 34). Auf der Grundlage des Textes der DZGK erarbeitete das Ministerium mit einigen Änderungen einen eigenen Entwurf und versandte ihn mit Datum vom 17. April 1935 an die Reichsminister für Wirtschaft, Landwirtschaft, Arbeit, der Finanzen sowie an den Stellvertreter des Führers, also auch an die NSDAP. Im Begleitbrief dazu wird die Ermächtigung aus dem Gesetz von 1934 allerdings erheblich ausgedehnt. Es habe sich nämlich „als zweckmäßig ergeben, bei der Neufassung des Gesetzes auch Änderungen sachlichen Inhalts vorzunehmen". Die angestrebten Änderungen betrafen aber nicht die Bestimmungen zur Verbandsmitgliedschaft, allerdings wäre § 54 jetzt § 77 geworden. (Vgl. Bundesarchiv R 3001/10663: Bl. 358ff. u. Bl. 385).

Zu diesem Entwurf schlug die DZGK eine Präambel vor, die schon eindeutigen völkischen Geist aufgenommen hatte: „Genossenschaften sind die Verkörperung des im deutschen Rechtsgut vielgestaltig geformten Gedankens, dass der Mensch über sich hinauswächst, wenn er als Glied einer größeren und höheren Gemeinschaft denkt und handelt. Die Reichsregierung sieht in Genossenschaften, die im Blick auf die Volksgemeinschaft und nach gesunden wirtschaftlichen Grundsätzen geleitet werden, ein Mittel, in dem Kampf um die Lebensgrundlage wirtschaftlich schwache Volksgenossen zu stützen, ihnen den Aufstieg zu ermöglichen und in ihnen den Gedanken an die Gemeinschaft wach zu halten und zu vertiefen." (Bundesarchiv R 3001/10664: Bl. 31). Im September 1935 legte das Reichsjustizministerium erneut einen Entwurf vor, bei dem jetzt aufgrund zusätzlicher Formulierungen der Anschlusszwang erst im Absatz 1 von § 80 erscheint – mit unverändertem Wortlaut: „Die Genossenschaft muß einem Verband angehören, dem das Prüfungsrecht verliehen ist (Prüfungsverband)." (Bundesarchiv R 3001/10664: Bl. 56). Der Entwurf wurde an die gleichen Empfänger geschickt wie der Entwurf vom April 1935.

Der Deutsche Gemeindetag, wie auch immer er den Text

erhalten haben mag, meldete einen Änderungswunsch an, ebenso der Reichsarbeitsminister und der Reichsverband der deutschen landwirtschaftlichen Genossenschaften, also der „Reichsnährstand" (vgl. Bundesarchiv R 3001/10664: Bl. 134, 138 und 145). Aber wenig später erfuhr man im Reichsjustizministerium von der Absicht der Akademie für Deutsches Recht, einen Genossenschaftsausschuss einzusetzen (vgl. Schubert 1989: 37) und übertrug nunmehr diesem die „Vorklärung einiger großer Fragen aus dem Genossenschaftsrecht". Von diesen „großen Fragen" wurden genannt: Die „künftige Ausgestaltung der Verfassung der Genossenschaft", die nach ihrer „Vermögensgrundlage" „sowie die Frage des Umfanges der Genossenschaft" einschließlich der Notwendigkeit der Teilung von Großgenossenschaften, aber auch die Frage nach der Rolle der Verbände im Hinblick auf den ständischen Aufbau der Wirtschaft. Die Akademie für Deutsches Recht „begrüßte" in den ersten Januartagen des Jahres 1936 diese Anregung. (Vgl. Bundesarchiv: R 3001/10664: Bl.170f.).

Der neue Gesetzesentwurf wurde also im Reichsjustizministerium nicht weiter verfolgt. Stattdessen war die Akademie für Deutsches Recht am Zuge. Sie hatte laut Gesetz und Satzung u. a. die Aufgabe, „in enger Verbindung mit den für die Gesetzgebung zuständigen Stellen das nationalsozialistische Programm auf dem gesamten Gebiet des Rechts zu verwirklichen." (RGBl. 1934: 605). Die Akademie wurde im Sommer 1933 gegründet, war zunächst eine bayerische und dann ab Juli 1934 eine deutsche Körperschaft des öffentlichen Rechts. Sie erledigte ihren Auftrag durch zahlreiche Ausschüsse. Ihr Präsident war Hans Frank, Teilnehmer am Putsch-Versuch Hitlers 1923, Leiter der Rechtsabteilung der NSDAP und seit April 1933 Reichskommissar für die Gleichschaltung der Justiz in den Ländern und für die Erneuerung der Rechtspflege. In dieser Funktion war er in die Novellierung des Genossenschaftsgesetzes 1934 einbezogen. Nach Kriegsbeginn wurde er Generalgouverneur in dem nicht direkt okkupierten Teil

Polens, dem sogenannten Generalgouvernement. Wegen seines opferreichen Wütens wurde er 1946 vom Internationalen Militärgerichtshof zum Tode verurteilt. (Vgl. Schubert 1989: Anhang 51f.).

Zurück zur Akademie für Deutsches Recht: Frank ordnete Ende 1935 die Bildung eines Ausschusses für Genossenschaftsrecht an, dessen konstituierende Sitzung dann Anfang 1936 in Berlin stattfand. Walter Granzow, 1932 bis Sommer 1933 nationalsozialistischer Ministerpräsident in Mecklenburg-Schwerin, anschließend Reichssiedlungskommissar beim Reichsbauernführer Darré (vgl. Schubert 1989: 52f.) und einer der Präsidenten des Reichsbundes landwirtschaftlicher Genossenschaften, wurde zum Vorsitzenden des Ausschusses ernannt. Frank hielt eine Eröffnungsrede, in der er die Aufgaben der Akademie benannte: „Die Akademie für Deutsches Recht hat vom Führer die Aufgabe erhalten, in Zusammenarbeit mit den für die Gesetzgebung zuständigen Stellen das nationalsozialistische Programm auf dem gesamten Gebiete des Rechts und der Wirtschaft zu verwirklichen. Der Totalitätsanspruch des Nationalsozialismus, der, auf das Gebiet des Rechts übertragen, die Umformung aller Rechtsbegriffe im nationalsozialistischen Sinn bedeutet, zeigt die große Verantwortung und Bedeutung der Arbeit der Akademie für Deutsches Recht. Mit dem heiligen Eifer des Dienstes an der Idee des Nationalsozialismus, aber auch mit aller Ruhe und sachlichen Überlegung, die ein großes, praktisch wirksames Aufbauwerk erfordert, ist die Akademie für Deutsches Recht an diese Aufgabe herangegangen." (DGV-Zeitschrift 1936: 149).

Vier Jahre später, 1940, erschien die Denkschrift zum Entwurf eines Genossenschaftsgesetzes, die das Ergebnis der Beratungen im Ausschuss für Genossenschaftsrecht enthielt. Die Denkschrift wurde vom Ausschussvorsitzenden Granzow „vorgelegt". Sie ist aber vor allem im allgemeinen Teil von Reinhold Henzler erarbeitet. (Vgl. Schubert 1989: 40). In ihr – der Denkschrift – wurde hinsichtlich der

Spitzenverbände festgestellt, dass die durch sie erreichte „straffe Verbandsorganisation" zu den besonderen Merkmalen des deutschen Genossenschaftswesens gehöre. Den Verbänden sei die Möglichkeit eröffnet, „von zentraler Stelle aus auf die Wirtschaftsführung der angeschlossenen Unternehmen Einfluß auszuüben und sie geschäfts- und wirtschaftspolitisch nach einheitlichen Gesichtspunkten auszurichten". Dies befähige „die Genossenschaften in besonderem Maße zum Einsatz für die großen Ziele der völkischen Wirtschaft." Von „besonderer praktischer Bedeutung" sei in diesem Zusammenhang „die Einflußnahme der Spitzenverbände auf die Geschäftsführung der angeschlossenen Mitglieder". Dazu gehöre beispielsweise die „Einflußnahme auf den Umfang der Lagerhaltung, auf die Verwendung von Überschüssen, das Ausmaß der Kreditgewährung und die Pflege bestimmter Geschäftszweige". (Schubert 1989: 1074f.). Diese Aufgaben der Spitzenverbände werden in der Denkschrift nicht etwa als Forderung oder Erwartung für die Zukunft formuliert. Vielmehr heißt es (im Indikativ Präsens): „Das Tätigkeitsfeld der Spitzenverbände ist danach in der Tat so umfassend, der Bereich ihrer Aufgaben so vielgestaltig, daß eine auch nur einigermaßen erschöpfende katalogartige Aufzählung im Gesetz nicht möglich erscheint." (Schubert 1989: 1076). Es handelte sich bei den Spitzenverbänden im nationalsozialistischen Herrschaftssystem demnach um nichts Geringeres als eine Art Konzernspitze, denen die Genossenschaften unterworfen waren. Der Anschlusszwang war dazu ein wesentliches Strukturelement. Diese Spitzen der genossenschaftlichen Hierarchie aber waren wiederum der Aufsicht der zuständigen Reichsminister unterworfen (vgl. Schubert 1989: 1078).

Aus der Denkschrift formte das Reichsjustizministerium nach weiteren Beratungen u. a. mit DZGK, DGV und Reichsverband abermals einen Gesetzentwurf (vgl. Schubert 1989: 42ff.). Er wurde allerdings ebenfalls nicht umgesetzt. Der Entwurf enthielt folgende Präambel: „Die Genossenschaft wurzelt in deutscher Überlieferung. Sie wird getragen von dem freiwilligen Entschluß des Einzelnen zu Selbsthilfe, Selbstverantwortung und Leistung und von dem Bekenntnis zu Einordnung und Gemeinschaft. Die Genossenschaft will ihre Mitglieder durch Zusammenfassung der Kräfte wirtschaftlich stärken, die Selbständigkeit der Schwächeren stützen, den Gemeinschaftsgedanken vertiefen und so dem deutschen Volke dienen."

Paragraph 2 des Gesetzentwurfes lautete: „Die Genossenschaft ist so zu leiten, wie die Belange ihrer Genossenschafter, das Wohl des Betriebes und seiner Gefolgschaft und der gemeine Nutzen von Volk und Reich es fordern". Paragraph 8 verlangte unverändert: „Jede Genossenschaft muß einem Verband angehören, dem das Prüfungsrecht verliehen ist (Prüfungsverband)." Zu den Verbänden wurde in Paragraph 208 gesagt: „Jeder genossenschaftliche Verband hat dafür Sorge zu tragen, daß seine Mitglieder die ihnen durch Gesetz und Satzung zugewiesenen Aufgaben zu gemeinem Nutzen von Volk und Reich erfüllen." (Vgl. Bundesarchiv R 3101/10506: ab Bl. 2).

Genossenschaften hätten jetzt also unter dem Diktat des Führerprinzips auch rechtlich dem „gemeinen Nutzen von Volk und Reich" zu dienen gehabt.

Zusammenfassung:

Unmittelbar nach Verkündung des Gesetzes am 30. Oktober 1934 ging das Reichsjustizministerium an die nächste Gesetzeskorrektur, verfolgte den daraus entstandenen Entwurf aber nicht weiter, sondern gab das Vorhaben an die „Akademie für Deutsches Recht" ab. Die Akademie, im Sommer 1933 vom Leiter der NSDAP-Rechtsabteilung Hans Frank gegründet, hatte die Aufgabe, gemeinsam mit den für Gesetzgebung zuständigen Stellen „das national-sozialistische Programm auf dem gesamten Gebiete des Rechts und der Wirtschaft zu verwirklichen". Von dieser Akademie wur-

de ein Ausschuss für Genossenschaftsrecht gegründet, der die Grundzüge eines neuen Genossenschaftsgesetzes erarbeitete, die dann 1940 als Denkschrift veröffentlicht wurden und vom Reichsjustizministerium zu einem weiteren Gesetzesentwurf verarbeitet wurden. Dieser Entwurf wurde ebenfalls nicht mehr umgesetzt.

9. Begründungen der nationalsozialistischen Gesetzesänderung

Amtliche Begründungen und Interpretationen

Wir wollen jetzt sehen, welche Begründungen und Interpretationen von Seiten des Reichsjustizministeriums gegeben wurden. Eine Begründung des Gesetzes wurde zwei Tage nach seiner Verkündung im „Deutschen Reichsanzeiger und Preußischer Staatsanzeiger" am 1. November 1934 veröffentlicht. Sie ist zwar im Wesentlichen identisch mit dem – schriftlichen – Vortrag des zuständigen Referenten in der Reichskanzlei Ministerialrat Wienstein für das Kabinett. (Vgl. Bundesarchiv R 43-II/350: Bl. 56ff.). Aber abgesehen von stilistischen Änderungen enthält die veröffentlichte Begründung auch einige andere inhaltliche Schwerpunkte – und sie spricht immer noch vom „Entwurf", obwohl sie ja einem bereits verabschiedeten Gesetz gilt. Grundsätzlich wird in der veröffentlichten Fassung festgestellt: „Der Entwurf trifft durch eine Reihe von Vorschriften Sicherungen dahin, daß der Prüfungsverband Träger der Prüfung der ihm angeschlossenen Genossenschaften ist." Dieser Grundsatz „gelangt zur vollen praktischen Auswirkung erst durch den in dem Entwurf vorgesehenen Anschlusszwang". Denn „es bedarf der straffen Zusammenfassung der Prüfung aller Genossenschaften [...]". Vor allem bei den Kreditgenossenschaften bestehe „ein allgemeinwirtschaftliches Interesse, sie durch die zwangsweise Zugehörigkeit zu dem zuständigen Prüfungsverband einer ständigen sachgemäßen Ueberwachung" zu unterwerfen. Aber für alle anderen Genossenschaften ist im Interesse der Öffentlichkeit der Anschlusszwang „geboten". (Reichsanzeiger 1934: 1).

Die Wortwahl der Begründung der Novellierung von 1934 liest sich, als sei sie ein Auszug aus dem Wörterbuch des Systems: Anschlusszwang, straffe Zusammenfassung, zwangsweise, ständige Überwachung, unterwerfen.

Merkwürdigerweise bezieht sich die veröffentlichte Begründung in ihren einleitenden Sätzen ausdrücklich auf die Notverordnung vom 21. Oktober 1932, die die „Richtlinien für diese im Interesse der Gesunderhaltung des Genossenschaftswesens notwendige Reform" enthalten habe (vgl. Reichsanzeiger 1934: 1). Tatsächlich hatte die Notverordnung mehr Stichworte als Richtlinien enthalten – und die Stichworte mussten keinesfalls mit nationalsozialistischem Geist gefüllt werden. Einen Tag nach dem „Reichsanzeiger" mit dieser Begründung erschien die „Deutsche Justiz, Rechtspflege und Rechtspolitik. Amtliches Blatt der deutschen Rechtspflege", vom ersten nationalsozialistischen Justizminister in Preußen gegründet. „Amtierender Schriftleiter" dieser Zeitschrift war Roland Freisler, der spätere berüchtigte Präsident des Volksgerichtshofes. In der Ausgabe vom 2. November 1934 schrieb der Landgerichtsrat im Reichs- und Preußischen Justizministerium F. Souchon „Zur Reform des genossenschaftlichen Prüfungswesens" einen begründenden Artikel zur Gesetzesänderung. Auch er bezieht sich auf die Notverordnung von 1932, vermeidet aber die diktatorische Ausdrucksweise, sogar den Begriff „Anschlusszwang" und benutzt in diesem Zusammenhang die Formulierung „sogenannte ‚wilde Genossenschaften'". (Vgl. Souchon 1934: 1375ff.).

Wenn auch das Justizministerium seinen späteren Gesetzesentwurf von 1935 dem Archiv übergab, hatte sein Mitarbeiter Landgerichtsrat Georg Schröder vom Ministerium ihn bereits vorgestellt. Sein entsprechender Artikel erschien in der Novembernummer 1935 der „Deutschen Justiz" unter dem Titel „Prüfung und Prüfungsverbände im kommenden Genossenschaftsrecht". Für Schröder brauchten die Grundsätze zur Prüfung und den Verbänden nicht neu gestaltet zu werden. Vielmehr ginge es nur darum, in diesem Bereich Lücken zu schließen. Sie gebe es zum Beispiel in den Bestimmungen, „die die Beteiligung der Prüfungsverbände im genossenschaftlichen Leben bei jeder Genossenschaft und zu jedem Zeitpunkt ermöglichen sollen". Der Autor äußerte sich geradezu voller Genugtuung über die schon durch das Gesetz von 1934 gegebene „Machtbefugnis" eines Verbandes, „eine ihm bisher angeschlossene Genossenschaft in die Gefahr der Auflösung bringen" zu können. Das könne folgendermaßen geschehen: Zunächst müsse sie ausgeschlossen werden, was ja möglich wäre. Daraufhin würde sie keinen anderen Verband finden, der sie aufnähme („dies wird bei begründetem Ausschluß wohl häufig der Fall sein"), also fiele sie „der Auflösung anheim". (Schröder 1935: 1670ff.).

Interpretationen aus den Verbänden

Das ist eine wesentlich deutlichere Interpretation als die Darstellung im „Deutschen Reichsanzeiger und Preußischen Staatsanzeiger" unmittelbar nach der Verabschiedung des Gesetzes. Das trifft auch für weitere Interpretationen zu. Beginnen wir dazu mit der Sichtweise des DGV, dessen 70. Genossenschaftstag am 15. Dezember 1934, also nach Verkündung der Gesetzesänderung stattfand. Anwalt Lang referierte zum Thema „Die 75jährige Tätigkeit des Deutschen Genossenschaftsverbandes. – Die künftigen Aufgaben des Deutschen Genossenschaftsverbandes in der nationalsozialistischen Wirtschaft." Unter anderem sagte er zu den vor ihm sitzenden und von ihm so angesprochenen „deutschen Volksgenossen": Das neue Deutsche Reich wolle von den Genossenschaften wissen, ob sie bereit und geeignet seien, „an der Erfüllung nationalsozialistischer Ziele mitzuwirken". Er fuhr dann allerdings mit einem Rückblick fort, in dem er u. a. behauptete, Schulze-Delitzsch habe, als er die „moderne Genossenschaft geformt und ihre rechtliche Gestalt geschaffen" habe, „ausländische Ideen rückhaltlos" abgelehnt. (Lang 1935: 25). Das ist ein zwar kleines, aber deutliches Beispiel für die skrupellose Geschichtsverfälschung jener Jahre. Denn das Gegenteil ist richtig. Schulze hatte voller Anerkennung die fortgeschrittenen Entwicklungen des Genossenschaftswesens in England und Frankreich beschrieben, vor allem im zweiten Kapitel „Das Associationswesen in England und Frankreich" in seinem 1853 erschienenen „Associationsbuch für deutsche Handwerker und Arbeiter" (vgl. Schulze-Delitzsch 1853: 17ff.).

Zurück zu Lang: Grundsätzlich stellte er fest, der Nationalsozialismus sei bei den Genossenschaften auf Organisationen gestoßen, die nach ihrem Wesen geeignet seien, „den Nationalsozialismus bei der Erziehung der Menschen zum nationalen und sozialen Denken weitestgehend zu unterstützen". Denn die Genossenschaften seien von jenem Idealismus getragen, der im Menschen „das Gefühl wachhält für die Pflichten gegenüber der Allgemeinheit, gegenüber dem Vaterlande. Entartete Genossenschaften haben keine Daseinsberechtigung [...]." Im Gesetz von 1934 schließlich seien „alterprobte genossenschaftliche Grundsätze verankert". Denn es enthalte „Führerprinzip, Leistungsprinzip und Gemeinnützigkeit in klassischer Form". Auch würden die Genossenschaften „den Frontgeist, der einmal [im Ersten Weltkrieg] im Felde alle ohne Unterschied in unzertrennlicher Kameradschaft vereinte, in das wirtschaftliche Leben übertragen". Wie man „heldisch" leben solle, habe seinerzeit Schulze-Delitzsch vorgelebt und „der Führer und Reichskanzler Adolf Hitler hat es uns in den letzten 15 Jahren vorgelebt". (Lang 1935: 32, 34, 38, 46).

Kunze, das erste nationalsozialistische Mitglied der DGV-Anwaltschaft (falls Lang nicht schon vor August 1933 der NSDAP beigetreten sein sollte), sprach nach Lang zum Thema „Die neuen Bestimmungen des Genossenschaftsgesetzes über die Verbandsrevision und deren Auswirkung auf die Revisionsverbände". Er machte deutlich, dass auch die Verbände den Zwang des neuen politischen Systems zu spüren bekamen. Da das Prüfungsrecht an einen Verband nur durch die Reichsregierung verliehen werden konnte, würde sie deshalb auch „die Aufsicht über die Verbände" ausüben. Sollte ein Verbandsvorstand „versagen" (nach Ansicht der nationalsozialistischen Reichsregierung), „so kann er abberufen werden" und – noch schlimmer – „es liegt im Zuge der heutigen Gestaltung der öffentlichen Aufsicht, daß die Reichsregierung auch auf die Finanzgebarung der Verbände Einfluß nehmen wird". (Kunze 1935: 50).

Schließlich sei die Bilanzprüfung von Unternehmen „im Wirtschaftsleben des Dritten Reiches" dazu berufen, „im Namen des Staates und damit der Allgemeinheit den Grundsatz des Primats des Gemeinnutzes im Wirtschaftsleben verwirklichen zu helfen und zur Durchsetzung nationalsozialistischen Wirtschaftsdenkens mit beizutragen". (Kunze 1935: 28). Das war keine isolierte Feststellung. Denn von anderer Seite wurde gesagt: Die Bilanzprüfung werde „zu einem unentbehrlichen Instrument in der Hand des Staates", denn es habe sich die Auffassung durchgesetzt, „daß jeder Unternehmer, ja vielleicht sogar jeder Vermögensinhaber ein Stück unseres nationalen Vermögens zu verwalten habe, dessen Bewahrung und Förderung im Zweifel den Vorrang vor dem privaten Kapital und Gewinninteresse verdiene". So ist in einem ebenfalls noch 1934 erschienenen Buch des Diplom-Bücherrevisors Karoli zu lesen. (Vgl. Karoli 1934: 28).

Heinrich Bredenbreuker, der Gleiche, der 1930 im Rahmen des DGV – um noch einmal daran zu erinnern – „die Ausstattung der Revisionsverbände mit Zwangsbefugnissen" „auf das strikteste" abgelehnte hatte, meldete sich auch nach 1933 zu Wort, allerdings mit anderen Aussagen. Er hielt nämlich im Juni 1936 auf dem Verbandstag des pfälzischen DGV-Revisionsverbandes einen Vortrag über die Aufgaben der genossenschaftlichen Prüfungsverbände.

Kurz und bündig stellte er fest: „Als erste Voraussetzung für diese Aufgaben ist die Kenntnis des nationalsozialistischen Wollens, die Kenntnis der nationalsozialistischen Wirtschaftsauffassung und Wirtschaftspolitik zu nennen. Infolgedessen müssen die Verbandsdirektoren ihre Blicke in erster Linie auf diese Gedankengänge einstellen." (Bredenbreuker 1936: 730). Demnach konnte die Prüfungskompetenz hinter der Kenntnis nationalsozialistischer Überzeugungen durchaus zurückstehen. Bredenbreukers genossenschaftliche Biographie war insgesamt sehr vielseitig: Seit 1930 Lehrbeauftragter am Genossenschaftsinstitut der Frankfurter Universität wurde er 1942 Direktor der Dresdner Bank in Kattowitz, blieb es bis 1945, übte dann von 1946 bis 1953 eine „Tätigkeit im Genossenschaftswesen in Dresden" aus und war schließlich seit 1954 Berater bei einer Volksbank in der Bundesrepublik (vgl. Schubert 1989: 48).

Eine rechtswissenschaftliche Stimme

Hans Frank, der uns schon hinlänglich bekannte Nationalsozialist der ersten Stunde, gab 1935 das „Nationalsozialistische Handbuch für Recht und Gesetzgebung" heraus. Und in diesem Sammelband war Rudolf Ruth, Rechtswissenschaftler an der Universität Frankfurt am Main, mit einem Beitrag unter dem Titel „Das Recht der Erwerbs- und Wirtschaftsgenossenschaften im nationalsozialistischen Staat" vertreten. Er begann – zutreffender Weise – mit der Feststellung, dass nach der „Übernahme der Macht durch die nationalsozialistische Regierung" man sich beeilt habe, „die Führung der Genossenschaften gleichzuschalten", um dann fortzufahren: „Daß es mit dieser äußeren Gleichschaltung nicht getan war und getan seit konnte, daß Größeres, Umwälzendes von den Genossenschaften zu verlangen sei, war auf diesem Gebiet des deutschen Wirtschaftslebens ebenso sicher wie auf jedem anderen." (Ruth 1935: 1175).

Partei und Staat stünden noch mitten im Kampf gegen den materialistischen Geist und dabei seien die Genossenschaften wertvollste Mitstreiter. Deshalb gab Ruth ihnen gewissermaßen eine Bestandsgarantie, allerdings keine unbedingte: „Solange es Aktiengesellschaften und Konzerne gibt, können auch die Genossenschaften aus der Struktur des Wirtschaftslebens nicht gestrichen werden."

Es sei allerdings wahrscheinlich, „daß die Genossenschaften von selbst verschwinden werden, wenn einmal die wahrhaft nationalsozialistische Gesinnung Gemeingut aller Erzeuger und Händler geworden ist". Das erfordere aber mindestens ein Menschenalter. Zurzeit sei also unumwunden zugegeben, „daß die Genossenschaft in ihrer gegenwärtigen Verfassung noch kein geeignetes Kampfinstrument abzugeben vermag". Aber, wenn der Staat es den „Volksgenossen gestattet, sich zu eigenem Vorteil zu wirtschaftlichen Organisationen zusammenzuschließen", dann dürfe das nicht zur eigenen Bereicherung missbraucht werden. (Ruth 1935: 1178ff.).

Hinsichtlich der Revision (Ruth sprach tatsächlich noch von Revision und nicht von Prüfung) gemäß der Novellierung vom Oktober 1934 erklärte Ruth, es hätte schließlich die wilden Genossenschaften gegeben (und gäbe sie teilweise immer noch), deren Geschäftsgebaren „sich dem zentralen Einfluß und der Kontrolle der Öffentlichkeit allzusehr entzieht". Die nationalsozialistische Regierung habe sich deshalb „beeilt, die Versäumnisse früherer Regierungen wieder gutzumachen". Zu dieser „Wiedergutmachung" gehörte für Ruth dann auch, dass nur die Reichsregierung den Verbänden das Prüfungsrecht verleihen könnte. (Vgl. Ruth 1935: 1193). Bei der Durchsetzung des Führerprinzips in den Genossenschaften gebe es noch rechtliche Mängel, wie etwa die immer noch geltenden Rechte von Aufsichtsrat und Generalversammlung. Deshalb sollte zum einen bei kleinen Genossenschaften der Vorstand nur mit einer Person besetzt werden und zum anderen sollte dem Aufsichtsrat

„das Recht zur Berufung und Abberufung von Vorstandsmitgliedern" entzogen werden. „Es kann dies um so eher
geschehen, wenn die berufsständische Kontrolle wirksam
wird." (Vgl. Ruth 1935: 1207f.). Irgendeine Lücke in der
Darstellung des engmaschigen Kontrollnetzes wurde pein-
lich vermieden. Auf Ruth wird noch zurückzukommen sein.

Zusammenfassung:

*Die Begründungen und Interpretationen des Gesetzes vom
Oktober 1934, seien sie amtlicher Natur oder stammten sie
von den gleichgeschalteten Verbänden oder der Rechtswissenschaft, zeigen, dass die Novellierung und mit ihr die
generelle Einführung des Anschlusszwanges aus nationalsozialistischem Geist stammten.*

10. Die ungestörten Übergänge 1945

Die nationalsozialistische „Akademie für Deutsches Recht" ist uns schon bekannt. Die Protokolle ihrer zahlreichen Ausschüsse sind in den letzten Jahrzehnten veröffentlicht worden. Der letzte Band ist 2019 herausgekommen und der Band mit den Protokollen des Ausschusses für Genossenschaftsrecht 1989. Dessen Herausgeber war Werner Schubert, einer der Herausgeber der gesamten Reihe. Von ihm stammt denn auch die Einleitung zu den Protokollen des Genossenschaftsrechtsausschusses, deren erster Satz lautet: „Die Schwierigkeiten, mit denen die Genossenschaften in den Jahren 1933 und 1934 zu kämpfen hatten, sind von Rudolf Ruth, einem der maßgebenden Mitglieder des Genossenschaftsrechtsausschuss und bekannter Genossenschaftsrechtler der dreißiger Jahre, Ende 1934 wie folgt umschrieben worden [...]." (Schubert 1989: 1). Ruth kennen wir schon.

Man reibt sich verdutzt die Augen: 1934 beschreibt jemand die aktuellen Schwierigkeiten der Genossenschaften, aber wo und wann hat er seine Schrift veröffentlicht? Im Exil? Nach 1945? Tatsächlich geschah das an prominenterer Stelle, nämlich im „Nationalsozialistischen Handbuch für Recht und Gesetzgebung", 1934 erschienen (Schubert zitiert aus der 2. Auflage von 1935) und von Hans Frank herausgegeben, dem „Reichskommissar für die Gleichschaltung der Justiz in den Ländern und für die Erneuerung der Rechtspflege". Ruth war nach Meinung Schuberts offensichtlich als objektiver Sachverständiger des Genossenschaftswesens der frühen nationalsozialistischen Herrschaft ausgewiesen. Schubert zitiert nämlich nach seinem Einleitungssatz aus Ruths Aufsatz eine Passage von – geschätzt – mehr als 4.000 Zeichen. Und er nutzt diese Quelle, ohne sich von irgendeiner Aussage zu distanzieren, sie zu erläutern, einzuordnen.

Aus dem langen Zitat nun erfährt der Leser Folgendes: Die Genossenschaften seien nach der Machtübernahme durch die Nationalsozialisten ängstlich und unsicher gewesen. „Man" habe sich beeilt, die Führung der Genossenschaften gleichzuschalten. Mit dieser äußeren Gleichschaltung sei es aber nicht getan gewesen. Von den Genossenschaften wäre Größeres, Umwälzendes zu erwarten gewesen. Zahlreiche Genossenschaften, insbesondere die Konsumvereine, seien im marxistischen Fahrwasser geschwommen und wären zu Finanzierungsinstrumenten politischer Bestrebungen geworden. In der Vergangenheit hätten sie sich nicht als Förderer der nationalsozialistischen Weltanschauung erwiesen. Dieser Zustand sei nicht geeignet gewesen, das Vertrauen und die Zuneigung der nationalsozialistischen Regierung zu erwecken. (Vgl. Schubert 1989: 1f.).

Dass der Leser vom Autor eines nationalsozialistischen Handbuchs nichts vom Putsch Darrés bei den landwirtschaftlichen Genossenschaften, nichts von der Zerstörung konsumgenossenschaftlicher Einrichtungen, nichts von der Verweigerung der Mitgliedschaft jüdischer Genossenschaften in einem Prüfungsverband erfährt, um nur einige der „Schwierigkeiten" der Genossenschaften 1933/34 zu nennen, dafür aber vom marxistischen Fahrwasser, in dem die Konsumvereine schwammen, ist nicht weiter erstaunlich. Dass über die Realitäten jener Jahre aber auch noch 55 Jahre später der Mantel des Vergessens gelegt wird, ist schon recht verwirrend.

Wenige Seiten später bezieht Schubert sich auf die genossenschaftshistorischen Darstellungen von Faust („Geschichte der Genossenschaftsbewegung") und Hasselmann („Geschichte der deutschen Konsumgenossenschaften") und behauptet, sie würden „nicht hinreichend die Strukturwandlungen des Genossenschaftswesens unter dem Nationalsozialismus" behandeln, die auch nach 1945

„nicht ohne Bedeutung gewesen sein dürften". Ob Schubert damit auch auf den bis heute geltenden Anschlusszwang zielt, bleibt offen. Er setzt aber noch eins drauf. Denn er behauptet ferner, Faust und Hasselmann würden „wohl nicht immer der Gedankenwelt der nationalsozialistischen Genossenschaftsführer gerecht, denen man kaum pauschal ein ‚wirkliches Verständnis für das Wesen der Genossenschaften' absprechen kann". (Vgl. Schubert 1989: 5). Es muss darauf hingewiesen werden, dass der Terminus „Genossenschaftsführer" in diesem Zitat nicht wiederum Zitat aus einem nationalsozialistischen Text ist, sondern vom Autor 1989 wie selbstverständlich verwandt worden ist. Möglicherweise wirkt hier die Schrift jenes Rudolf Ruth nach, die 1936 unter dem Titel „Führerprinzip im Genossenschaftsrecht" erschienen ist.

Das führt zu der Frage: Versucht Schubert eine Apologie nationalsozialistischer Politik auf dem Gebiet des Genossenschaftswesens? Aber es gibt Widersprüchliches. Schubert schreibt nämlich auch, dass zwar die Novellierung von 1934 im Wesentlichen auf den Vorschlägen der Verbände in den Jahren vorher beruhe, „lediglich die Verstärkung der Aufsichtsrechte des Staats über die Prüfungsverbände und letzterer über die einzelnen Genossenschaften bedeutete einige Konzessionen an die nationalsozialistische Wirtschaftsdoktrin". Dass mit diesen Zwängen die Seele freier Genossenschaften eines Schulze-Delitzschs, eines Wilhelm Haas', eines Eduard Pfeiffers, eines Heinrich Kaufmanns zerstört war, spielt für Schubert offensichtlich keine Rolle. Dabei weiß er sogar noch Gravierenderes zu sagen: Es hätte „weitere Eingriffe in die Autonomie der Genossenschaften" gegeben, wie die „wirtschaftslenkenden und berufsständischen Gesetze und Verordnungen". Schließlich sei „noch auf die Sondergesetze insbesondere für die Konsum- und Wohnungsbaugenossenschaften hinzuweisen". (Vgl. Schubert 1989: 11). Schubert weiß auch, dass dem Nationalsozialismus „vor allem die demokratische Verfassung der Genossenschaften, die eine übergreifende

Kontrolle unmöglich zu machen schien", „in hohem Maße suspekt war". (Schubert 1989: 17).

Diese Widersprüche bei Schubert wirken wie aus der Welt gefallen. Auf der einen Seite scheint er begriffen zu haben, dass im und durch den Nationalsozialismus das ursprüngliche Genossenschaftswesen zerstört worden ist und auf der anderen Seite zeigt er Verständnis für nationalsozialistische Sichtweisen, also für die Zerstörer. Diese Widersprüche, 1989 formuliert oder vielmehr öffentlich gemacht, reflektieren, wie mir scheint, auf eigenartige Weise die wechselnden, einander widersprechenden Positionen führender Vertreter des Genossenschaftswesens in drei Epochen: der Weimarer Republik, dem Nationalsozialismus, der Nachkriegszeit (in den westlichen Besatzungszonen und dann in der Bundesrepublik). Wenigstens ansatzweise soll das an drei Protagonisten der gewerblichen Genossenschaften verdeutlicht werden.

Beginnen wir mit Reinhold Letschert, Jahrgang 1882, vor 1933 Vorstandsmitglied einer Kreditgenossenschaft, Verbandsprüfer, auch nach 1933 in ähnlichen Funktionen, 1954-57 Mitglied des Aufsichtsrates der Volksbank Kassel (vgl. Schubert 1989: 58). Er ist schon zitiert worden.

In seiner kleinen Schrift von 1921 (der zweiten Auflage) stellte er fest: „Der Allgemeine Verband [der wenig später Deutscher Genossenschaftsverband hieß] wehrt sich entschieden gegen die Einführung gesetzlicher Zwangsbefugnisse des Revisionsverbandes [...]. Sie würden den Revisionsverband mit einer Verantwortung beladen, die er nicht tragen kann. [...] Die Genossenschaft soll in ihren Entschließungen frei sein. Die Selbstverwaltung und Selbstverantwortung müßten untergraben werden, sobald dem Revisionsverband gesetzliche Zwangsbefugnisse gegenüber seinen Genossenschaften übertragen würden." (Letschert 1921: 48f.).

Offensichtlich noch immer in den gleichen Funktionen, war fünfzehn Jahre später von Letschert eine andere Version zu hören. Am 12. Mai 1936 referierte er vor dem Genossenschaftsrechtsausschuss der Akademie für Deutsches Recht zu dem Thema „Genossenschaftliches Prüfungswesen" und behauptete: „Genossenschaftlicher Geist, echte genossenschaftliche Arbeit ist [sic] innig verwandt mit nationalsozialistischer Wirtschaftsauffassung. Die Genossenschaften sind in der Tat dazu berufen und hervorragend geeignet, die nationalsozialistischen Wirtschaftslehren in die breite Masse des Volkes zu tragen, damit sie hier in die Tat umgesetzt werden können." Dazu hätten die Verbände den „gewaltigen in den Genossenschaften zusammenfließenden Kapitalstrom" so zu lenken, dass „die Wirtschaftspolitik des nationalsozialistischen Staates tatkräftig unterstützt wird". Denn die Verbände seien Sachwalter öffentlicher Interessen mit besonderer Verantwortung gegenüber dem Staat. (Schubert 1989: 133).

Abermals 15 Jahre später war der Zwang gar kein Zwang und die Verbände taten ihr Bestes für die Genossenschaften ohne an den Staat oder die nationalsozialistische Wirtschaft zu denken: „Der im Jahre 1934 eingeführte Verbandszwang hat sich unbestrittenermaßen bewährt. [...] Auch die Genossenschaften selbst und vor allem alle gutgeleiteten Genossenschaften sind mit dieser Einrichtung einverstanden und haben sie nie als lästigen Zwang empfunden, im Gegenteil, sie sind davon überzeugt, daß dieser Zwang nötig ist [...]. Der Verbandszwang dient also zum Schutze der Mitglieder und Gläubiger der Genossenschaft. [...] Wenn schon vor 1934 nur ein kleiner Bruchteil der Genossenschaften außerhalb der Verbandsorganisation stand, so sind nach Einführung des Verbandszwangs kaum Klagen genossenschaftlicher Kreise über diesen Zwang laut geworden, das beste Zeichen dafür, daß die Genossenschaften diesen Zwang für notwendig und nützlich angesehen haben und heute noch ansehen." (Letschert 1951: 23ff.). Die Bemerkung, dass „kaum Klagen" laut geworden seien, offenbart

allerdings einen gewissen Zynismus. Denn unter nationalsozialistischer Herrschaft über ein Gesetz zu klagen, war
recht verwegen gewesen, und trotzdem muss es ja Klagen
gegeben haben, wenn auch „kaum" laut geworden, aber
unter den Bedingungen des nationalsozialistischen Herrschaftssystems um so respektabler.

Der zweite Vertreter, der jetzt zu Wort kommen soll, ist
Johann Lang. Er war „nach Teilnahme am Ersten Weltkrieg"
Referent im Reichswirtschaftsministerium und wechselte
1926 in die Anwaltschaft des DGV. Im August 1932 wurde
er der eigentliche Anwalt, also später Nachfolger Schulze-
Delitzschs. Nach 1945 war er am „Wiederaufbau des
gewerblichen Genossenschaftswesens führend beteiligt".
(Vgl. Schubert 1989: 57).

Auf dem Genossenschaftstag des DGV von 1930 erinnerte
Lang an die straffe Regelung des rumänischen Genossenschaftswesens (worüber ebenfalls schon berichtet wurde):
Es dürfe dort keine Genossenschaft ohne Zustimmung des
Revisionsverbandes gegründet werden, der Verband könne
gegebenenfalls die Verwaltung einer Genossenschaft durch
eine andere ersetzen. Aber „eine ähnliche Aenderung unseres Genossenschaftsgesetzes ist natürlich ganz ausgeschlossen. Das widerspräche der Entwicklung unseres
deutschen Genossenschaftswesens […]." (DGV-GenTag
1930: 43).

Auf dem Genossenschaftstag vier Jahre später war dann
aber das Führerprinzip für Lang „ein altbewährter genossenschaftlicher Grundsatz". (Vgl. DGV-GenTag 1936: 38). In
dem von Johann Lang und Ludwig Weidmüller gemeinsam
verfassten Kommentar von 1938 zum Genossenschaftsgesetz war in der Einleitung zu lesen: „Ein neuer Abschnitt
auch in der Geschichte des deutschen Genossenschaftsgesetzes begann mit der nationalen Erhebung des deutschen Volkes unter seinem Führer und Reichskanzler Adolf
Hitler im Jahre 1933. Nationalsozialistisches Gedankengut

fand seinen Ausdruck in mehreren umfangreichen Novellen zum Genossenschaftsgesetz, die von dem Willen des nationalsozialistischen Staates zu einer intensiven Weiterentwicklung des deutschen Genossenschaftsgesetzes Zeugnis ablegen." Dazu wurde ausdrücklich auch die Novelle von 1934 gezählt. Am Ende der Einleitung wurde die Zuversicht ausgedrückt, dass die Arbeiten des Genossenschaftsrechtsausschusses „die Grundlage für eine endgültige Neugestaltung des Genossenschaftsgesetzes unter Berücksichtigung nationalsozialistischer Grundsätze bilden". (Lang/Weidmüller 1938: 11ff.).

Nach 1945 bildete der Anschlusszwang für Lang sogar eine quasi selbstverständliche und völlig harmlose Ergänzung vorangegangener Entwicklungen: „Der Anschlußzwang ist lediglich eine Forderung aus den Erfahrungen der Vergangenheit. [...] Nachdem nun einmal die Genossenschaften verpflichtet sind, sich durch einen Prüfungsverband, dem das Prüfungsrecht verliehen ist, prüfen zu lassen, wie die Aktiengesellschaften durch den öffentlich-bestellten Wirtschaftsprüfer, kann die Verpflichtung, sich zu diesem Zweck auch einem Prüfungsverband anzuschließen, nicht als Koalitionszwang, sondern nur als eine ganz konsequente Maßnahme zur Durchführung der gesetzlich vorgeschriebenen Pflichtprüfung angesehen werden." (Lang 1951: 256). Nicht wirklich überraschend erhielt Johann Lang 25 Jahre nach seiner Feststellung, dass das Führerprinzip ein altbewährter genossenschaftlicher Grundsatz sei, vom DGV folgendes bescheinigt: „Gegen die Einführung des Führerprinzips bei den Genossenschaften, was ja nichts anderes bedeutete als die Aufgabe der Selbsthilfe und der Selbstverantwortung, hat Dr. Lang sich in Wort und Schrift wie auch im Genossenschaftsausschuss der Akademie für deutsches Recht erfolgreich zur Wehr gesetzt." So war es in der Festschrift zum hundertjährigen Bestehen des DGV zu lesen. (DGV-Festschrift 1959: 69f.).

Als letzter in dieser kleinen Reihe sei Reinhold Henzler

vorgestellt. Henzler, Jahrgang 1902, schrieb seine Dissertation über die Rückvergütung bei den Konsumvereinen und machte anschließend Karriere in der Wissenschaft, vor allem in Frankfurt am Main, war Gaudozentenführer des Nationalsozialistischen Deutschen Dozentenbundes, durfte nach 1945 für sieben Jahre nicht mehr an der Universität lehren, erst wieder seit 1952 in Hamburg. Er war seit 1937 Direktor des Frankfurter Instituts für Genossenschaftswesen und gründete dann im Rahmen seiner Hamburger Tätigkeit dort ein Institut für Genossenschaftswesen. Zwei Jahre nach Henzlers Tod 1968 erschien ein Sammelband seiner Aufsätze als postume Ehrung. Er hatte viel auch in der „Zeitschrift für das gesamte Genossenschaftswesen" veröffentlicht. (Vgl. Schubert 1989: 4, 54f. u. Wikipedia, Henzler: 08.01.2020).

Der genossenschaftliche Führer war für Henzler eine schlichte Selbstverständlichkeit und Demokratie eine zu unsichere Angelegenheit. Bedingungslose Gefolgschaft war erwünscht. So schrieb er 1934: „Das Gesamtinteresse der genossenschaftlichen Gemeinschaft erheischt eine Stabilität der Gemeinschaftsführung. Die Führung muß in die Lage versetzt werden, ihr Handeln in jedem Einzelfall auf lange Sicht einzustellen. Nur so wird es dem Führer der Genossenschaft ermöglicht, den Genossen gegenüber die Richtigkeit seines Handelns schließlich unter Beweis zu stellen. Und die Genossen davon zu überzeugen. Ihm muß, gegebenenfalls durch entsprechende Machtmittel, zunächst die Gemeinschaft bedingungslos folgen." Direkte Demokratie könne zu Zufallsmehrheiten führen. „Doch wird man angesichts der geschilderten Gefahrenquellen den Vorstand einer Genossenschaft, der andererseits eine ganz überragende Verantwortung zu tragen hat, im Interesse der Genossenschaft auf ein stärkeres, sachlicheres Fundament stellen müssen. Dazu dürfte in der Mitwirkung einer übergeordneten Instanz, beispielsweise der mit der Revision beauftragten, der gegebene Weg sein. Eine solche Mitwirkung bei der Bestellung und bei der Abberufung des

Vorstandes [...] macht seine Stellung gegenüber den Genossen und dem genossenschaftlichen Betrieb souverän [...]." Das läge „in der Richtung einer konsequenten Durchführung des Führerprinzips". Das sei „im Genossenschaftswesen leichter durchführbar als in der Privatwirtschaft und bedeute eine weitgehende Annäherung an die staatspolitische Gestaltung". Und weiter heißt es bei Henzler: „In variierter Form könnte der Führergedanke dann schon jetzt im Genossenschaftswesen Eingang finden, wenn sämtliche Genossenschaften einem Revisionsverband angeschlossen sein müßten und wenn sämtliche Revisionsverbände, die ihre Tätigkeit nicht auf das ganze Reichsgebiet erstrecken, in einen genossenschaftlichen Zentralverband als Spitzenorganisation eingegliedert würden." (Henzler 1934: 37ff.). Also die staatspolitische Gestaltung des Nationalsozialismus sollte Vorbild für das Genossenschaftswesen sein.

Nach 1945 spricht Henzler von der „Berechtigung des einst von allen deutschen Genossenschaftszweigen gewünschten, im deutschen Genossenschaftsgesetz verankerten Anschlußzwangs". (Vgl. Henzler 1970: 63). Er hatte das in einem Aufsatz mit dem Titel „Der genossenschaftliche Grundauftrag: Förderung der Mitglieder", erschienen 1951 in der „Zeitschrift für das gesamte Genossenschaftswesen", formuliert. Vom Führerprinzip, das Henzler 1934 geradezu leidenschaftlich vertreten hatte, war jetzt, siebzehn Jahre später, keine Rede mehr bei ihm. Der Aufsatz von 1951 ist zusammen mit rund zwei Dutzend anderen Arbeiten Henzlers aus der Nachkriegszeit von der Deutschen Genossenschaftskasse (der Nachfolgerin der DZGK) in dem ehrenden Sammelband von 1970 erschienen. Von den rund drei Dutzend Aufsätzen, die Schubert 1989 in seinen biografischen Angaben zu Henzler für die Zeit von 1933 bis zum Kriegsende nennt, ist interessanterweise den Herausgebern 1970 keiner als ausreichend bemerkenswert erschienen, um dem Vergessen entrissen zu werden. Das dürfte ja wohl Gründe haben. Übrigens, auch für die drei den Sammelband einleitenden Würdigungen von Karl Aleweil, Johannes Fettel und Georg Draheim beginnt das wirkliche Leben Henzlers offensichtlich auch erst mit seiner Hamburger Professur. Jedenfalls huschen sie über die dreißiger und vierziger Jahre sehr wortkarg hinweg. (Vgl. Henzler 1970: 11ff., 16ff., 19ff.).

Um 1950 begann in der Bundesrepublik wieder die Diskussion um eine Reform des Genossenschaftsgesetzes. Im Herbst 1954 richtete das Bundesjustizministerium eine Sachverständigenkommission zur Überprüfung des Genossenschaftsrechts ein. Die Kommission arbeitete bis 1958 und veröffentlichte zwischen 1956 und 1959 in drei Bänden die Referate der Kommissionsmitglieder. Es mag von heute aus gesehen erstaunlich wirken, aber tatsächlich „waren der Akademiebericht und der Entwurf des Reichsjustizministeriums [von 1940] die wichtigsten Beratungsunterlage". Realistisch gesehen war das weniger überraschend, denn fünf der Kommissionsmitglieder waren bereits Mitglieder im Genossenschaftsrechtsausschuss der Akademie für Deutsches Recht gewesen und „stellten die Verbindung zwischen den Beratungen des Akademieausschusses und den Arbeiten der Sachverständigenkommission [...] her". Dabei handelte es sich um Henzler, Lang, Schröder, Loest und König. (Vgl. Schubert 1989: 2).

Henzler und Lang sind bereits bekannt. Georg Schröder war der Mitarbeiter im Reichsjustizministerium, der 1935 nach gesetzlichen Bestimmungen verlangt hatte, um „die Beteiligung der Prüfungsverbände im genossenschaftlichen Leben bei jeder Genossenschaft und zu jedem Zeitpunkt" zu sichern. (Vgl. Schröder 1935: 1670). Er war Jahrgang 1905, nach der Promotion Referent im Reichsjustizministerium, 1935 Richter am Landgericht Stettin, auch nach 1945 als Richter tätig, seit 1957 am Bundesarbeitsgericht (vgl. Schubert 1989: 65f.). Johannes Loest, 1895 geboren, war Rechtsanwalt und Notar, seit 1928 bei der Preußenkasse tätig, der späteren DZGK, von 1932 bis 1945 deren stellvertretender Präsident und nach 1945 in ihren Nachfolgeeinrichtungen führend tätig (vgl. Schubert 1989: 58f.). Paul König, 1891 geboren, war von der Lehre angefangen bis zum Ende seines Arbeitslebens bei der Edeka tätig (vgl. Schubert 1989: 56f.).

Das Bundesjustizministerium legte dann 1962 den Referentenentwurf eines neuen Genossenschaftsgesetzes vor. Er stimmte nur teilweise mit den Vorschlägen der Sachverständigenkommission überein. Der „Wirkungskreis" der Prüfungsverbände und der Spitzenverbände sollte eingeschränkt werden und – der Anschlusszwang sollte abgeschafft werden. Aber „die vier genossenschaftlichen Spitzenverbände lehnten den Entwurf ab" (vgl. Schubert 1989: 45) und sie setzten sich durch. So gilt der Anschlusszwang noch heute.

Damit wären wir wieder bei den Widersprüchen dieses Teils genossenschaftlicher Geschichte – oder genauer: genossenschaftsverbandlicher Geschichte – angekommen:

- Kein Genossenschaftsverband und kein führender Vertreter eines Verbandes wünschte sich vor 1933 irgendeine gesetzliche Regelung, die auf irgendeine Art auf den Anschlusszwang hinausgelaufen wäre. Im Gegenteil, Überlegungen, die in diese Richtung gingen, wurden – zum Teil sogar vehement – abgelehnt. Alle Verbände beruhten bis Oktober 1934 auf freiwilliger Mitgliedschaft. Sie lehnten Zwänge grundsätzlich ab. Sie wandten sich auch gegen staatliche Einflussnahmen, denn – in den Worten Hans Crügers – staatliche Kontrolle ertötet das genossenschaftliche Leben. Die Verbände waren zutiefst der demokratischen Verfassung der Genossenschaften verpflichtet.

- 1934 wurde der Anschlusszwang ohne Rücksicht auf die gegenteiligen Erwartungen der Verbände von der nationalsozialistischen Gesetzgebung ins Genossenschaftsrecht eingeführt. Aber nicht nur das: Genossenschaften hatten – gemäß den Formulierungen auch von Verbandsvertretern – dem gemeinen Nutzen von Volk und Reich zu dienen. Die Prüfungsverbände sollten sich bei jeder Gelegenheit und zu jedem Zeitpunkt am genossenschaftlichen Leben beteiligen, bis hin zur Kontrolle ihres Finanzgebarens.

- Nach 1945 lehnten die Verbände es erfolgreich ab, den Anschlusszwang wieder aus dem Genossenschaftsgesetz zu streichen. Denn die personellen Kontinuitäten in den Verbänden und in der genossenschaftsrechtlichen Wissenschaft sind niemals in Frage gestellt worden. Deshalb konnte sich, wer sich nach 1933 den nationalsozialistischen Ansprüchen zur Verfügung gestellt und sie entschieden vertreten hatte, auch nach 1945 an den Diskussionen über das Genossenschaftswesen und das Genossenschaftsrecht ungehindert, ja unwidersprochen beteiligen.

Der Bruch in der Entwicklung des deutschen Genossenschaftswesens ist also 1933/34 erfolgt, das Jahr 1945 weist dagegen erhebliche Kontinuitäten auf. Mit diesen Kontinuitäten haben sich die Verbände niemals auseinandergesetzt, ebenso wenig wie mit den Brüchen 1933/34. Das ist umso merkwürdiger, aber auch folgenreicher, als die Verbände – sehen wir von einzelnen Konsumgenossenschaften und wahrscheinlich auch Arbeiterbaugenossenschaften ab – die ersten Opfer nationalsozialistischer Genossenschaftspolitik waren. Zwar scheint es auf den ersten Blick so, als hätten sie in erheblichem Umfang profitiert. Denn wie in der Denkschrift des Genossenschaftsausschusses der Akademie für Deutsches Recht festgestellt wurde, sei dank der durch die Spitzenverbände erreichten „straffen Verbandsorganisation" die Möglichkeit eröffnet worden, auf die Wirtschaftsführung der Genossenschaften Einfluss zu nehmen und sie „geschäfts- und wirtschaftspolitisch nach einheitlichen Gesichtspunkten" zu leiten. Die Verbände fungierten also als eine Art von Konzernspitze. Sie selbst aber erhielten ihre

Satzung von dem jeweils zuständigen Reichsminister, der auch die Präsidenten ernannte (wenn der Minister, wie im Falle der landwirtschaftlichen Genossenschaften, nicht von vornherein selbst der Präsident war). Gemäß dem letzten Entwurf eines Genossenschaftsgesetzes hatten die Verbände dafür zu sorgen, dass die Genossenschaften ihre Aufgaben „zum Nutzen von Volk und Reich" erfüllen. So wurden die Verbände zu Erfüllungsgehilfen nationalsozialistischer Politik degradiert. Aber gerade wegen der dadurch erlittenen Deformierung ihres Charakters als freiwillige Zusammenschlüsse waren sie ja Opfer des Herrschaftssystems geworden. Der Anschlusszwang war Teil dieses Mechanismus und hatte die Entwicklung befördert. Allerdings hatten führende Funktionäre der Verbände diese Deformierung nicht nur willig hingenommen, sondern sogar unterstützt.

Nach 1945 fand keine Auseinandersetzung mit diesen Verstrickungen statt. Selbst noch Ende der achtziger Jahre findet das auf diese Weise gebrochene Selbstverständnis der großen Verbände – über welche Kommunikationskanäle auch immer – Eingang in die rechtswissenschaftliche Literatur, wie etwa bei Schubert.

Es scheint dringend erforderlich, dass die großen deutschen Genossenschaftsverbände, die sich in der Tradition der genossenschaftlichen Verbandsgeschichte sehen, unabhängige Fachhistoriker beauftragen, das Verhältnis des Genossenschaftswesens zum Nationalsozialismus gründlich zu untersuchen. Die Verbände können davon nur profitieren, denn gerade sie waren es ja, deren Selbstverständnis, deren Charakter unter dem nationalsozialistischen Würgegriff gelitten hatte. Wahrer genossenschaftlicher Geist hat sich vermutlich am ehesten noch bei einzelnen Genossenschaften erhalten, die sich dank günstiger Umstände dem totalen Zugriff entziehen konnten. Bei den Konsumgenossenschaften gibt es dafür wenigstens mündlich überlieferte Beispiele. Historische Untersuchungen, die sich, umgangssprachlich formuliert, mit den „Verstrickungen" der jeweiligen Institution mit dem nationalsozialistischen Herrschaftssystem befassen, sind bisher ebenso von Bundesministerien wie von Firmen oder Organisationen in großer Zahl in Auftrag gegeben worden. Auch das Bundesjustizministerium hat eine solche Studie veranlasst. Die Erkenntnisse daraus und die Diskussionen danach haben regelmäßig die vorher herrschende stickige Luft gereinigt. Selbst die „Berlinale", das jährlich stattfindende Filmfestival, hat sich im Januar 2020 vorgenommen, die „Festivalgeschichte mit externer fachwissenschaftlicher Unterstützung aufzuarbeiten", um die personellen Verknüpfungen aus der Zeit vor 1945 zur Festival-Geschichte kennenzulernen. (Zit. nach: FAZ 2020).

Und: Mit der Besetzung Österreichs und seiner Eingliederung ins Deutsche Reich 1938 waren auch die österreichischen Genossenschaften dem nationalsozialistischen Gewaltregime anheimgefallen. Zu den sieben Jahren bis zur Befreiung auch Österreichs stellt eine wissenschaftliche Verbandsgeschichte fest, dass sie „nicht als wirkliche Genossenschaftsgeschichte anzusehen" seien, weil „wesentliche Grundvoraussetzungen des reinen Genossenschaftswesens fehlen". (Vgl. Brazda/Schediwy/Todev 1997: 210f.). Das wäre ein klares Wort auch zur deutschen Genossenschaftsgeschichte.

Es ist zu bedauern, dass das nicht längst erfolgt ist, denn dann wäre die Existenz der Konsumgenossenschaft Altenburg und Umgebung eG heute noch nicht zu Ende, nur weil sie sich dem genossenschaftlichen Sündenfall von 1934 verweigert. Denn zwischen den Arbeiten an der Einleitung und dem Schluss dieser Untersuchung sind der Auflösungsbeschluss des Amtsgerichts Jena und seine Bestätigung durch das Landgericht Gera für – also: gegen – die Konsumgenossenschaft Altenburg erfolgt, ein später Sieg des Reichsbauernführers und des Reichskommissars für das Bankgewerbe. Übrigens, die Altenburger Konsumgenossenschaft ist schon einmal aufgelöst worden, das war 1941/42.

Literatur und Quellen

Allg. Verband 1913: Blätter für Genossenschaftswesen. Organ des
    Allgemeinen Verbandes Deutscher Erwerbs- und Wirtschafts
    genossenschaften, 60. Jg. 1913.
Archiv des Verfassers: Dok. GKB/NH 1933-45
Bludau 1968: Bludau, Kuno: Nationalsozialismus und Genossen-
    schaften. Hannover 1968.
Borsdorff 1934: Borsdorff, Kurt: Der genossenschaftliche Führer im
    Reichsnährstand. In: Heinz B. Strub u. a.: Neubildung des
    genossenschaftlichen Führertums. Berlin 1934.
Bracher 1956: Bracher, Karl Dietrich: Nationalsozialistische
    Machtergreifung und Reichskonkordat. Ein Gutachten zur
    Frage des geschichtlichen Zusamenhangs und der politischen
    Verknüpfung von Reichskonkordat und nationalsozialistischer
    Revolution. Hrsg. von der Hessischen Landesregierung in Wies-
    baden, April 1956.
Bracher 1962a: Bracher, Karl Dietrich: Stufen der Machtergreifung.
    In: Karl Dietrich Bracher, Wolfgang Sauer und Gerhard Schulz:
    Die nationalsozialistische Machtergreifung. Studien zur Errich-
    tung des totalitären Herrschaftssystems in Deutschland 1933/34.
    Zweite, durchgesehene Aufl. Köln und Opladen 1962.
Bracher 1962b: Bracher, Karl Dietrich: Die Technik der national-
    sozialistischen Machtergreifung. In: Theodor Eschenburg u. a.:
    Der Weg in die Diktatur 1918 bis 1933. München 1962.
Bracher 1984: Bracher, Karl Dietrich: Die Auflösung der Weimarer
    Republik. Eine Studie zum Problem des Machtzerfalls in der De-
    mokratie. Düsseldorf 1984.
Bracher u. a. 1998: Karl Dietrich Bracher, Manfred Funke u. Hans-
    Adolf Jakobsen (Hrsg.): Die Weimarer Republik 1918 – 1933.
    Bonn 3. Aufl. 1998.
Brazda/Schediwy/Todev 1997: Johann Brazda, Robert Schediwy u.
    Tode Todev: Selbsthilfe oder politisierte Wirtschaft. Zur
    Geschichte des Österreichischen Genossenschaftsverbandes
    (Schulze-Delitzsch) 1872 – 1987. Wien 1997.
Bredenbreuker 1930a: Bredenbreuker, Heinrich: Die Revision der
    Kreditgenossenschaften im Deutschen Genossenschaftsver-
    band e. V., Berlin 1930.
Bredenbreuker 1930b: Bredenbreuker, Heinrich: Aufbau und Aus-
    bau der Verbandsrevision im DGV. In: Mitteilungen über den

67. Deutschen Genossenschaftstag des Deutschen Genossenschaftsverbandes e. V. in Hamburg vom 31. August bis
3. September 1930. Berlin 1930.

Bredenbreuker 1936: Bredenbreuker, Heinrich: Die Aufgaben der
genossenschaftlichen Prüfungsverbände. In: Blätter für
Genossenschaftswesen 1936, S. 730.

Bundesarchiv R 3001/10663: Reichsjustizministerium.

Bundesarchiv R 3001/10664: Reichsjustizministerium.

Bundesarchiv R 3001/3066: Reichsjustizministerium.

Bundesarchiv R 3001/3067: Reichsjustizministerium.

Bundesarchiv R 3101/10504: Reichswirtschaftsministerium.

Bundesarchiv R 3101/10506: Reichsjustizministerium.

Bundesarchiv R 3601/1871: Reichsjustizministerium.

Bundesarchiv R 3601/2090: Reichsministerium für Ernährung und
Landwirtschaft.

Bundesarchiv R43 I/1297: Reichskanzlei.

Bundesarchiv R43-II/203: Reichslandwirtschaftsministerium.

Bundesarchiv R43-II/221: Reichskanzlei.

Bundesarchiv R 43-II/350: Reichskanzlei.

Bundesarchiv R 43-II/352b: Reichskanzlei. Darin archiviert:
Ley 1941.

Bürger 1933: Bürger, E. G.: Berufsständische Bewegung und
Genossenschaftswesen von der Genossenschaften im deut-
schen Sprachraum. 3. überarb. u. stark erweiterte Aufl.
Frankfurt am Main 1977.

BVerfG 1957: Bundesverfassungsgericht: Urteil vom 26. März
1957 – 2 BvG 1/55, BVerfGE 6, 309 – 367.

Crüger 1920: Crüger, Hans: Zur Revision des Genossenschaftsgesetzes. In: Beiträge zur Erläuterung des Deutschen Rechts.
Neue Folge, 1. Jg. 1920.

Crüger 1928: Hans Crüger, Adolf Crecelius und Fritz Citron: Das
Reichsgesetz, betreffend die Erwerbs- und Wirtschaftsgenossenschaften. Elfte, neubearb. Aufl. Berlin und Leipzig 1928.

DGV-Festschrift 1959: Deutscher Genossenschaftsverband
(Schulze-Delitzsch) e. V. (Hrsg.): Festschrift zur 100-Jahrfeier
des Deutschen Genossenschaftsverbandes (Schulze-
Delitzsch) e. V., Bonn 1959.

DGV-GenTag 1929: Mitteilungen über den 66. Deutschen Genossenschaftstag des Deutschen Genossenschaftsverbandes
e. V. in Hamburg vom 8. bis 11. September 1929 in Stuttgart.
Berlin 1929.

DGV-GenTag 1930: Leitsätze zu dem Vortrag: Aufbau und Ausbau der Verbandsrevision im DGV. In: Mitteilungen über den

67. Deutschen Genossenschaftstag des Deutschen Genossenschaftsverbandes e. V. in Hamburg vom 31. August bis
3. September 1930. Berlin 1930.
DGV-GenTag 1932: Mitteilungen über den 68. Deutschen Genossenschaftstag des Deutschen Genossenschaftsverbandes e. V.
in Dortmund vom 21. bis 24. August 1932. Berlin 1932.
DGV-GenTag 1933: Mitteilungen über den 69. Deutschen Genossenschaftstag des Deutschen Genossenschaftsverbandes e. V.
in Berlin vom 25. und 26. August 1933. Berlin 1933.
DGV-GenTag 1935: Mitteilungen über den 70. Deutschen Genossenschaftstag des Deutschen Genossenschaftsverbandes e. V.
in Berlin am 15. Dezember 1934. Berlin 1935.
DGV-GenTag 1936: Mitteilungen über den 71. Deutschen Genossenschaftstag des Deutschen Genossenschaftsverbandes in
Berlin am 11. Dezember 1936. Berlin 1937.
DGV-Jahrbuch 1930: Jahrbuch des Deutschen Genossenschafts-
verbandes, 70. Folge 1930.
DGV-Zeitschrift 1934: Blätter für Genossenschaftswesen 1934.
DGV-Zeitschrift 1936: Blätter für Genossenschaftswesen 1936.
Dreier/Waldhoff 2018: Text der Reichsverfassung vom 11. August
1919. In: Horst Dreier und Christian Waldhoff (Hrsg.): Das
Wagnis der Demokratie. Eine Anatomie der Weimarer Reichs-
verfassung. München 2018.
Evans 2004: Evans, Richard J.: Das Dritte Reich. Bd. 1 Aufstieg.
Frankfurt – Wien – Zürich 2004.
Evans 2006: Evans, Richard J.: Das Dritte Reich. Bd. 2/2 Diktatur.
München 2006.
Faust 1977: Faust, Helmut: Geschichte der Genossenschafts-
bewegung. Ursprung und Weg der Genossenschaften im deut-
schen Sprachraum. 3. überarb. u. stark erweiterte Aufl.
Frankfurt am Main 1977.
FAZ 2020: Frankfurter Allgemeine Zeitung, 31. Januar 2020.
Felder 2000: Felder, Josef: Warum ich Nein sagte. Erinnerungen
an ein langes Leben für die Politik. Zürich – München 2000.
Feldmann 1936: Feldmann, Walter: Die Rechtsstellung des
Prüfers (Revisors) und der Prüfungsverbände (Revisionsver-
bände) bei den Erwerbs- und Wirtschaftsgenossenschaften in
ihrer Entwicklung und nach geltendem Recht. (Dissertation
Albert-Ludwigs-Universität Freiburg i. Br.) Bonn 1936.
Fischer 2006: Fischer, Albert: Jüdische Genossenschaftsbanken
im nationalsozialistischen Deutschland 1933 – 1938. In: Viertel-
jahreshefte für Zeitgeschichte. 54. Jg. Heft 3.

Flugblatt 1920: Grundsätzliches Programm der nationalsozialistischen Deutschen Arbeiter-Partei. München 1920. [Einseitig bedrucktes Flugblatt].

Fraenkel 1984: Fraenkel, Ernst: Der Doppelstaat. Recht und Justiz im „Dritten Reich". Frankfurt am Main 1984.

Frank 1988: Frank, Claudia: Der „Reichsnährstand" und seine Ursprünge. Struktur, Funktion und ideologische Konzepte. Hamburg 1988.

Genossenschaftsblatt 1930: Deutsches landwirtschaftliches Genossenschaftsblatt. Veröffentlichungsblatt des Reichsverbands der deutschen landwirtschaftlichen Genossenschaften – Raiffeisen – e. V., 1. Jg. 1930.

Genossenschaftsblatt 1931: Deutsches landwirtschaftliches Genossenschaftsblatt. Veröffentlichungsblatt des Reichsverbands der deutschen landwirtschaftlichen Genossenschaften – Raiffeisen – e. V., 2. Jg. 1931.

Genossenschaftsblatt 1932: Deutsches landwirtschaftliches Genossenschaftsblatt. Veröffentlichungsblatt des Reichsverbands der deutschen landwirtschaftlichen Genossenschaften – Raiffeisen – e. V., 3. Jg. 1932.

Genossenschaftsblatt 1933: Deutsches landwirtschaftliches Genossenschaftsblatt. Veröffentlichungsblatt des Reichsverbands der deutschen landwirtschaftlichen Genossenschaften – Raiffeisen – e. V., 4. Jg. 1933.

Grahl 1933: Grahl, Erich: Meine Aufgabe. In: Konsumgenossenschaftliche Rundschau 1933.

Guenther 1932: Guenther, Ernst: Neue Meister kraft Blut und Arbeit. Versuch zur Neuordnung und zum Schutz des Deutschen Handwerks, Deutschen Handels und Deutsche Gewerbes. Berlin 1932.

Hachtmann 2012: Hachtmann, Rüdiger: Das Wirtschaftsimperium der Deutschen Arbeitsfront. Göttingen 2012.

Hachtmann u. Süß 2006: Hachtmann, Rüdiger und Süß, Winfried: Kommissare im NS-Herrschaftssystem. In: Rüdiger Hachtmann und Winfried Süß (Hrsg.): Hitlers Kommissare. Sondergewalten in der nationalsozialistischen Diktatur. Göttingen 2006.

Hasselmann 1971: Hasselmann, Erwin: Geschichte der deutschen Konsumgenossenschaften. Frankfurt am Main 1971.

Hauptverband 1915: Hauptverband deutscher gewerblicher Genossenschaften (Hrsg.): Jahrbuch des Hauptverbandes deutscher gewerblicher Genossenschaften e. V. für 1913. Berlin 1915.

Henzler 1934: Henzler, Reinhold: Erneuerung des deutschen Genossenschaftswesens. Berlin 1934.

Henzler 1970: Henzler, Reinhold: Der genossenschaftliche Grundauftrag: Förderung der Mitglieder. Gesammelte Abhandlungen und Beiträge. Frankfurt am Main 1970.

Hildebrand 1938: Hildebrand, Karl: Genossenschaften. In: Handwörterbuch der Betriebswirtschaft. Bd. 1 Stuttgart 1938.

Hitler 2016: Hitler, Adolf: Mein Kampf. Eine kritische Edition. Hrsg. von Christian Hartmann u. a. München – Berlin 2016.

Jenkis 1973: Jenkis, Helmut W.: Ursprung und Entwicklung der gemeinnützigen Wohnungswirtschaft. Bonn 1973.

Kaltenborn 2012: Kaltenborn, Wilhelm: Schulze-Delitzsch und die soziale Frage. In: Ders.: Vision und Wirklichkeit. Beiträge zu Idee und Geschichte von Genossenschaften. Berlin 2012.

Kaltenborn 2014: Kaltenborn, Wilhelm: Schein und Wirklichkeit. Genossenschaften und Genossenschaftsverbände. Eine kritische Auseinandersetzung. Berlin 2014.

Kaltenborn 2015: Kaltenborn, Wilhelm: Verdrängte Vergangenheit. Die historischen Wurzeln des Anschlusszwanges der Genossenschaften an Prüfungsverbände. Norderstedt 2015.

Kaltenborn 2018: Kaltenborn, Wilhelm: Raiffeisen. Anfang und Ende. Norderstedt 2018.

Karoli 1934: Karoli, Richard: Bilanzprüfung und Prüfungsergebnis (Bestätigungsvermerk und Prüfungsbericht). Leipzig 1934.

Korf o. J.: Korf, Jan-Frederik: Von der Konsumgenossenschaftsbewegung zum Gemeinschaftswerk der Deutschen Arbeitsfront. Norderstedt o. J.

Krausnick 1962: Krausnick, Helmut: Stationen der Gleichschaltung. In: Theodor Eschenburg u. a.: Der Weg in die Diktatur 1918 bis 1933. München 1962.

Krebs 1928: Krebs, Willy: Preußische Zentralgenossenschaftskasse. In: V. Totomianz (Hrsg.): Internationales Handwörterbuch des Genossenschaftswesens. Berlin 1928.

Kunze 1933: Kunze, Walter: Programmatische Erklärungen des Herrn Dr. Kunze über die Stellung der Genossenschaften im nationalsozialistischen Staat und die künftigen Aufgaben des Deutschen Genossenschaftsverbandes. In: Mitteilungen über den 69. Deutschen Genossenschaftstag des Deutschen Genossenschaftsverbandes e. V. in Berlin vom 25. und 26. August 1933. Berlin 1933.

Kunze 1935: Kunze, Walter: Die neuen Bestimmungen des Genossenschaftsgesetzes über die Verbandsrevision und deren Auswirkung auf die Revisionsverbände. In: Mitteilungen über den 70. Deutschen Genossenschaftstag e. V. in Berlin am 15. Dezember 1934. Berlin 1935.

Kurzer 1997: Kurzer, Ulrich: Nationalsozialismus und Konsumgenossenschaften. Gleichschaltung, Sanierung und Teilliquidation zwischen 1933 und 1936. Pfaffenweiler 1997.

Lang 1935: Lang, Johann: Die 75jährige Tätigkeit des Deutschen Genossenschaftsverbandes. – Die künftigen Aufgaben des Deutschen Genossenschaftsverbandes in der nationalsozialistischen Wirtschaft. In: Mitteilungen über den 70. Deutschen Genossenschaftstag e. V. in Berlin am 15. Dezember 1934. Berlin 1935.

Lang 1951: Lang, Johann: Anregungen, Wünsche und Forderungen zur Reform des deutschen Genossenschaftsrechts. B) Vom Standpunkt der gewerblichen Genossenschaften. In: Zeitschrift für das gesamte Genossenschaftswesen. Bd. 1 1951, Heft 3/4.

Lang/Weidmüller 1938: Lang, Johann und Weidmüller, Ludwig: Das Reichsgesetz, betreffend die Erwerbs- und Wirtschaftsgenossenschaften. Kleiner Kommentar von Ludolf Parisius und Hans Crüger. 23. Aufl. Berlin 1938.

Letschert 1921: Letschert, Reinhold: Die Durchführung der Verbandsrevision im Deutschen Genossenschaftsverband. 2. völlig umgearbeitete u. erweit. Aufl. Berlin 1921.

Letschert 1927: Letschert, Reinhold: Die Revision der Genossenschaft. Ein Leitfaden für die Praxis. Dritte völlig umgearbeitete und erweiterte Aufl. Berlin 1927.

Letschert 1951: Letschert, Reinhold: Die genossenschaftliche Pflichtprüfung. 5. Aufl. Wiesbaden-Biebrich 1951.

Ley 1941: Ley, Robert: Die Konsumvereine und Verbrauchergenossenschaften. [Maschinenschriftliches Ms. zur Veröffentlichung im „Angriff" vom 1. März 1941].

Matthias 1979: Matthias, Erich: Die Sozialdemokratische Partei Deutschlands. In: Erich Matthias und Rudolf Morsay: Das Ende der Parteien 1933. Darstellungen und Dokumente. Düsseldorf 1979.

Mommsen 2004: Mommsen, Hans: Aufstieg und Untergang der Republik von Weimar 1918 – 1933. 2. Aufl. München 2004.

Morsay 1979: Morsay, Rudolf: Die Deutsche Zentrumspartei. In: Erich Matthias und Rudolf Morsay: Das Ende der Parteien 1933. Darstellungen und Dokumente. Düsseldorf 1979.

Morsay 2010: Morsay, Rudolf (Hrsg.): Das "Ermächtigungsgesetz" vom 24. März 1933. Quellen zur Geschichte und Interpretation des „Gesetzes zur Behebung der Not von Volk und Reich".

Überarbeitete u. ergänzte Aufl. Düsseldorf 2010.

Münkel 1996: Münkel, Daniela: Nationalsozialistische Agrarpolitik und Bauernalltag. Frankfurt/Main – New York 1996.

NSDAP 1934: Akten der Partei-Kanzlei der NSDAP. Rekonstruktion eines verlorengegangenen Bestandes, hrsg. v. Institut für Zeitgeschichte. Regesten Bd. 1, München – Wien 1983.

Parisius 1889: Parisius, Ludolf: Das Reichsgesetz, betreffend die Erwerbs- und Wirthschafts-Genossenschaften. Vom 1. Mai 1889. Text-Ausgabe mit Anmerkungen und Sachregister. Zweite durch die Ausführungs-Verordnung vom 11. Juli 1889 vermehrte Ausgabe. Berlin 1889.

Pramann 1972: Pramann, Götz: Die genossenschaftlichen Betreuungsverbände. Ein Beitrag zur Rechtsstellung der genossenschaftlichen Verbände. Hamburg 1972.

Preußische Gesetzessammlung 1867: Gesetz, betreffend die privatrechtliche Stellung der Erwerbs- und Wirthschaftsgenossenschaften. Vom 27. März 1867. Gesetzessammlung der Königlichen Preußischen Staaten. Berlin 1867 Nr. 34.

Preußischer Landtag 1863: Stenographische Berichte. Haus der Abgeordneten [Preußischer Landtag]. Anlagen zu den Verhandlungen des Abgeordnetenhauses. Bd. 3, Aktenstück Nr. 72. Berlin 1863.

RGBl. 1889: Reichs-Gesetzblatt 1889.

RGBl. 1923: Reichsgesetzblatt Teil I von 1923.

RGBl. 1931: Reichsgesetzblatt Teil I von 1931.

RGBl. 1932: Reichsgesetzblatt Teil I von 1932.

RGBl. 1933: Reichsgesetzblatt Teil I 1933.

RGBl. 1934: Reichsgesetzblatt Teil I 1934.

Reichsanzeiger 1934: Reichsanzeiger und Preußischer Staatsanzeiger, 1934 Nr. 256, Berlin, Donnerstag, den 1. November 1934, abends.

Reichstag 1888: Stenographische Berichte über die Verhandlungen des Reichstages. 7. Legislaturperiode – IV. Session 1888/89. 1. Bd. Berlin 1888.

Reichstag 1914: Verhandlungen des Reichstags. XIII. Legislaturperiode. I. Session. Bd. 304. Anlagen zu den Stenographischen Berichten. Aktenstück Nr. 1451.

Reichstag 1928: Verhandlungen des Reichstages. IV. Wahlperiode 1928.

Reischle 1937: Reischle, Hermann: Der Reichsnährstand. 2. Aufl. Berlin 1937.

Richter 1966: Richter, Heinrich: Friedrich Wilhelm Raiffeisen und die Entwicklung seiner Genossenschaftsidee. Erlangen-Nürnberg 1966.

Ritschl 1993: Ritschl, Albrecht: Wirtschaftspolitik im Dritten Reich – Ein Überblick. In: Bracher, Karl Dietrich, Funke, Manfred und Jacobsen, Hans-Adolf: Deutschland 1933 – 1945. Neue Studien zur nationalsozialistischen Herrschaft. 2. ergänzte Auflage. Bonn 1993.

Roidl 1994: Roidl, Angelika: Die „Osthilfe" unter der Regierung der Reichskanzler Müller und Brüning. Weiden – Regensburg 1994.

Ruck 1993: Ruck, Michael: Führerabsolutismus und polykratisches Herrschaftsgefüge – Verfassungsstrukturen des NS-Staates. In: Karl Dietrich Bracher, Manfred Funke und Hans-Adolf Jakobsen: Deutschland 1933 – 1945. Neue Studien zur nationalsozialistischen Herrschaft. 2. ergänzte Aufl. Bonn 1993.

Ruth 1935: Ruth, Rudolf: Das Recht der Erwerbs- und Wirtschaftsgenossenschaften im nationalsozialistischen Staat. In: Hans Frank (Hrsg.): Nationalsozialistisches Handbuch für Rechts- und Gesetzgebung. München 1935.

Schneider 1955: Schneider, Hans: Das Ermächtigungsgesetz vom 24. März 1933. Bericht über das Zustandekommen und die Anwendung des Gesetzes. 2. Aufl. Bonn 1955.

Schneider 2014: Schneider, Andrea H.: Die Umschuldung der Landwirtschaft und die Gründung der Deutschen Rentenbank-Kreditanstalt. In: Christiane Gothe (Hrsg.): An der Seite der Bauern. Die Geschichte der Rentenbank. Berlin – Zürich 2014.

Schröder 1935: Schröder, Georg: Prüfung und Prüfungsverbände im kommenden Genossenschaftsrecht. In: Deutsche Justiz. Amtliches Blatt der deutschen Rechtspflege. 97. Jg. 1935.

Schubert 1989: Schubert, Werner, Schmidt, Werner und Regge, Jürgen (Hrsg.): Akademie für Deutsches Recht. Protokolle der Ausschüsse, Bd. 4 Ausschuß für Genossenschaftsrecht. Berlin-New York 1989.

Schulz 1962: Schulz, Gerhard: Die Anfänge des totalitären Maßnahmenstaates. In: Bracher, Karl Dietrich u. a.: Die nationalsozialistische Machtergreifung. Studien zur Errichtung des totalitären Herrschaftssystems in Deutschland 1933/34. Zweite, durchgesehene Aufl. Köln u. Opladen 1962.

Schulze 1977: Schulze, Hagen: Otto Braun oder Preußens demokratische Sendung. Eine Biographie. Frankfurt/M – Berlin – Wien 1977.

Schulze-Delitzsch 1853: Schulze-Delitzsch, Hermann: Associationsbuch für deutsche Handwerker und Arbeiter. Leipzig 1853.

Schulze-Delitzsch 1870a: Schulze-Delitzsch, Hermann: Erster Gesetzentwurf des Verfassers. In: Die Entwickelung des Genossenschaftswesens in Deutschland. Berlin 1870.

Schulze-Delitzsch 1870b: Schulze-Delitzsch, Hermann: Zweiter Gesetz-Entwurf des Verfassers. In: Die Entwickelung des Genossenschaftswesens. Berlin 1870.

Schulze-Delitzsch 1870c: Schulze-Delitzsch, Hermann: Die Entwickelung des Genossenschaftswesens. Berlin 1870.

Schulze-Delitzsch 1883: Schulze-Delitzsch, Hermann: Material zur Revision des Genossenschafts-Gesetzes. Nach dem neuesten Stand der Frage geordnet. Leipzig 1883.

Schürmann 1938: Schürmann, A.: Die Entwicklung der Raiffeisenbewegung in Deutschland (1846 – 1933). In: Stiftungsgemeinschaft des Reichsverbandes der deutschen landwirtschaftlichen Genossenschaften – Raiffeisen – e. V. (Hrsg.): F. W. Raiffeisen zum Gedächtnis. Neuwied am Rhein 1938.

Souchon 1934: Souchon, F.: Zur Reform des genossenschaftlichen Prüfungswesens. In: Deutsche Justiz. 1934, Ausgabe A Nr: 44.

Steinbach 2002: Steinbach, Peter: Die Gleichschaltung. Zerstörung der Weimarer Republik – Konsolidierung der nationalsozialistischen Diktatur. In: Bernd Sösemann (Hrsg.): Der Nationalsozialismus und die deutsche Gesellschaft. Stuttgart – München 2002.

St.Jb. 1904: Statistisches Jahrbuch für das Deutsche Reich. 25. Jg. 1904.

St.Jb. 1921/22: Statistisches Jahrbuch für das Deutsche Reich. 42. Jg. 1921/22.

St.Jb. 1923: Statistisches Jahrbuch für das Deutsche Reich. 43. Jg. 1923.

St.Jb. 1930: Statistisches Jahrbuch für das Deutsche Reich. 49. Jg. Berlin 1930.

St.Jb. 1933: Statistisches Jahrbuch für das Deutsche Reich. 52. Jg. Berlin 1933.

St.Jb. 1938: Statistisches Jahrbuch für das Deutsche Reich. 57. Jg. Berlin 1938.

Thorwart 1889: Thorwart, Friedrich: Genossenschaft oder Aktiengesellschaft? In: Blätter für Genossenschaftswesen 1889.

Tyrell 1993: Tyrell, Albrecht: Auf dem Weg zur Diktatur: Deutschland 1930 bis 1934. In: Karl Dietrich Bracher, Manfred Funke und Hans-Adolf Jacobsen: Deutschland 1933 – 1945. Neue Studien zur nationalsozialistischen Herrschaft. 2., ergänzte Aufl. Bonn 1993.

Wehler 2003: Wehler, Hans-Ulrich: Deutsche Gesellschaftsgeschichte. Vierter Band: Vom Beginn des Ersten Weltkriegs bis zur Gründung der beiden deutschen Staaten 1914 – 1949. Frankfurt am Main 2003.

Wikipedia, Ernst: https://de.wikipedia.org/wiki/Friedrich_Ernst.

Wikipedia, Henzler: https://de.wikipedia.org/wiki/Reinhold_Henzler.

Winkler 1994: Winkler, Heinrich August: Weimar 1918 – 1933. Die Geschichte der ersten deutschen Demokratie. Frankfurt am Main und Wien 1994.

Zinke 1999: Zinke, Jens: Die Entwicklung der landwirtschaftlichen Genossenschaften in der Weimarer Republik unter besonderer Berücksichtigung der Änderungen des Genossenschaftsgesetzes. Berlin 1999.